Französische Grammatik

Regina Lübke

Französische Grammatik

- Aussprache
- Nomen
- Artikel
- Pronomen
- Adjektiv und Adverb
- Die Zeiten
- Präposition
- Konjunktion
- Die Wortstellung
- Fragesatz
- Verneinung
- Einschränkung
- Vergleich
- Direkte und indirekte Rede

Im FALKEN Verlag sind zahlreiche Titel zum Thema „Schule, Beruf, Lernhilfen"
erschienen. Diese erhalten Sie überall, wo es Bücher gibt.

Aktualisierte und neu gestaltete Ausgabe des gleichnamigen Titels mit der
ISBN-Nummer 3-8068-4703-7.

Der Text dieses Buches entspricht den Regeln der neuen deutschen Rechtschreibung.

Dieses Buch wurde auf chlorfrei gebleichtem und säurefreiem Papier gedruckt.

ISBN 3 8068 7356 9

Nachauflagenredaktion: Dr. Werner Brand

Satz: Grunewald Satz & Repro GmbH, Kassel
Druck: Freiburger Graphische Betriebe GmbH, Freiburg

817 2635 4453 6271

Table des matières

Inhalt

6

Table des matières
Inhalt

Zahlwort

Adjektiv

Table des matières
Inhalt

Table des matières
Inhalt

11

*Adverbial-
sätze*

Table des matières
Inhalt

Introduction

Einleitung

Dieses Buch ist ein Lern- und Arbeitsbuch zur französischen Grammatik für Schüler aller Lern- und Altersstufen.

Es wurde aus der Praxis heraus konzipiert, es basiert also auf Erfahrungswerten, gewonnen aus der Korrektur von Klassenarbeiten, Tests, Hausaufgaben etc. Im Schulalltag wird immer wieder deutlich, dass Schwierigkeiten von Schülern im Fach Französisch besonders auf Problemen mit der Grammatik beruhen. Nicht nur jüngere Schüler sind betroffen, sondern auch viele Oberstufenschüler, wie ihre Klassenarbeiten und Klausuren oft sehr deutlich erkennen lassen.

Anliegen dieses Buches ist es, Schülern fundiertes grammatisches Wissen zu vermitteln sowie sie Sicherheit und Übung in der Anwendung der Grammatikstrukturen gewinnen zu lassen. Daraus resultiert die Konzeption dieses Buches, zugleich als Lern- und als Übungsbuch.

Es handelt sich um eine Schulgrammatik, die alle schulrelevanten Themen abdeckt. Leicht verständliche Erklärungen in deutscher Sprache mit den entsprechenden, im Unterricht gebräuchlichen Fachausdrücken, einprägsame Regeln, anschauliche Beispiele und übersichtliche Tabellen vermitteln dem Schüler eine solide Wissensgrundlage. Die Untergliederung des Buches in Kapitel zu den einzelnen Wortarten oder Strukturen ermöglicht ein systematisches Durcharbeiten ebenso wie eine Beschränkung auf ausgewählte Kapitel oder eine Verwendung dieser Grammatik als Nachschlagewerk um sich zu bestimmten Themenkreisen zu informieren.

An jedes Kapitel schließt sich dann eine Vielzahl von Übungen unterschiedlichster Form an, deren Schwierigkeitsgrad jeweils steigend ist. Am Ende des Buches befindet sich ein Lösungsanhang, mit dessen Hilfe sich der Lernende selbst korrigieren kann. Um bestmögliche Resultate zu erzielen empfiehlt sich folgende Vorgehensweise:

1. Auswahl des Kapitels, das Schwierigkeiten macht oder das Thema der nächsten Arbeit darstellt;
2. Durcharbeiten der Erklärungen, Regeln, Beispiele etc. um das nötige Basiswissen zu erlangen;
3. Lösung der Übungen (bei Oberstufenschülern vorwiegend der letzten Übungen eines Kapitels) um das theoretisch Erlernte anzuwenden;
4. Korrektur mit Hilfe des Lösungsanhangs;
5. Nacharbeiten der noch fehlerhaften Aufgaben. Die Übungen, gezielt und regelmäßig eingesetzt, helfen Lücken im Bereich der französischen Grammatik zu schließen und Sicherheit im Umgang mit grammatikalischen Strukturen zu erlangen.

Regina Lübke

L'origine des mots français
Die Herkunft der französischen Wörter

Das Französische ist eine **romanische Sprache.** Die meisten französischen Wörter gehen auf das Lateinische zurück, genauer gesagt auf das Vulgärlateinische, das die römischen Soldaten und Kaufleute sprachen und das sich in Gallien einbürgerte, nachdem Cäsar dieses Land erobert hatte. Es gibt jedoch bis heute noch viele Überreste *des Keltischen* oder wie man auch sagt: *des Gallischen.*

Keltische Wörter

Beispiel: alouette (Lerche), charrue (Pflug), chemin (Weg), chêne (Eiche), bouleau (Birke), boue (Schmutz), cheval (Pferd), chemise (Hemd), cloche (Glocke), berceau (Wiege), bruyère (Heidekraut), caillou (Kieselstein)...

Als die Römer von den Franken aus Gallien vertrieben wurden, brachten die neuen Herren *germanische Wörter* mit.

Germanische Wörter

Beispiel: guerre (Krieg), jardin (Garten), hache (Hacke), haie (Hecke), lapin (Kaninchen), faucon (Falke), blanc (weiß), bleu (blau), blond (blond), gris (grau), hardi (kühn), haïr (hassen), frais (frisch), garder (bewachen)...

Durch die Christianisierung kamen viele Wörter *aus dem Griechischen* und dem *Hebräischen* ins Französische.

Griechische Wörter

Beispiel: a) aus dem Griechischen: ange (Engel), diable (Teufel), prophète (Prophet), église (Kirche), paradis (Paradies), moine (Mönch), évêque (Bischof); ebenso: bibliothèque, grammaire, dialogue, géographie, géométrie...
b) aus dem Hebräischen: amen, alléluia, rabbin...

In der neuen Zeit hat das Französische sehr viele Wörter aus anderen europäischen Sprachen übernommen. Zum Beispiel aus dem Spanischen, Portugiesischen, Italienischen, Englischen, Deutschen, Niederländischen sowie aus den skandinavischen und den slawischen Sprachen.

Einige Kuriositäten:
a) Aus dem Niederländischen stammen diese „typisch" französischen Wörter wie: mannequin (= Männekin), boulevard usw.

b) Aus dem Deutschen stammen Begriffe wie: halte, sabre (Säbel), bière, bock, ersatz, nazi usw.

Auch außereuropäische Sprachen haben das Französische bereichert:
a) Aus *Asien* kommen: bambou, thé, pyjama, bazar, caravane usw.
b) Aus *Amerika* stammen: ananas, chocolat, cacao, caoutchouc, condor usw.

Trotz allem ist das Französische eine vergleichsweise wortarme Sprache (mit ungefähr 500 000 Wörtern insgesamt) im Gegensatz zum Deutschen mit etwa 800 000 Wörtern und vor allem im Gegensatz zum Englischen mit weit über einer Million Wörtern.

Les lettres françaises
Die französischen Buchstaben

L'alphabet et les signes particuliers
Das Alphabet und die Sonderzeichen

Das französische Alphabet besteht aus 26 Buchstaben:

a, b, c, d, e, f, g, h, i, j, k, l, m, n, o, p, q, r, s, t, u, v, w, x, y, z.

Es kennt kein „ß", hat aber als Besonderheit das «œ».

Beispiel: l'œil (ausgesprochen [œj])   la sœur (ausgesprochen [ø])

das Auge   die Schwester

Alphabet

Außerdem gibt es im Französischen *Sonderzeichen,* die für das französische Schriftbild typisch sind und denen auch bestimmte Funktionen zukommen. Sie zeigen entweder die besondere Aussprache eines Buchstabens an oder sie dienen zur Unterscheidung zweier gleichklingender Wörter.

Sonder-zeichen

Zu den Sonderzeichen gehören:
- ▶ die Akzente
- ▶ das Trema
- ▶ die Cédille
- ▶ der Apostroph
- ▶ der Bindestrich

Les accents
Die Akzente

Es gibt im Französischen drei verschiedene Akzente:
- ▶ den Accent aigu
- ▶ den Accent grave
- ▶ den Accent circonflexe

Akzente

L'accent aigu – Der Accent aigu

Der Accent aigu steht nur auf dem «e» und beeinflusst die *Aussprache* – «é» wird als geschlossenes «e» gesprochen.

Beispiel: écrire   la vérité   espérer
                (schreiben)   (die Wahrheit)   (hoffen)

Es gibt zwei Ausnahmen:

▶ Das zweite «é» von «événement» und das «é» bei «J'espérerai» werden als offenes «e» gesprochen.

L'accent grave – Der Accent grave

Steht der Accent grave auf dem «e», zeigt er ebenfalls eine *besondere Aussprache* an – «è» wird als offenes «e» gesprochen.

Beispiel: le père   la mère   le frère
                der Vater   die Mutter   der Bruder

▶ Außerdem dient auch der Accent grave bei einigen gleichklingenden Wörtern zur *Unterscheidung der Bedeutung*. In dieser Funktion kann er auch über anderen Vokalen stehen.

Beispiel: à   ↔ a
                (in, auf, an; Präposition)   (hat)
                dès   ↔ des
                (sobald)   (zusammengezogen aus de + les)
                là   ↔ la
                (dort)   (die; Artikel)
                où   ↔ ou
                (wo)   (oder)

L'accent circonflexe – Der Accent circonflexe

Diesen Accent («ê») kann man über allen *Vokalen* finden.

Beispiel: l'âme   extrême   le traître
                (die Seele)   (extrem)   (der Verräter)
                les impôts   la piqûre
                (die Steuern)   (der Stich)

▶ Bei einigen Nomen steht der Accent circonflexe, bei ihren *Ableitungen* jedoch nicht:

Beispiel: diplôme   diplomate   diplomatique
                (Diplom)   (Diplomat)   (diplomatisch)
                grâe   gracieux
                (Anmut)   (anmutig)

▶ Der Accent circonflexe beeinflusst die Aussprache nicht, wird aber ebenfalls bei einigen gleichklingenden Wörtern zur Unterscheidung der Bedeutung verwendet (wo das nicht der Fall ist, lässt er sich nur noch historisch erklären, besitzt aber keine Funktion mehr).

Beispiel:

mûr	↔	mur
(reif)		(Mauer)
sûr	↔	sur
(sicher)		(auf)
tâche	↔	tache
(Aufgabe)		(Fleck)
pêcher	↔	pècher
(fischen)		(sündigen)

Beachte: Das französische Kultusministerium hat 1976 festgelegt, dass ein fehlender Accent circonflexe nicht mehr als Fehler anzustreichen ist, es sei denn, er dient zur Unterscheidung gleich klingender Wörter.

Le tréma
Das Trema

Das Trema findet man gelegentlich *über den Vokalen* «ë» «ï» «ü«. Es zeigt an, dass zwei Volkale getrennt ausgesprochen werden.

Trema

Beispiel: égoïste (gesprochen: ego-iste)
　　　　 haïr 　(gesprochen: a-ir)

▶ Bei einigen *Eigennamen* bedeutet das Trema, dass ein Vokal gar nicht gesprochen werden soll.

Beispiel: Madame de Staël 　(gesprochen: Stal)
　　　　 Saint Saëns 　　(gesprochen: Sans)

La cédille
Die Cédille

Die Cédille («ç») kann nur unter dem «c» stehen und zeigt an, wenn «c» vor «a», «o» oder «u» [s] ausgesprochen werden soll.

Cédille

Beispiel: le garçon 　　la leçon
　　　　 (der Junge) 　(die Lektion)

L'apostrophe

Der Apostroph

Beim Schreiben und beim Sprechen fallen bei einigen sehr häufig gebrauchten Wörtern die Endvokale «a», «e», «i» weg, wenn das nachfolgende Wort mit einem Vokal oder mit stummem H *(h muet)* beginnt. In der Schrift verwendet man dann einen Apostroph.

Apostrophiert werden:

▶ die bestimmten Artikel «le», «la».

Beispiel:	l'enfant	l'inspecteur	l'homme
	(das Kind)	(der Inspektor)	(der Mensch)

▶ die Personalpronomen «je», «me», «te», «se», «le», «la».

Beispiel:	J'ouvre	tu m'aimes	je t'aime
	(ich öffne)	(du liebst mich)	(ich liebe dich)

▶ das Demonstrativpronomen «ce».

Beispiel:	c'est	c'était trop tard
	(es ist)	(es war zu spät)

▶ die Präpositionen «de», «jusque».

Beispiel:	un ami d'André	jusqu'ici
	(ein Freund von André)	(bis hierher)

▶ das Verneinungsadverb «ne».

Beispiel:	Je n'entends rien.	Je n'aime pas les chats.
	(Ich höre nichts.)	(Ich mag keine Katzen.)

▶ die Konjunktion und das Relativpronomen «que».

Beispiel:	Il veut qu'on reste.	plus grand qu'un autre
	(Er will, dass man bleibt.)	(größer als ein anderer)

Nur in besonderen Fällen apostrophiert werden:

▶ das Indefinitpronomen «quelque»: nur vor «un/une».

Beispiel:	quelqu'un/quelqu'une
	irgendwer

▶ die Konjunktion und das Fragepronomen «si»: nur vor «il/ils», nicht vor «elle/elles».

Beispiel:	s'il vient encore	si elle vient encore
	(wenn er noch kommt)	(wenn sie noch kommt)

▶ die Konjunktionen «parce que», «puisque», «quoique»: nur vor «il/ils», «elle/elles», «un/une», «on» und «en».

Beispiel:	parce qu'il est encore là	quoiqu'elles voulaient venir
	(weil er noch da ist)	(obwohl sie kommen wollten)

▶ das Adverb «presque»: nur vor «île»;

la presqu'île (die Halbinsel)

Beachte: Beim Sprechen haben viele Franzosen die Tendenz, Endvokale und auch -konsonanten auszulassen, die beim Schreiben nicht wegfallen dürfen.

Beispiel: ce matin: c'matin

je na sais pas: j'n'sais pas, j'sais pas, △ sais pas

Monsieur: M'sieu

il faut ce qu'il faut: △ faut c'qu'i'faut

Le trait d'union
Der Bindestrich

Mit einem Bindestrich verbindet man zwei Wörter. Im Französischen findet er häufig Verwendung.

Bindestrich

Der Bindestrich steht:

▶ zwischen dem Verb und dem Pronomen, das Subjekt ist.

Beispiel: dit-il   crois-tu?   est-ce?

(sagt er)   (glaubst du?)   (ist es?)

▶ vor und hinter einem eingeschobenen «t».

Beispiel: Quand viendra-t-il?   Aime-t-elle Jean-Luc?

(Wann kommt er?)   (Liebt sie Jean-Luc?)

▶ zwischen *Imperativ* und *Objektpronomen.*

Beispiel: Dis-le-moi!   Dépêche-toi.

(Sag es mir!)   (Beeil dich.)

▶ zwischen dem *unverbundenen Personalpronomen* und «même».

Beispiel: moi-même   lui-même

(ich selbst)   (er selbst)

▶ vor «ci» und «là».

Beispiel: celui-**ci**   cet homme-**là**

(dieser hier)   (dieser Mann da)

▶ zwischen den *zusammengesetzten Zahlen unter 100,* wenn sie nicht mit «et» gebildet werden.

Beispiel: quatre-vingts   soixante-deux

(achtzig)   (zweiundsechzig)

▶ zwischen vielen *zusammengesetzten Wörtern.*

Beispiel: arc-en-ciel   peut-être

(Regenbogen)   (vielleicht)

grand-père   **Aber:**   grand prix

(Großvater)   (großer Preis)

porte-clés   **Aber:**   portefeuille

(Schlüsselbund)   (Brieftasche)

L'usage des majuscules
Der Gebrauch der Großbuchstaben

Mit großem Anfangsbuchstaben schreibt man:

▶ die *Satzanfänge* (wie im Deutschen).

Beispiel: Aujourd'hui, il fait beau temps.   Le solei brille.
(Heute ist gutes Wetter.)   (Die Sonne scheint.)

▶ *Eigennamen,* die Namen von Straßen, Plätzen und Gebäuden, die Namen von Städten, Ländern, Flüssen, Bergen ... (wie im Deutschen).

Beispiel: Pierre   Paris   l'ocean Atlantique
M. Dubois   la France   le mont Blanc

▶ Die *Angehörigen der Völker,* aber nicht (wie im Englischen) die davon abgeleiteten Adjektive.

Beispiel: le Français   la Française   les Français
(der Franzose)   (die Französin)   (die Franzosen)
la langue française
(die französische Sprache)
acheter un fromage français
(einen französischen Käse kaufen)

▶ *Himmelsrichtungen,* wenn Regionen gemeint sind.

Beispiel: le Midi de la France   habiter dans le Nord
(der Süden Frankreichs)   (im Norden wohnen)

▶ *christliche Begriffe.*

Beispiel: Mon Dieu.   l'arbre de Noël
(Mein Gott!)   (der Weihnachtsbaum)

▶ *Abkürzungen.*

Beispiel: le T.G.V. (Train à grande vitesse)
(der TGV; Hochgeschwindigkeitszug)

Exercices

Übungen

I. *Employez la majuscule, s'il le faut*
Verwenden Sie Großbuchstaben, wenn nötig.

1. Pays/Länder:
la ... rance, l'... llemagne, la ... rande-... retagne, les ... tats-... nis, les ... ays-... as.

2. Des mers, des lacs/Meere, Seen:
la mer ... ouge, l'océan ... tlantique, la mer ... éditerranée, la mer du ... ort, le lac ... éman.

22

3. Des rivières/Flüsse:
   la ... eine, le ... hône, le ... hin, la ... oire, le ... il.

II. *Complétez avec «F» ou «f».*
   Ergänzen Sie «F» oder «f».

1. La ... rance.
2. Les ... rançais.
3. Le drapeau ... rançais.
4. La langue ... rançaise.
5. Parler ... rançais.

6. La littérature ... rançaise.
7. Avoir des amis ... rançais.
8. Peter s'est marié avec une ... rançaise.
9. Il aime la cuisine ... rançaise.
10. Le vin ... rançais.

Particularités phonétiques

Aussprachebesonderheiten

Das Französische weist einige wichtige Aussprachebesonderheiten auf, die im Folgenden aufgeführt werden.

Aussprache

Les consonnes

Die Konsonanten / die Mitlaute

Konsonanten

Bei einigen französischen Konsonanten gibt es Schwierigkeiten, die häufig zu Fehlern führen.

Beachte die Aussprache besonders bei:

Besonder-heiten

▶ c

   a) «c» wird [k] ausgesprochen, wenn die Vokale «a», «o» und «u» folgen.

Beispiel:	caravane	continent	culture
	(Wohnwagen)	(Erdteil)	(Bildung)

   b) «c» wird [s] ausgesprochen, wenn die Vokale «e» und «i» folgen.

Beispiel:	ceci	cent	citron
	(dies)	(hundert)	(Zitrone)

   c) Wenn «c» vor den Vokalen «a», «o» und «u» ebenfalls [s] ausgesprochen werden soll, schreibt man «ç».

Beispiel:	façade	leçon	reçu
	(Fassade)	(Lektion)	(Quittung)

▶ **g**

a) «g» wird [g] ausgesprochen, wenn die Vokale «a» und «o» folgen.

Beispiel: garage   gothique
(Garage)   (gotisch)

b) «g» wird [ʒ] ausgesprochen, wenn die Vokale «e» und «i» folgen.

Beispiel: âge   genou   girafe
(Alter)   (Knie)   (Giraffe)

c) Wenn das «g» vor den Vokalen «a» und «o» [ʒ] ausgesprochen werden soll, schreibt man «ge».

Beispiel: orangeade   nous mangeons
(Orangensaft)   (wir essen)

d) Soll das «g» vor den Vokalen «e» und «i» wie [g] ausgesprochen werden, schreibt man «gu».

Beispiel: guêpe   guerre   guide
(Wespe)   (Krieg)   (Führer)

▶ **ll**

a) Das doppelte «l» wird normalerweise [j] ausgesprochen.

Beispiel: fille   famille   gaspiller
(Tochter)   (Familie)   (verschwenden)

c) In einigen Wörtern spricht man es [l] aus:

Beispiel: mille   tranquille   ville
(tausend)   (ruhig)   (Stadt)

Exercices

Übungen

I. *Quels sont les mots où le «c» se prononce [k] et où il se prononce [s]?*
Bei welchen Wörtern wird das «c» [k] ausgesprochen und bei welchen [s]?

cabine	célèbre	combien
cadeau	cent	commander
café	centre	compliment
cahier	cérémonie	comprendre
camion	certain	content
camping	ciel	cuire
capable	cigare	culotte

II. *Comment se prononce le «c»?*
Wie wird das «c» ausgesprochen?

cacao, calcul, celui-ci, commencer, complice, concert, concierge, concurrence, François, garçon, leçon.

III. *Quels sont les mots où le «g» se prononce [g] et où il se prononce [ʒ]?*
Bei welchen Wörtern spricht man das «g» aus und bei welchen [ʒ]?

gai	génération	girafe
galant	génie	gouvernement
galerie	gentil	guerre
gamin	géométrie	guichet
garçon	geste	guitare

H aspiré / h muet – Behauchtes H / stummes H

Im Französischen unterscheidet man zwischen dem *stummen H (h muet)* und dem *behauchten H (h aspiré)*.

Beispiel: **Stummes H:**   **Behauchtes H:**

l'habitant	l'herbe	la haine	le hasard
(der Einwohner)	(das Gras)	(der Hass)	(der Zufall)

Wenn ein behauchtes H am Wortanfang steht:

▶ wird nicht apostrophiert. Es stehen «le/la» (nicht «l'»), «de» (nicht «d'»), «se» (nicht «s'»), «ne» (nicht «n'») usw.

    Beispiel: **le h**éros   je **ne ha**is pas
               (der Held)   (ich hasse nicht)

▶ stehen «ce» oder «cette», nicht «cet».

    Beispiel: **ce h**éros   **cette ha**uteur
               (dieser Held)   (diese Höhe)

▶ stehen «beau/belle» (nicht «bel»), «nouveau/nouvelle» (nicht «nouvel»), «vieux/vieille» (nicht «vieil»).

    Beispiel: le **vieux h**andicapé
               (der alte Behinderte)

▶ darf auf keinen Fall gebunden werden.

    Beispiel: les héros   lcs hauteurs
               (die Helden)   (die Dimensionen)

In den großen Wörterbüchern werden Wörter, die mit einem behauchten H beginnen, durch ein Sternchen (*) gekennzeichnet: *haïr (hassen).

Les voyelles

Die Vokale / die Selbstlaute

Die deutschen Vokale sind „a", „e", „i", „o", „u"; die Umlaute sind „ä", „ö", „ü". Folgende Vokale und Umlaute entsprechen einander im Deutschen und im Französischen:

*H aspiré /
h muet*

Vokale

Deutsch	Französisch	Beispiele
a	a	avoir
e	e	de, ce, me
	é	côté
	er	aller
i	i	ici
o	o	chose, rose
	au, eau	autre, château
u	ou	vous, pour
ä	è	très
	ai	faire
ö	eu	deux
	œ	la sœur
ü	u	du, tu

Nasale

▶ Ein Vokal, dem ein «n» (und noch ein Konsonant) folgt, wird im Französischen nasaliert.

Beispiel: dans   quand   prendre
            (in)   (wann)   (nehmen)

Les liaisons

Bindungen

Die Bindungen

Beim Sprechen und beim lauten Lesen muss man im Französischen die Bindungen beachten. Der Endkonsonant eines Wortes wird mit dem nachfolgenden Wort verbunden/gebunden, wenn dieses mit einem Vokal oder mit stummen H *(h muet)* beginnt.

Bei Bindung ändert sich in einigen Fällen die Aussprache des Endkonsonanten:

Anwendung

▶ Die Endkonsonanten «-d», «-g», «-f», «-s» werden «-t», «-k», «-w», «-s» (stimmhaft) ausgesprochen.

Beispiel: un gran**d** enfant   neu**f** heures
           (ein großes Kind)   (neun Uhr)
           le san**g** impur   se**s** amis
           (das unreine Blut)   (seine Freunde)

▶ Ein Nasal am Wortende wird nicht als Nasal gesprochen (dénasalisation).

Beispiel: un bo**n** ami (gesprochen: bon-ami)
           (ein guter Freund)

Die französischen Buchstaben
Aussprachebesonderheiten

Die Bindung ist verpflichtend (obligatoire) zwischen:
▶ Artikel und Nomen.

Beispiel: les amis	les hommes
(die Freunde)	(die Menschen)

▶ Adjektiv und Nomen.

Beispiel: chers amis	les grands arbres
(liebe Freunde)	(die großen Bäume)

▶ Pronomen und Nomen.

Beispiel: mon ami	son habitude
(mein Freund)	(seine Angewohnheit)

▶ Pronomen und Verb.

Beispiel: Vous aimez ce film?   (Mögen Sie den Film?)

▶ «être» und Prädikatsnomen.

Beispiel: elle est habile   (sie ist geschickt)

▶ Hilfsverb und Partizip Perfekt.

Beispiel: ils ont osé   (sie haben gewagt)

▶ Adverb und Beziehungswort.

Beispiel: très aimable   (sehr freundlich)

Die Bindung ist möglich (facultative) zwischen:
▶ Nomen und Adjektiv.

Beispiel: des amis intimes
(intime Freunde)

▶ Nomen und Verb.

Beispiel: ses parents ont attendu
(seine Eltern haben gewartet)

▶ Verb und Adverb.

Beispiel: il partit aussitôt
(er ging sofort weg)

Die Bindung ist verboten (interdite):
▶ nach der Konjunktion «et».

Beispiel: rusé et ‖ habile	gentil et ‖ aimable
(listig und geschickt)	(nett und freundlich)

▶ nach einem Nomen im Singular, das auf einen stummen Konsonanten endet.

Beispiel: l'enfant ‖ insolent	le résultat ‖ inespéré
(das freche Kind)	(das unverhoffte Ergebnis)

▶ vor «oui» und «onze».

Beispiel: les ‖ oui au référendum	ses ‖ onze cousins
(die Jastimmen bei der	(seine elf Vettern)
Volksabstimmung)	

Le nom / le substantif

Das Nomen/
das Substantiv/
das Hauptwort

Funktion

Die lateinische Bezeichnung ist **Nomen** (oder: **Substantiv**). Im Deutschen nennt man diese Wortart **Hauptwort** oder **Dingwort**. Die übliche französische Bezeichnung ist **le nom,** daneben wird auch der Begriff **le substantif** (am Schluss mit «-f» geschrieben!) verwendet.

Etwa 60 Prozent aller französischen Wörter sind Nomen. Nomen bezeichnen *Personen, Tiere, Sachen* oder *abstrakte Vorstellungen.*

Beispiel: **Konkreta:**

Personen, Tiere:	*Sachen:*	**Abstrakta:**
l'enfant	la maison	le temps
(das Kind)	(das Haus)	(die Zeit)
la femme	la table	l'exemple
(die Frau)	(der Tisch)	(das Beispiel)
le chien	le lit	le travail
(der Hund)	(das Bett)	(die Arbeit)

Le genre grammatical

Gramma-
tisches
Geschlecht

Das grammatische Geschlecht

Für jemanden, der Deutsch als Muttersprache hat, ist es selbstverständlich, dass jedes Hauptwort ein *grammatisches Geschlecht* besitzt.

Beispiel:

der Herr	**die** Dame	**das** Kind
der Hund	**die** Kuh	**das** Pferd
männlich	*weiblich*	*sächlich*

Auch im Französischen hat jedes Nomen sein grammatisches Geschlecht.

Beispiel: **le** monsieur   **la** dame   **l'**enfant

               le chien   **la** vache   **le** cheval

Grundregel

▶ Das Französische unterscheidet aber nur zwischen *männlich* (maskulinum, franz.: **masculin**) und *weiblich* (femininum, franz.: **féminin**); ein Neutrum (sächliches Geschlecht) gibt es nicht. Das Wort, das das grammatische Geschlecht ausdrückt, heißt **Artikel** oder **Geschlechtswort** (franz.: **l'article**). «Le» bezeichnet das männliche Geschlecht, «la» das weibliche.

Le genre des personnes et des animaux
Das Geschlecht von Personen und Tieren

▶ Bei Personen sowie bei einer Reihe von Tieren ist das grammatische Geschlecht durch das *natürliche Geschlecht* festgelegt.

Personen, Tiere

Beispiel: **le** monsieur   **la** dame

               (der Herr)   (die Dame)

               le coq   **la** poule

               (der Hahn)   (die Henne)

▶ Oft wird nicht nur durch den Artikel, sondern auch durch eine *Endung* ausgedrückt, dass ein weibliches Wesen gemeint ist.

Beispiel: acteur/actri**ce**   berger/berg**ère**

               (Schauspieler/Schauspielerin)   (Schäfer/Schäferin)

               chat/cha**tte**   coiffeur/coiff**euse**

               (Kater/Katze)   (Friseur/Friseurin)

               docteur/doct**oresse**   époux/épou**se**

               (Doktor/Doktorin)   (Gatte/Gattin)

               speaker/speake**rine**   vendeur/vende**use**

               (Sprecher/Sprecherin)   (Verkäufer/Verkäuferin)

               veuf/veu**ve**   dieu/d**éesse**

               (Witwer/Witwe)   (Gott/Göttin)

▶ Verschiedene Nomen bilden die weibliche Form durch den weiblichen Artikel und ein angefügtes «-e», das man aber beim Sprechen nicht hört.

Beispiel: un ami/**une** ami**e**   un ennemi/**une** ennemi**e**

               (ein Freund/eine Freundin)   (ein Feind/eine Feindin)

▶ Gelegentlich werden Umschreibungen verwendet.

Beispiel: une **femme** écrivain   une girafe **mâle**

               (eine Schriftstellerin)   (eine männliche Giraffe)

▶ Bei einigen Nomen gibt nur der *Artikel* zu erkennen, ob ein männliches oder ein weibliches Wesen gemeint ist; das Nomen selbst bleibt unverändert.

Beispiel:	**un/une** artiste	**un/une** élève
	(ein Künstler/eine Künstlerin)	(ein Schüler/eine Schülerin)
	un/une enfant	**un/une** journaliste
	(ein Kind)	(ein Journalist/eine Journalistin)
	un/une malade	**un/une** touriste
	(ein Kranker/eine Kranke)	(ein Tourist/eine Touristin)

Beachte: Manche Nomen besitzen für beide Geschlechter nur *eine* Form.

Beispiel: le professeur (nur männlich)

Mme Martin est **le professeur** de musique de notre fille.

(Frau Martin ist die Musiklehrerin unserer Tochter.)

la vedette (nur weiblich)

Jean-Paul Belmondo est **une vedette** de cinéma.

(Jean-Paul Belmondo ist ein Filmstar.)

Le genre des choses et des notions
Das Geschlecht von Sachen und Begriffen

*Sachen,
Begriffe*

Bei Sachen und abstrakten Begriffen ist es nicht von vornherein klar, ob ein Nomen männlich oder weiblich ist. Am besten wird der Artikel daher immer sofort mit dem Nomen gelernt.

Das Nomen
Das grammatische Geschlecht

Einige charakteristische Endungen weisen auf das Geschlecht des Nomens hin:

Männlich sind zum Beispiel die Nomen mit folgenden Endungen:		Weiblich sind zum Beispiel die Nomen mit folgenden Endungen:	
Endungen	**Beispiele**	**Endungen**	**Beispiele**
«-age»[1]	le garage, un avantage die Garage, ein Vorteil	«-ade»	la salade, la promenade der Salat, der Spaziergang
«-al»	le cheval, le signal das Pferd, das Signal	«-ance», «-ence»	la distance, la différence die Entfernung, der Unterschied
«-eau»	le château, le bateau das Schloss, das Schiff	«-ée»[3]	la journée, une idée der Tag, ein Gedanke
«-ent»	le document, le talent das Dokument, das Talent	«-elle»	la nouvelle, une échelle die Neuigkeit, eine Leiter
«-et»	le billet, le guichet die Fahrkarte, der Schalter	«-ette»	la cigarette, la bicyclette die Zigarette, das Fahrrad
«-ier»	le cahier, le métier das Heft, der Beruf	«-ie»[4]	la maladie, la librairie die Krankheit, die Buchhandlung
«-isme»	le tourisme, le communisme der Tourismus, der Kommunismus	«-ine»	la cuisine, la cantine die Küche, die Kantine
«-oir»	le devoir, le pouvoir die Pflicht, die Macht	«-ion»[5]	la télévision, la distraction das Fernsehen, die Zerstreuung
«-on»[2]	le champignon, le crayon der Pilz, der Bleistift	«-ise»	la surprise, la chemise die Überraschung, das Hemd
		«-té», «-tié»[6]	la nationalité, une amitié die Nationalität, eine Freundschaft
		«-ure»[7]	la nature, la culture die Natur, die Bildung

---

1 Ausnahmen: la cage, la page, la plage, la rage, une image
2 Ausnahmen: la leçon, la maison
3 Ausnahmen: le lycée, le musée
4 Ausnahme: un incendie
5 Ausnahmen: un avion, le million
6 Ausnahmen: le comité, le côté, le député, un été, le pâté, le traité
7 Ausnahme: le murmure

▶ Nomen mit der Endung «-eur» sind

    a) **männlich,** wenn sie etwas Konkretes bezeichnen.

        Beispiel: le moteur   le directeur
                        (der Motor)   (der Direktor)

    b) **weiblich,** wenn sie etwas Abstraktes meinen.

        Beispiel: la douleur   la grandeur
                        (der Schmerz)   (die Größe)

Beachte: Es gibt Nomen, die eine unterschiedliche Bedeutung haben, je nachdem ob sie männlich oder weiblich gebraucht werden.

le crêpe	↔	**la** crêpe
(eine Stoffart)		(der Eierkuchen)
le critique	↔	**la** critique
(der Kritiker)		(die Kritik)
le livre	↔	**la** livre
(das Buch)		(das Pfund)
le manche	↔	**la** manche
(der Stiel)		(der Ärmel)
le mémoire	↔	**la** mémoire
(die Denkschrift)		(das Gedächtnis)
le mode	↔	**la** mode
(die Art und Weise)		(die Mode)
le mort	↔	**la** mort
(der Tote)		(der Tod)
le poêle	↔	**la** poêle
(der Ofen)		(die Bratpfanne)
le vase	↔	**la** vase
(die Vase)		(der Schlamm)
le tour	↔	**la** tour
(die Tour)		(der Turm)

Le genre des noms de pays
Das Geschlecht von Ländernamen

*Länder-
namen*

Die meisten *Ländernamen* sind im Französischen *weiblich*.

Beispiel:

la France	**la** Suisse
(Frankreich)	(die Schweiz)
la Belgique	**la** Pologne
(Belgien)	(Polen)

*Besonder-
heiten*

▶ Einige Ländernamen sind jedoch männlich.

Beispiel:

le Canada	**le** Japon	**le** Luxembourg
(Kanada)	(Japan)	(Luxemburg)

M. Dubois revient **du** Canada.
(Herr Dubois kommt aus Kanada zurück.)

▶ Wenn ein Ländername, der eigentlich weiblich ist, ein Schiff, ein Hotel usw. bezeichnet, wird er männlich.

Beispiel: visiter **le** «France» (= visiter le navire «France»)
(die «France» besichtigen)
réserver une chambre dans «**le** Savoie»
(ein Zimmer im «Savoie» reservieren)

Pièges
Stolpersteine

⚠

1. Es gibt sehr viele Wörter sowohl im Deutschen als auch im Französischen, die ähnlich geschrieben und gesprochen werden, die dieselbe Bedeutung haben – deren grammatisches Geschlecht aber unterschiedlich ist. Diese Wörter sollten gelernt werden um nahe liegende Fehler zu vermeiden.

▶ Einige Wörter sind im Französischen männlich, im Deutschen hingegen weiblich.

Beispiel:		
le banc	↔	**die** Bank (zum Sitzen)
le beurre	↔	**die** Butter
le bouillon	↔	**die** Bouillon
le buste	↔	**die** Büste
le canon	↔	**die** Kanone
le carrosse	↔	**die** Karosse
le chiffre	↔	**die** Ziffer
le chocolat	↔	**die** Schokolade
le chrysanthème	↔	**die** Chrysantheme
le cigare	↔	**die** Zigarre
le citron	↔	**die** Zitrone
le contrôle	↔	**die** Kontrolle
le diagnostic	↔	**die** Diagnose
le domaine	↔	**die** Domäne
un épisode	↔	**die** Episode
un étage	↔	**die** Etage
le front	↔	**die** Front
le fruit	↔	**die** Frucht
le gage	↔	**die** Gage
le garage	↔	**die** Garage
le geste	↔	**die** Geste
le groupe	↔	**die** Gruppe
le manège	↔	**die** Manege
le mark	↔	**die** Mark
le masque	↔	**die** Maske
le melon	↔	**die** Melone
le microbe	↔	**die** Mikrobe
le million	↔	**die** Million
le nez	↔	**die** Nase
le nombre	↔	**die** Nummer
un opéra	↔	**die** Oper
le parti	↔	**die** Partei
le passage	↔	**die** Passage

le plat	↔	**die** Platte
le reportage	↔	**die** Reportage
le rôle	↔	**die** Rolle
le show	↔	**die** Show
le tour	↔	**die** Tour
le trophée	↔	**die** Trophäe
le tube	↔	**die** Tube
un uniforme	↔	**eine** Uniform
le vase	↔	**die** Vase
le violon	↔	**die** Violine

▶ Umgekehrt gibt es auch Wörter, die im Französischen weiblich, im Deutschen aber männlich oder sächlich sind.

Beispiel:

une alarme	↔	**ein** Alarm
une ancre	↔	**ein** Anker
une auto	↔	**ein** Auto
la bière	↔	**das** Bier
la chanson	↔	**das** Chanson
la croix	↔	**das** Kreuz
la danse	↔	**der** Tanz
la date	↔	**das** Datum
la dispute	↔	**der** Disput
une étoffe	↔	**ein** Stoff
la forêt	↔	**der** Forst
une interview	↔	**ein** Interview
la marche	↔	**der** Marsch
la mer	↔	**das** Meer
la molécule	↔	**das** Molekül
la nicotine	↔	**das** Nikotin
la pénicilline	↔	**das** Penizillin
la photo	↔	**das** Foto
la place	↔	**der** Platz
la planète	↔	**der** Planet
la poudre	↔	**der** Puder
la radio	↔	**das** Radio
la rime	↔	**der** Reim
la salade	↔	**der** Salat
la salle	↔	**der** Saal
la topaze	↔	**der** Topas
la tour	↔	**der** Turm
la valse	↔	**der** Walzer
la vitamine	↔	**das** Vitamin

2. Im Französischen sind alle *Automarken weiblich*.

Beispiel: **la** Renault   **la** Peugeot   **la** Volkswagen

           (der Renault)   (der Peugeot)   (der Volkswagen)

           une Opel

           (ein Opel)

           acheter **une** belle Mercédès

           (einen schönen Mercedes kaufen)

Exercices
Übungen

I.   *Ajoutez «le» ou «la».*

    Fügen Sie «le» oder «la» hinzu.

. . . promen**ade**	. . . nourri**ture**
. . . tour**isme**	. . . cuis**ine**
. . . chât**eau**	. . . sal**ade**
. . . curiosoté	. . . cad**eau**
. . . beau**té**	. . . couver**ture**
. . . gar**age**	. . . mala**die**
. . . voi**ture**	. . . dev**oir**
. . . bicycle**tte**	. . . cour**age**
. . . chev**al**	. . . surpr**ise**
. . . cray**on**	. . . mépr**ise**
. . . nouv**elle**	. . . social**isme**
. . . journ**al**	. . . propri**été**

II.   *Traduisez.*

    Übersetzen Sie.

die Mode: . . .	die Vase: . . .
der Ärmel . . .	die Kritik . . .
die Tour: . . .	der Tod: . . .
das Segel: . . .	das Gedächtnis: . . .
der Turm: . . .	das Pfund: . . .

III.   *Complétez par «en» ou «au».*

    Vervollständigen Sie durch «en» oder «au».

    M. Dubois va . . . Canada.

    Une autre fois, il est allé . . . Allemagne.

    Une autre fois, il est allé . . . Belgique.

    Une autre fois, il est allé . . . Japon.

Une autre fois, il est allé ... Portugal.
Une autre fois, il est allé ... Suisse.

IV. Complétez par «un» ou «une».
Vervollständigen Sie durch «un» oder «une».
M. Dubois achète ... Peugeot.
Il possède ... garage.
Il fume ... cigare.
Il boit ... bière.
Il mange ... melon.
Il lit ... reportage.
Il regarde ... photo.

Le pluriel des noms

Der Plural der Nomen/ die Mehrzahl der Hauptwörter

Alle europäischen Sprachen unterscheiden zwischen **Einzahl** und **Mehrzahl**.
Die lateinischen Bezeichnungen sind **Singular** und **Plural,** die französischen **le
singulier** und **le pluriel.**

Beispiel:	**ein** Auto	→	**viele** Autos
	ein Fahrrad	→	**viele** Fahrräder
	eine Straße	→	**viele** Straßen
	Singular		*Plural*

Le pluriel en «-s»

Der Plural auf «-s»

Ähnlich wie im Englischen haben die meisten französischen Nomen im Plural
die Endung «-s». Im Gegensatz zum Englischen wird das «-s» jedoch nur *geschrieben, nicht gesprochen!*

Beispiel:	une voiture	→	deux voitures (zwei Autos)
	un vélo	→	deux vélos (zwei Fahrräder)
	une rue	→	deux rues (zwei Straßen)

Beachte: Nomen, die bereits im Singular auf «-s» enden, bekommen im Plural nicht noch ein weiteres «-s».

Beispiel:	un pays	→	deux pays (zwei Länder)
	un repas	→	deux repas (zwei Mahlzeiten)

▶ Das gilt auch für Nomen, die im Singular auf «-x» oder «-z» enden.

Beispiel:	une croix	→	deux croix (zwei Kreuze)
	un nez	→	deux nez (zwei Nasen)

Le pluriel en «-x»

Der Plural auf «-x»

Eine verhältnismäßig kleine Anzahl von Nomen hat im Plural die Endung «-x».

Den Plural auf «-x» bilden:

▶ alle Nomen auf «-au» und «-eau».

Beispiel:	le tuyau	→	beaucoup de tuyaux (viele Rohre)
	le bateau	→	beaucoup de bateaux (viele Schiffe)
	le château	→	beaucoup de châteaux (viele Schlösser)

▶ fast alle Nomen auf «-eu».

Beispiel:	le cheveu	→	beaucoup de cheveux (viele Haare)
	le feu	→	beaucoup de feux (viele Feuer)

▶ Die Endung «-x» bekommen auch einige Nomen auf «-ou» im Plural:

Beispiel:	le bijou	→	les bijoux (die Juwelen)
	le caillou	→	les cailloux (die Kieselsteine)
	le genou	→	les genoux (die Knie)
	le pou	→	les poux (die Läuse)

▶ Die meisten Nomen auf «-al» und einige Nomen auf «-ail» haben im Plural die Wortendung **«aux»**:

Beispiel:	le cheval	→	beaucoup de chev**aux** (viele Pferde)
	le journal	→	beaucoup de journ**aux** (viele Zeitungen)
	le travail	→	beaucoup de trav**aux** (viele Arbeiten)

Pluriels irréguliers

Unregelmäßige Pluralbildungen

Ausnahmen

Einige Nomen bilden den Plural ganz unregelmäßig. Beachte auch die *Aussprache.*

Beispiel:

l'œil [œj]	→	les yeux [jø] (die Augen)
l'os [os]	→	les os [os] (die Knochen)
monsieur	→	messieurs (die Herren)
madame	→	mesdames (die Damen)
mademoiselle	→	mesdemoiselles (die Fräulein)
les ciseaux	→	des paires de ciseaux (die Scheren)
les lunettes	→	des paires de lunettes (die Brillen)

▶ Die folgenden beiden Nomen bilden ihre Mehrzahlform zwar regelmäßig mit «-s», werden im Plural aber anders ausgesprochen als im Singular.

Beispiel:

l'œuf [œf]	→	les œufs [ø] (die Eier)
le bœuf [bœf]	→	les bœufs [bø] (die Ochsen)

Le pluriel des noms composés

Zusammengesetzte Nomen

Der Plural der zusammengesetzten Nomen

Die Pluralbildung bei *zusammengesetzten Nomen* ist unterschiedlich. Sie hängt davon ab, welche Wortarten miteinander verbunden sind.

▶ Wenn *zwei Nomen* verbunden sind, wird meist nur das erste in den Plural gesetzt.

Beispiel:

l'appareil photo	→	les appareils photo (die Fotoapparate)
la station-service	→	les stations-service (die Tankstellen)

▶ Ist ein *Adjektiv* mit einem *Nomen* verbunden, werden im Plural beide verändert.

Beispiel:

le grand-père	→	les grands-pères (die Großväter)
la belle-mère	→	les belles-mères (die Schwiegermütter)

▶ Ist ein *Verb* mit einem *Nomen* oder mit einem *anderen Verb* verbunden, bleiben beide unverändert.

Beispiel:

le faire-part	→	les faire-part (die Familienanzeigen)
le laisser-passer	→	les laisser-passer (die Passierscheine)

▶ Auch wenn eine *Präposition* mit einem *Nomen* verbunden ist, bleiben beide unverändert.

Beispiel:

un après-midi	→	les après-midi (die Nachmittage)
un hors-d'œuvre	→	les hors-d'œuvre (die Vorspeisen)

Ausnahme

Beachte: Diese Regeln verdeutlichen nur Tendenzen. Es gibt viele **Ausnahmen,** daher muss im Zweifelsfall im Wörterbuch nachgesehen werden.

► Zusammengesetzte Nomen, die in einem Wort geschrieben werden, erhalten im Plural ein «-s» wie einfache Nomen.

Beispiel: une autoroute   →   les autoroute**s** (die Autobahnen)

Le pluriel des noms de famille
Der Plural der Familiennamen

Kein Plural-«s» bei Familiennamen

In gepflegtem Französisch soll an einen Familiennamen kein «-s» angefügt werden. Wenn dies jedoch geschieht, wird es nicht mehr als Fehler angestrichen.

Beispiel: Madame Martin   →   les Martin(s)
             (Frau Martin   die Martins)
             la famille Duval   →   les Duval(s)
             (die Familie Duval   die Duvals)

(Familien-
namen)

Das «-s» bei Familiennamen war schon immer üblich:

► bei fürstlichen Familien

     Beispiel: les Bourbon**s**   les Condé**s**

► oder wenn Kunstwerke gemeint sind.

     Beispiel: Ce musée possède plusieurs Renoir**s** et Picasso**s**.
                  (Dieses Museum besitzt mehrere Renoirs und Picassos.)

Besonder-
heiten

Pièges
Stolpersteine

1. Im Gegensatz zum Deutschen stehen im Französischen die Pluralendungen

► bei der *Uhrzeit*.

     Beispiel: Il est 9 heure**s**.   –   Es ist 9 Uhr.
                  Il vient à 4 heure**s**.   –   Er kommt um 4 Uhr.

Uhrzeit

► bei *Preisangaben*.

     Beispiel: Il faut payer 30 franc**s**.   –   Man muss 30 Franc bezahlen.
                  100 mark**s**.   –   100 Mark.

Preis-
angaben

2. Im Gegensatz zur deutschen Übersetzung steht eine Reihe französischer Nomen ohne Ausnahme im Plural; diese Nomen haben *keine Singularform*.

Keine
Singularform

Beispiel:	**les** environs	**die** Umgebung
	les épinards	**der** Spinat
	les fiançailles	**die** Verlobung
	les funérailles	**das** Begräbnis
	les mathématiques	**die** Mathematik
	les ténèbres	**die** Dunkelheit

3. Zu verschiedenen Pluralbegriffen des Französischen gibt es zwar auch eine Singularform, allerdings mit einer ganz anderen Bedeutung:

Beispiel:	**les** ciseaux	die Schere
	le ciseau	der Meißel
	(deux paires de ciseaux	zwei Scheren)
	les échecs	das Schachspiel
	l'échec	der Misserfolg
	les fruits	das Obst
	le fruit	die Frucht
	les lunettes	die Brille
	la lunette	das Fernrohr
	(deux paires de lunettes	zwei Brillen)

Exercices

Übungen

I. *Mettez au pluriel.*
   Setzen Sie in den Plural.

le pays: les . . .	le repas: les . . .
la nation: les . . .	le déjeuner: les . . .
le château: les . . .	le gâteau: les . . .
le musée: les . . .	la tarte: les . . .
la voiture: les . . .	l'œuf: les . . .
le journal: les . . .	le travail: les . . .
le livre: les . . .	le prix: les . . .
l'exemple: les . . .	le cadeau: les . . .
la règle: les . . .	l'œil: les . . .

une heure: deux . . .	un franc: deux . . .
un jour: deux . . .	un monsieur: deux . . .
une semaine: deux . . .	un enfant: deux . . .
un mois: deux . . .	une fille: deux . . .
une fois: deux . . .	un fils: deux . . .

Das Nomen
Der Plural der Nomen

II. *Complétez la phrase par les noms au pluriel.*

   Vervollständigen Sie den Satz durch die Nomen im Plural.

Übungen im Kontext

   – Qu'est-ce qu'un géographe?

   – C'est un savant qui connaît où se trouvent ... (1), ... (2), ... (3), ... (4) et les ... (5)

   – Ça c'est bien intéressant, dit le petit prince.

   _____

   (1) la mer   (2) le fleuve   (3) la ville   *(Saint-Exupéry: Le Petit Prince)*
   (4) la montagne   (5) le désert

   Quand Maigret arriva rue des Célestins, il regarda avec envie un étudiant et quelques vieux ... (1) qui fouillaiennt[1] dans les ... (2) poussiéreuses[2] des ... (3).

   _____

   1 wühlen   2 staubig   *(Simenon: Le Commissaire Maigret – L'écluse No 1)*
   (1) le monsieur   (2) la boîte   (3) le bouquiniste

III. *Ajoutez un «-s», s'il le faut.*

   Fügen Sie ein «-s» hinzu, wenn nötig.

   (Le renard parle au petit prince.)

   – Si tu viens, par exemple, à quatre heure... de l'après-midi, dès trois heure... je commencerai d'être heureux. Plus l'heure... avancera, plus je me sentirai heureux. A quatre heure..., déjà, je m'agiterai et m'inquiéterai.

   (Saint-Exupéry: Le Petit Prince)

L'article

Der Artikel / das Geschlechtswort

Die deutsche Bezeichnung für **Artikel** ist **Geschlechtswort.**

Im Deutschen gibt es zwei Artikel:

▶ den **bestimmten Artikel**

Beispiel: der Vater   die Mutter   das Kind

▶ den **unbestimmten Artikel**

Beispiel: ein Vater   eine Mutter   ein Kind

Diese beiden Artikel gibt es auch im Französischen:

▶ **l'article défini**

Beispiel: le père   la mère   l'enfant

▶ **l'article indéfini**

Beispiel: un père   une mère   un enfant

▶ Zusätzlich kennt das Französische noch den **Teilungsartikel** (französisch: **l'article partitif**)

Beispiel: du pain   de la confiture

         (△ Brot)   (△ Marmelade)

▶ sowie das **partitive «de» – le «de» partitif.**

Beispiel: beaucoup **de** pain   assez **de** farine

         (viel △ Brot)   (genug △ Mehl)

(Zu diesen beiden Artikeln siehe Seite 48 ff.)

L'article défini

Der bestimmte Artikel

Bestimmter Artikel

Die deutsche Bezeichnung **Geschlechtswort** deutet an, wozu der bestimmte Artikel vor allem gebraucht wird:

Funktion

▶ Er zeigt das *grammatische Geschlecht* (männlich/maskulinum – weiblich/femininum) des Nomens an.

Beispiel: le père   la mère
            le vin   la bière

       Maskulinum   *Femininum*

▶ Außerdem zeigt der bestimmte Artikel den *Numerus* (Singular/Einzahl – Plural/Mehrzahl) an.

Beispiel: le père   →   **les** pères
            la dame   →   **les** dames

      Singular   *Plural*

Die Formen des bestimmten Artikels:

Formen

	männlich	weiblich
Singular	le	la
Plural	les	

Beispiel: le père, **la** mère, **les** enfants
Beachte: Vor Wörtern, die mit Vokal oder stummem H *(h muet)* beginnen, steht statt «le» und «la» nur «l'».

Beispiel: l'éléphant   l'hirondelle   l'énorme bêtise
               (der Elefant)   (die Schwalbe)   (die riesige Dummheit)

▶ Es gibt einige **Ausnahmen:**

Ausnahmen

Beispiel: le huit   le onze   le oui ...
             (die Acht)   (die Elf)   (das Ja). ...

Der Gebrauch des bestimmten Artikels

Gebrauch

Beim Gebrauch des bestimmten Artikels gibt es zwischen dem Französischen und dem Deutschen keine wesentlichen Unterschiede.

Auf vier Besonderheiten sei jedoch hingewiesen:

Besonderheiten

▶ Gebrauch des Artikels zwischen Monsieur/Madame und dem Titel.

Beispiel: Monsieur **le** Commissaire   Madame **la** Présidente
             (Herr Kommissar)   (Frau Präsidentin)

▶ Der Artikel steht im Französischen
   a) vor **Familiennamen im Plural.**
      Beispiel: **Les** Dubois sont venus.
                    (Dubois sind gekommen.)
   b) vor **Eigennamen im Singular,** die näher bestimmt sind.
      Beispiel: **Le** jeune Dubois.
                    (Der junge Dubois.)
   c) vor **Titeln.**
      Beispiel: **le** docteur Knock (aber in der Anrede: Bonjour, △ docteur.)
                    (Doktor Knock)
                 la reine Marie-Antoinette
                    (Königin Marie-Antoinette)
▶ Der bestimmte Artikel vor *Tageszeiten* und *Wochentagen* weist darauf hin,
   dass eine regelmäßig wiederholte Handlung gemeint ist.
      Beispiel: **Le matin,** je vais à l'école. (= chaque matin, tous les matins)
                    (Jeden Morgen gehe ich zur Schule.)
                    L'après-midi, je reste à la maison.
                    (Jeden Nachmittag bleibe ich zu Hause.)
                    Le dimanche, je fais du sport.
                    (Jeden Sonntag treibe ich Sport.)
▶ Vor dem *Datum* steht im Französischen «le» (im Deutschen: „den", „am").
      Beispiel: Paris, **le** 14 juillet 1998. Les vacances commencent **le** 1 juillet.
                    (Paris, den 14. Juli 1998)
                    (Die Ferien beginnen am 1. Juli.)

La contraction de l'article avec «à» et «de»

à/de + Artikel

Die Zusammenziehung des Artikels mit «à» und «de»

Bildung

Wenn die Präposition «à» oder «de» vor dem Artikel steht, werden beide zusammengezogen:

▶ à + le → au.
   Beispiel: la mousse **au** chocolat   (à + le chocolat)
                (die Schokoladencreme)
▶ à + les → aux.
   Beispiel: mentir **aux** collègues   (à + les collègues)
                (die Kollegen belügen)
▶ de + le → du.
   Beispiel: parler **du** livre   (de + le livre)
                (über das Buch sprechen)

Der Artikel
Der bestimmte Artikel

▶ de + les → des.

Beispiel: à l'ombre **des** arbres   (de + les arbres)
                (im Schatten der Bäume)

Beachte: Auch im Deutschen gibt es solche Zusammenziehungen: an dem → am, zu der → zur. Im Französischen sind die Zusammenziehungen von «de» und «à» mit dem Artikel nicht freiwillig, sondern obligatorisch.

Exercices
Übungen

Übungen

I. *Analysez les noms (masculin/féminin; singulier/pluriel).*
   Analysieren Sie die Nomen (maskulin/feminin; Singular/Plural).

le père: ...   les soirs: ...
la mère: ...   le jour: ...
les enfants: ...   la semaine: ...
le matin: ...   les années: ...

*Übungen
im Kontext*

II. *Complétez par «au», «à la», «à l'» ou «aux».*
   Ergänzen Sie «au», «à la», «à l'» oder «aux».
   Parce qu'il n'avait personne à qui parler, Robinson craignait de perdre l'usage de la parole. Désormais[1] il avait l'obligation de parler sans arrêt[2], ... arbres, ... pierres, ... nuages, mais bien entendu aussi ... chèvres[3] et à Tenn[4].

---

1 von jetzt ab   2 ununterbrochen   (Michel Tournier: Vendredi ou la vie sauvage)
3 Ziegen   4 Name eines Hundes

III. *Complétez par «du», «de la», «de l'» ou «des».*
   Ergänzen Sie «du», «de la», «de l'» oder «des».
   Mme Dubois aime parler ... mode, ... enfants, ... voyage, ... roman qu'elle vient de lire, ... travail de son mari, ... appartement, ... voisins.

IV. *Traduisez.*
   Übersetzen Sie.
   1. Morgens stehe ich um 6 Uhr auf[1].
   2. Vormittags bin ich im Büro.
   3. Mittags esse ich in der Kantine.
   4. Nachmittags tippe[2] ich die Briefe.

---

1 se lever   2 taper

5. Abends sehe ich fern.
   (In den Ferien:)
6. Morgens stehe ich spät[3] auf.
7. Vormittags gehe ich an den Strand[4].
8. Mittags esse ich im Restaurant.
9. Nachmittags ruhe ich mich aus[5].
10. Abends gehe ich tanzen.

_____

3 tard   4 la plage   5 se reposer

L'article indéfini

*Unbestimm-
ter Artikel*

Der unbestimmte Artikel

Funktion

▶ Wie der bestimmte Artikel zeigt auch der unbestimmte das *grammatische Geschlecht des Nomens* an.

Beispiel: **un** monsieur   **une** dame
               un vin   **une** bière

               männlich   *weiblich*

▶ Der unbestimmte Artikel verweist nicht auf eine bestimmte Person, eine bestimmte Sache oder einen bestimmten Begriff, sondern auf *irgendeine Person, Sache ...*

Beispiel: **un** monsieur (= n'importe quel monsieur)
               (ein Herr = irgendein Herr)

▶ Der unbestimmte Artikel kann auch als *Zahlwort* gebraucht werden (siehe auch Seite 91).

Beispiel: **Un** monsieur attend encore, **deux** autres sont partis.
               (Ein Herr wartet noch, zwei andere sind weggegangen.)

Die Formen des unbestimmten Artikels:

Formen

	männlich	weiblich
Singular	un	une
Plural	des	

Beispiel: **un** monsieur   **une** dame   **des** enfants
               (ein Herr)   (eine Dame)   (△ Kinder)

46

Piège
Stolperstein

Einen Plural des unbestimmten Artikels gibt es im Deutschen nicht! «Des» drückt eine unbestimmte Anzahl aus; in der deutschen Übersetzung steht das Nomen *ohne* Artikel.

Beispiel: **des** touristes   acheter **des** souvenirs

    (△ Touristen)   (△ Souvenirs kaufen)

Exercices
Übungen

I. *Formez le pluriel.*
    Bilden Sie den Plural.

  un touriste: ...   une voiture: ...

  un ami: ...   une histoire: ...

  un monsieur: ...   un livre: ...

  une maison: ...   un roman: ...

II. *Complétez les phrases.*
    Vervollständigen Sie die Sätze.

  (Dans un magasin de vêtements.)

  Regarde le pull. C'est ... beau pull, n'est-ce-pas?

  Regarde la robe. C'est ... belle robe.

  Regarde cette cravate. C'est ... belle cravate.

  Regarde la chemise. C'est ... belle chemise.

  Regarde ce pantalon. C'est ... beau pantalon.

  Regarde ces chaussures. Ce sont ... chaussures qui me plaisent.

  Regarde ces chaussettes[1]. Ce sont ... chaussettes qui me plaisent.

  Regarde les gants[2]. Ce sont ... gants qui me plaisent.

  Regarde cette écharpe[3]. C'est ... belle écharpe.

  Il faudrait avoir beaucoup d'argent pour acheter tous ces beaux vêtements.

---

1 Kniestrümpfe 2 Handschuhe 3 Schal

L'article partitif et le «de» partitif

Der „Teilungsartikel" und das partitive «de»

Was ist ein Teilungsartikel? – Vom Deutschen her kann man das nicht verstehen, weil es hier keinen Teilungsartikel gibt.

Der Gebrauch des Teilungsartikels

Beispiel: Pour faire des crêpes, il faut **de la** farine, **du** sucre, **de** l'huile ...
(Um Eierkuchen zu machen, braucht man △ Mehl, △ Zucker, △ Öl ...)

▶ Im Gegensatz zu einem richtigen Backrezept werden hier keine genauen Mengenangaben gemacht; man gebraucht daher den Teilungsartikel um die unbestimmte Menge auszudrücken. – Im Deutschen geschieht das, indem man das Nomen *ohne* Artikel verwendet.

Die Formen des Teilungsartikels:

	männlich	weiblich
Singular	du	de la
Plural	des	

Beispiel: **du** sucre   **de la** farine   **des** crêpes

Beachte: Vor Nomen, die mit Vokal oder stummen H *(h muet)* beginnen, steht statt «du» und «de la» nur **«de l'»**:

Beispiel: **de l'**huile   **de l'**eau   **de l'**argent
(△ Öl)   (△ Wasser)   (△ Geld)

Le «de» partitif

Das partitive «de»

Es gibt drei Fälle, in denen nicht der Teilungsartikel, sondern nur das partitive «de» steht:

▶ Nach Mengenangaben wird nur «de» gesetzt, zum Beispiel nach *beaucoup* (viel), *trop (zu viel)*, *peu* (wenig), *assez* (genug), *moins* (weniger), *plus* (mehr), *autant* (so viel), *combien* (wie viel), *100 grammes* (100 Gramm), *un morceau* (ein Stück), *une dizaine* (etwa zehn).

Beispiel: de la farine   **beaucoup de** farine
(Mehl)   (viel Mehl)

du sucre	**500 grammes de** sucre
(Zucker)	(500 Gramm Zucker)

Es gibt jedoch einige **Ausnahmen:** Nach *bien* (ziemlich viel), *la plupart* (die meisten), *une partie* (ein Teil) und nach *la moitié* (die Hälfte) steht der *Teilungsartikel.*

Beispiel: Avoir **bien des** difficultés. . . . **la moitié des** gens

(Ziemlich viele Schwierigkeiten (. . . die Hälfte der Leute)

haben.)

▶ Nach *Verneinung* steht ebenfalls *kein Teilungsartikel,* sondern nur das partitive «de».

Beispiel: Aujourd'hui, j'achète de la viande.

(Heute kaufe ich Fleisch.)

Demain, je **n'**achèterai **pas de** viande.

(Morgen kaufe ich kein Fleisch.)

Vous prenez encore du café?

(Nehmen Sie noch Kaffee?)

Non, merci, je **ne** prends **plus de** café.

(Nein danke, ich nehme keinen Kaffee mehr.)

Auch hier gibt es eine **Ausnahme:** Nach verneintem «être» steht der Teilungsartikel.

Beispiel: Ce **n'est pas du** cidre, c'est du jus de pommes.

(Das ist kein Cidre, das ist Apfelsaft.)

Ce que tu bois, ce **n'est pas du** café.

(Was du trinkst, das ist kein Kaffee.)

▶ In sehr gepflegter Sprache steht das partitive «de» (anstelle eines Teilungsartikels) auch vor einem Adjektiv + Nomen im Plural.

Beispiel: Acheter **de jolies fleurs.**

(Hübsche Blumen kaufen.)

Richtig ist aber auch:

Acheter **des** jolies fleurs.

Pièges

Stolpersteine

Weder Teilungsartikel noch partitives «de» steht:

▶ nach «sans».

Beispiel: C'est sans △ importance. Une maison sans △ confort.

(Das ist unwichtig.) (Ein Haus ohne Komfort.)

▶ in einer großen Zahl von Redewendungen:
avoir △ besoin de qc (etw. brauchen)
avoir △ confiance en qn (zu jdm. Vertrauen haben)
avoir △ envie de qc/de faire qc (Lust haben an etw./etw. zu tun)
avoir △ faim (Hunger haben)
avoir △ honte de qc/de faire qc (sich schämen wegen etw./etw. zu tun)
avoir △ intérêt à faire qc (es liegt in jds. Interesse etw. zu tun)
avoir △ mal à qc (Schmerzen haben an etw.)
avoir △ peine à faire qc (Mühe haben etw. zu tun)
avoir △ peur de qn/de faire qc (Angst haben vor jdm./etw. zu tun)
avoir △ raison (Recht haben)
avoir △ soif (Durst haben)
demander △ conseil à qn (jdn. um Rat fragen)
demander △ pardon à qn (jdn. um Verzeihung bitten)
donner △ raison à qn (jdm. Recht geben)
faire △ allusion à qc (auf etw. eine Anspielung machen)
faire △ appel à qn (an jdn. appellieren)
faire △ attention à qc (auf etw. aufpassen)
faire △ part de qc à qn (jdm. von etw. Mitteilung machen)
faire △ peur à qn (jdm. Angst machen)
faire △ pitié à qn (bei jdm. Mitleid erregen)
faire △ plaisir à qn (jdm. ein Vergnügen bereiten)
faire △ preuve de qc (etw. unter Beweis stellen)
mettre △ fin à qc (etw. ein Ende setzen)
perdre △ connaissance (das Bewusstsein verlieren)
perdre △ courage (den Mut verlieren)
porter △ bonheur (Glück bringen)
prendre △ connaissance de qc (etw. zur Kenntnis nehmen)
prendre △ fin (ein Ende nehmen)
prendre △ part à qc (an etw. teilnehmen)
prendre △ patience (sich in Geduld fassen)
prendre △ position (Stellung nehmen)
se rendre △ compte de qc (sich über etw. klar werden)
rendre △ justice à qn (jdm. Gerechtigkeit widerfahren lassen)
Beispiel: J'ai △ besoin de votre aide.
(Ich brauche Ihre Hilfe.)
Je tiens △ compte de votre position.
(Ich berücksichtige Ihre Position.)

Exercices

Übungen

I. *Complétez.*

Vervollständigen Sie.

Pour faire un grâteau il faut:

... de la farine: beaucoup ... farine

... lait: beaucoup ... lait   le lait

... sucre: beaucoup ... sucre   le sucre

... beurre: beaucoup ... beurre   le beurre

... sel: un peu ... sel   le sel

(Au marché.)

Vous voulez ... fromage? Oui? Combien ... fromage?

Un morceau ... fromage.

Un kilo ... fromage.

La moitié ... fromage que vous me montrez.

II. *Complétez.*

Vervollständigen Sie.

(Sandrine veut maigrir.)

Pour cette raison, elle ne mange pas ... sucre.

Elle ne mange pas ... beurre.

Elle ne mange pas ... confiture.

Elle ne mange pas ... crème.

Elle ne mange pas ... chocolat.

Et vous, vous aimez le chocolat?

(Michel ne réussit pas.)

Il n'a pas ... courage.

Il n'a pas ... énergie.

Il n'a pas ... patience[1].

Il n'a pas ... application[2].

Il n'a pas ... ambition[3].   *1 Geduld 2 Fleiß 3 Ehrgeiz*

III. *Complétez les phrases.*

Vervollständigen Sie die Sätze.

Vous croyez qu'il n'a pas ... soupçons[1]?

J'en suis sûr.

1 Verdacht   *(Simenon: Le Commissaire Maigret – L'écluse No 1)*

Attends! lui dis-je tout à coup. J'ai une idée. Ne fais pas ... bruit.

En ville, il n'y a pas ... arbres, pas ... jardin, il faut aller en classe.

(Pagnol: Le château de ma mère)

51

Le pronom

Das Pronomen/ das Fürwort

Das Pronomen kann **Begleiter** oder **Stellvertreter** eines Nomens sein.
Beispiel: *Dieser* Schüler ist sehr begabt. („dieser": Begleiter von „Schüler")
Dieser ist sehr begabt. („dieser": Stellvertreter für „Schüler")

Im ersten Beispiel steht „dieser" bei einem Nomen, sozusagen als Begleiter.
Im zweiten Beispiel steht „dieser" für „dieser Schüler", also als Stellvertreter.
In der deutschen Grammatik werden sowohl die Begleiter als auch die Stellvertreter als **Pronomen** (lateinisch, bedeutet „an Stelle eines Nomens") oder **Fürwörter** bezeichnet. In der französischen Grammatik heißen nur die Stellvertreter **pronoms,** die Begleiter werden dagegen **adjectifs** genannt, manchmal auch **adjectifs pronominaux,** im Gegensatz zu den richtigen Adjektiven.
Weil diese Grammatik für Deutsche geschrieben ist, werden die Adjectifs pronominaux ebenfalls in diesem Kapitel behandelt.

Es gibt folgende Pronomen:
▶ Personalpronomen/pronoms personnels
▶ Objektpronomen/pronoms personnels objets
▶ Reflexivpronomen/pronoms réfléchis
▶ Demonstrativpronomen/pronoms (adjectifs) démonstratifs
▶ Possessivpronomen/pronoms (adjectifs) possessifs
▶ Relativpronomen/pronoms relatifs
▶ Indefinitpronomen/pronoms (adjectifs) indéfinis
▶ Adverbialpronomen/pronoms adverbiaux
▶ Fragepronomen/pronoms interrogatifs

Le pronom personnel

Das Personalpronomen/ das persönliche Fürwort

Das Personalpronomen ist *Stellvertreter eines Nomens.* Mit seinem Gebrauch vermeidet man immer wieder dasselbe Nomen zu wiederholen: Das würde sehr schwerfällig wirken. Mit den Personalpronomen kann man einen Satz verkürzen und vereinfachen:

Beispiel: Sandrine aime son chat, Sandrine caresse son chat.
(Sandrine liebt ihre Katze, Sandrine streichelt ihre Katze.)
Sandrine aime son chat, **elle le** caresse.
(Sandrine liebt ihre Katze, sie streichelt sie.)

Für «Sandrine» wird «elle» eingesetzt, für «chat» steht nun «le». «Sandrine» ist das Subjekt im Satz, «son chat» das Objekt. Das Personalpronomen kann also sowohl ein Nomen vertreten, das Subjekt ist, als auch ein Nomen, das Objekt ist (Objektpronomen).

Le pronom personnel (sujet)

Das Personalpronomen (Subjekt)

Für den Deutschsprechenden ist auffällig, dass das Französische zwischen **verbundenen**[1] und **unverbundenen**[2] **Personalpronomen** unterscheidet. Diese Unterscheidung gibt es im Deutschen nicht.

Die Formen des Personalpronomens:

Person		Verbundenes Personalpronomen	Unverbundenes Personalpronomen
Singular:	1. Person	je	moi
	2. Person	tu	toi
	3. Peron	il	lui
		elle	elle
Plural:	1. Person	nous	nous
	2. Person	vous	vous
	3. Person	ils	eux
		elles	elles

1 Auf Französisch: *Pronom personnel atone (oder: inaccentué)*
2 Auf Französisch: *Pronom personnel tonique (oder: accentué)*

Beispiel: **Je** lis un livre.   **Moi,** je te donne ce livre.
(Ich lese ein Buch.)   (**Ich** gebe dir dieses Buch.)

Das **verbundene Personalpronomen wird verwendet:**

▶ Wenn das Verb gleich folgt: Pronomen und Verb stehen dann nebeneinander, sie sind miteinander „verbunden".

Beispiel: **Je téléphone** à mon ami.   **Il fera** un voyage en Amérique.
(Ich telefoniere mit   (Er wird eine Reise nach Amerika
meinem Freund.)   machen.)

Zwischen dem verbundenen Personalpronomen und dem Verb dürfen nur «ne», das Reflexiv- und das Objektpronomen stehen.

Beispiel: **Je ne téléphone** pas à mon ami.
(Ich telefoniere nicht mit meinem Freund.)
Il s'appelle André.   (**se:** Reflexivpronomen)
(Er heißt André.)
Je lui dis au revoir.   (**lui:** Objektpronomen)
(Ich sage ihm auf Wiedersehen.)

Das **unverbundene Personalpronomen steht:**

▶ *allein,* ohne Verb.

Beispiel: Qui a téléphoné? – **Lui.**
(Wer hat telefoniert? – Er.)
Qui a fait cette faute? – Pas **moi.**
(Wer hat diesen Fehler gemacht? – Ich nicht.)

▶ *getrennt vom Verb* zum Beispiel durch «seul», «même», ein Adjektiv, einen Satz.

Beispiel: **Lui seul est vernu.**   **Moi, très déçu, j'étais** triste.
(Er allein ist gekommen.)   (Ich, sehr enttäuscht, war traurig.)
Eux, qui ont accepté l'invitation, ne **sont** pas là.
(Sie, die die Einladung angenommen hatten, sind nicht da.)

▶ zur *Betonung:* Es steht dann vor dem verbundenen Personalpronomen.

Beispiel: **Moi,** je suis déçu.   **Lui,** il m'a consolé.
(**Ich** bin enttäuscht.)   (**Er** hat mich getröstet.)

▶ in der *Hervorhebung* (siehe Seite 207).

Beispiel: C'est **moi** qui ai écrit cette lettre.
(**Ich** bin es, die diesen Brief geschrieben hat.)

▶ beim *Vergleich* (siehe Seite 227).

Beispiel: Pierre est plus grand que **moi.**
(Pierre ist größer als **ich.**)

54

Das Pronomen
Das Personalpronomen

Cas particuliers: «vous», «on», «il», «ce», «cela»
Besonderheiten: «vous», «on», «il», «ce», «cela»

▶ «**Vous**» wird auch als Höflichkeitsform verwendet.

Beispiel: **Vous** permettez, Madame? Voulez-**vous** entrer, Messieurs?
(Sie gestatten, Madame?)　(Wollen Sie eintreten, meine
Herren?)

▶ «**On**» (= man) wird häufig an Stelle von «nous» gebraucht.

Beispiel: **On** va à l'hôtel?　　　**On** se connaît depuis longtemps.
(Gehen wir ins Hotel?)　(Wir kennen uns seit langem.)

▶ «**Il**» bedeutet nicht nur „er", sondern auch „es". Dabei sind folgende Regeln
zu beachten:

a) «**Il**» (= „es") wird bei unpersönlichen Verben verwendet.

Beispiel: **Il** fait mauvais temps. **Il** pleut.
(Es ist schlechtes Wetter. Es regnet.)
Il arrive que ... **Il** semble que ...
(Es kommt vor, dass ... Es scheint, dass ...)

b) „Es" (betont: „das") muss mit «**ce**» übersetzt werden, wenn «être» folgt.

Beispiel: Ce cont mes amis.　　　Ce n'est pas vrai.
(Es (Das) sind meine Freunde.) (Es (Das) ist nicht wahr.)

c) „Es" (betont: „das") muss vor allen sonstigen Verben mit «**cela**» übersetzt
werden.

Beispiel: **Cela** me fait plaisir.　　**Cela** ne fait rien.
(Es (Das) macht mir Spaß.)　(Es (Das) macht nichts.)

Beachte: Beim Sprechen gebraucht man für «cela» das Wörtchen «**ça**».

*Besonder-
heiten*

On

il = es

Exercices
Übungen

Übungen

I.　Complétez les phrases.
　　Vervollständigen Sie die Sätze.

Gehen wir zum Strand?	... allons à la plage?
Ich habe Lust zum Strand zu gehen.	..., ... ai envie d'aller à la plage.
Und du?	Et ...?
Ich habe auch Lust.	... aussi ... ai envie.
Hast du den Film gesehen?	... as vu le film?
Alain hat ihn gesehen.	Alain, ..., l'a vu.
Ich nicht.	Pas ...
Ich, der ich Komödien liebe, fand ihn langweilig.	..., qui aime les comédies, l'ai trouvé ennuyeux.

Haben Sie Frau Dubois gesehen?	Avez-... vu Mme Dubois?
Ich habe sie nicht gesehen.	..., ... ne l'ai pas vue.
Aber er, als er sie sah,	Mais ..., quand ... l'a vue,
hat sie sofort wieder erkannt.	l'a reconnue tout de suite.
Kommst du zum Fest?	... viens à la fête?
Ich komme gern.	..., ... viens avec plaisir.
Und Marcel, kommt er auch?	Et Marcel, ... vient aussi?
Nein, nur er kommt nicht,	Non, ... seul ne vient pas,
weil er krank ist.	parce qu'... est malade.

II. *Expliquez l'emploi des pronoms personnels.*
   Erklären Sie den Gebrauch der Personalpronomen.
   – Je n'ai pas fait attention, dit-il.
   – Mais moi, j'ai fait attention!

(Pagnol: Le château de ma mère)

– Moi, répondit le petit prince, je n'aime pas condamner à mort, et je crois bien que je m'en vais.

(Saint-Exupéry: Le Petit Prince)

Le petit prince n'était pas satisfait encore.
– Moi, je possède un foulard, je puis le mettre autour de mon cou et l'emporter. Moi, si je possède une fleur, je puis cueillir ma fleur et l'emporter. Mais tu ne peux pas cueillir les étoiles!

(Saint-Exupéry: Le Petit Prince)

III. *Complétez les phrases par «il», «ce» et «cela».*
   Vervollständigen Sie die Sätze mit «il», «ce» und «cela».
   1. ... me plaît beaucoup.
   2. ... me ferait plaisir.
   3. ... m'étonnerait.
   4. ... est une grande surprise.
   5. Maintenant, ... est l'heure du départ.
   6. Tu ne vois pas qu'... pleut?
   7. ... faut partir quand même.
   8. ... faut se dépêcher.
   9. ... n'est pas ma faute.
   10. ... vaut mieux se dépêcher.
   11. ... est vrai.
   12. ... semble qu'... pleut moins.

*Übungen
im Kontext*

IV. *Expliquez l'emploi des «ce».*

Erklären Sie den Gebrauch der «ce».

Voyons, dit ma mère, ce n'est pas une surprise! On en parle depuis huit jours! C'est vrai qu'ils en avaient parlé, mais je n'avais pas voulu entendre,

(Pagnol: Le château de ma mère)

Le pronom personnel objet
Das Objektpronomen

*Objekt-
pronomen*

Funktion

Die Personalpronomen stehen nicht nur für Nomen, die Subjekt sind, sondern auch für Nomen, die Objekt sind; in diesem Fall heißen sie **Objektpronomen** (**pronoms personnels objets**).

Beispiel 1:	Ich habe *Peter* gesehen.	(Peter = Objekt; Frage: „Wen
	J'ai vu **Pierre.**	habe ich gesehen;")
	Ich habe *ihn* gesehen.	(ihn = Objektpronomen)
	Je l'ai vu.	(l' = pronom personnel objet)

Beispiel 2:	Ich habe mit *Peter* gesprochen.	(Peter = Objekt; Frage: „Mit
	J'ai parlé à **Pierre.**	wem habe ich gesprochen?)
	Ich habe mit *ihm* gesprochen.	(ihm = Objektpronomen)
	J'ai parlé à **lui.**	(lui = pronom personnel objet)

Das Französische unterscheidet drei Arten von Objekten und Objektpronomen:

Drei Arten

▶ Die direkten Objekte → die direkten Objektpronomen.

▶ Die indirekten Objekte → die indirekten Objektpronomen.

▶ Die präpositionalen Objekte → die präpositionalen oder unverbundenen Objektpronomen.

Die Formen des Objektpronomens

Formen

Person		Direktes Objektpronomen	Indirektes Objektpronomen	Unverbundenes Objektpronomen	
Singular:	1. Person	me, m'	me, m'		moi
	2. Person	te, t'	te, t'		toi
	3. Person	le, l'	lui		lui
		la, l'	lui	Präpo-sition	elle
Plural:	1. Person	nous	nous		nous
	2. Person	vous	vous		vous
	3. Person	les	leur		eux
					elles

Beispiel:	Je **la** vois.	Pierre parle à **moi.**
	(Ich sehe sie.)	(Peter spricht mit mir.)

Beachte: a) «Le», «la», «les» können auch bestimmte Artikel sein.

b) «M'», «t'», «l'» stehen vor Wörtern, die mit Vokal oder stummem H *(h muet)* beginnen.

Der Gebrauch des Objektpronomens

Anwendung

Die drei Arten der Objektpronomen ersetzen die entsprechenden Objekte.

▶ Die direkten Objektpronomen ersetzen die direkten Objekte. Diese stehen, wie der Name bereits eindeutig sagt, *direkt neben dem Verb,* also ohne Präposition.

Beispiel: Je vois **M. Dubois.** → Je **le** vois.
(Ich sehe Herrn Dubois.)   (Ich sehe ihn.)
Hier, j'ai rencontré **mon amie.** → Hier, je **l'**ai rencontrée.
(Gestern habe ich meine   (Gestern habe ich sie
Freundin getroffen.)   getroffen.)

▶ Die indirekten Objektpronomen ersetzen die indirekten Objekte. *Zwischen dem Verb und dem Objekt* steht die Präposition «à».

Beispiel: Je dis bonjour **à M. Dubois.** → Je **lui** dis bonjour.
(Ich sage Herrn Dubois guten Tag.)   (Ich sage ihm guten Tag.)
J'ai demandé **à mon amie** de   → Je **lui** ai demandé de
venir avec moi.   venir avec moi.
(Ich habe meine Freundin gebeten   (Ich habe sie gebeten
mit mir zu kommen.)   mit mir zu kommen.)

▶ Die unverbundenen Objektpronomen gebraucht man, wenn ihnen eine Präposition vorausgeht, zum Beispiel:
de, après (nach), *avant* (vor), *avec* (mit), *contre* (gegen), *par* (durch), *pour* (für), *sur* (über), *jedoch nicht «à».*

Beispiel: Nous parlons **de M. Dubois.** → Nous parlons **de lui.**
(Wir sprechen über Herrn Dubois.)   (Wir sprechen über ihn.)
Je me promène **avec mon amie.** → Je me promène avec **elle.**
(Ich gehe mit meiner Freundin   (Ich gehe mit ihr
spazieren.)   spazieren.)

Le pronom personnel objet et son verbe
Das Objektpronomen und sein Verb

Position

An welcher Stelle steht das Objektpronomen im Satz?
Es sind fünf Regeln zu beachten:

▶ **Regel 1**

Das *direkte* und das *indirekte Objektpronomen* stehen *vor* dem Verb, genauer gesagt: vor der *Personalform/*vor der finiten Form des Verbs. (Nicht wie im Deutschen!)

Beispiel: Je **lui dis** bonjour. (Ich sage *ihm* guten Tag.)
Il **me salue** aussi. (Er grüßt *mich* auch.)

▶ **Regel 2**

Folgt dem Verb ein Infinitiv, so stehen direktes und indirektes Objektpronomen *vor dem Infinitiv*. (Wie im Deutschen!)

Beispiel: Je veux **lui dire** bonjour.   (Ich möchte *ihm* guten Tag sagen.)

Je vais **l'inviter.**   (Ich werde *ihn* einladen.)

(Zu dieser Regel gibt es einige **Ausnahmen.** Sie sind im folgenden Kapitel
«Pièges» aufgeführt.)

▶ **Regel 3**

Das *unverbundene Objektpronomen* steht *hinter* dem Verb. (Wie im Deutschen!)

Beispiel: Il **parle** à **moi.**   (Er spricht mit *mir*.)

Il **vient** chez **moi.**   (Er kommt zu *mir*.)

▶ **Regel 4**

Das *Objektpronomen* steht *hinter* dem *Imperativ*. (Wie im Deutschen!)
Statt «me» und «te» werden dann «moi» und «toi» gebraucht.

Beispiel: **Fais-le.**   (Mach *es!*)

Ecoute-moi. (nicht: me)   (Hör *mir* zu!)

▶ **Regel 5**

Das Objektpronomen steht *vor* dem *verneinten Imperativ*. (Nicht wie im
Deutschen!)

Beispiel: **Ne le fais pas.**   (Mach *es* nicht!)

Es kommt gelegentlich vor, dass *zwei* Objektpronomen im Satz gebraucht
werden. Dann stehen *zuerst die indirekten Objektpronomen* «me», «te»,
«nous» und «vous», *danach die direkten Objektpronomen* «le», «la» und «les»
und *an dritter Stelle* die *indirekten Objektpronomen* «lui» und «leur».

Beispiel: Il **me le** donne.   Il **nous le** donne.

(Er gibt es mir.)   (Er gibt es uns.)

Je **le lui** demande.   Je **le leur** demande.

(Ich bitte ihn darum.) (Ich bitte sie darum.)

Pièges

Stolpersteine

Nach der **Regel 2** des vorhergehenden Kapitels stehen das direkte und das indirekte Objektpronomen vor dem Infinitiv und nicht vor der Personalform des
Verbs.

Bei einer Reihe von Verben steht aber das Objektpronomen vor dem Verb und
nicht vor dem Infinitiv:

Beispiel: écouter qn faire qc (jdn. etw. tun hören)

emmener qn faire qc (jdn. mitnehmen zu)

entendre qn faire qc (jdn. etw. tun hören)
envoyer qn faire qc (jdn. schicken etw. zu tun)
faire qn faire qc (jdn. veranlassen etw. zu tun)
laisser qn faire qc (jdn. etw. tun lassen)
regarder qn faire qc (jdn. etw. tun sehen)
sentir qn faire qc (merken, dass jemand etw. tut)
voir qn faire qc (jdn. etw. tun sehen)
aider qn à faire qc (jdm. helfen etw. zu tun)
autoriser qn à faire qc (jdm. gestatten etw. zu tun)
décider qn à faire qc (jdn. bestimmen etw. zu tun)
encourager qn à faire qc (jdm. ermutigen etw. zu tun)
engager qn à faire qc (jdn. veranlassen etw. zu tun)
forcer qn à faire qc (jdn. zwingen etw. zu tun)
obliger qn à faire qc (jdn. verpflichten etw. zu tun)
empêcher qn de faire qc (jdn. hindern etw. zu tun)
défendre à qn de faire qc (jdm. verbieten etw. zu tun)
demander à qn de faire qc (jdn. bitten etw. zu tun)
dire à qn de faire qc (jdm. sagen, dass er etw. tun soll)
ordonner à qn de faire qc (jdm. befehlen etw. zu tun)
permettre à qn de faire qc (jdm. erlauben etw. zu tun)
proposer à qn de faire qc (jdm. vorschlagen etw. zu tun)
apprendre à qn à faire qc (jdm. beibringen etw. zu tun)

Beispiel: Sandrine chante. Tu **l'entends chanter?**
(Sandrine singt. Hörst du sie singen?)
Brigitte **m'aide à faire** mes devoirs.
(Brigitte hilft mir, meine Schularbeiten zu machen.)

Exercices

Übungen

I. *Remplacez les noms marqués par des pronoms.*
Ersetzen Sie die markierten Nomen durch Pronomen.
1. Pierre rencontre **son ami.**
2. Pierre voit **son ami** dans le métro.
3. Pierre salue **son ami.**
4. Il dit bonjour **à son ami.**
5. Il raconte **à son ami** que c'est aujourd'hui sa fête.
6. Il invite **son ami** pour ce soir.
7. Il dit à **son ami:** Donc, à ce soir!

Das Pronomen
Das Personalpronomen

II. *Complétez les phrases.*
Vervollständigen Sie die Sätze.

1. Hast du ihm (dem Onkel) eine Postkarte geschickt?
. . . as-tu envoyé une carte postale?

2. Hast du ihr (der Tante) eine Postkarte geschickt?
. . . as-tu envoyé une carte postale?

3. Hast du ihnen (den Großeltern) eine Postkarte geschickt?
. . . as-tu envoyé une carte postale?

4. Hast du ihm (Alain) das Wörterbuch geborgt?
. . . as-tu prêté le dictionnaire?

5. Nein, ich habe es ihm nicht geborgt.
Non, je . . .

6. Hast du ihr (Sylvie) das Wörterbuch geborgt?
. . . as-tu . . .

7. Wem hast du es geborgt?
A qui . . . as-tu prêté?

8. Sag ihm (Alain), dass er kommen soll.
Dis- . . . de venir.

9. Sag ihr (Sylvie), dass sie kommen soll.
Dis- . . .

10. Sag ihnen (Brigitte, Sandrine, Marcel), dass sie kommen sollen.

III. *Expliquez l'emploi des pronoms personnels objets.*
Erklären Sie den Gebrauch der Objektpronomen.
(Deux amis se revoient.)

Je courus vers lui, il courut vers moi. Je m'arrêtai à deux pas[1] . . . Il s'arrêta,
lui aussi, et comme un homme, me tendit[2] la main. Je la serrai[3] virile-
ment[4], sans dire un mot. Il était rouge de plaisir et d'émotion[5]. Je devais
l'être plus que lui.
– Tu nous attendais?

---
1 Schritte   2 reichen   3 drücken   4 männlich   5 Aufregung

Je n'avais jamais été si heureux de vie, mais parfois le remords[1] me suivait
dans la colline[2]: j'avais abandonné[3] le petit Paul. Il ne se plaignait[4] pas,
mais je le plaignais, en imaginant sa solitude[5]. C'est pourquoi je décidai un
jour de l'emmener[6] avec nous.

---
1 Gewissensbiss   2 Hügel   3 verlassen   *(Pagnol: Le château de ma mère)*
4 beklagen   5 Einsamkeit   6 mitnehmen

Une question, si vous le permettez. Le rapport dit que vous ne vous souvenez pas de ce qui s'est passé avant le moment où on vous a repêché[1] ... A quel moment exact s'arrêtent vos souvenirs? Pouvez-vous, par exemple, me raconter ce que vous avez fait dans la soirée d'avant-hier?

---

1 aus dem Wasser bergen　　　　　　　　　　*(Simenon: Le Commissaire Maigret – L'écluse No 1)*

Reflexiv-pronomen

Le pronom réfléchi

Das Reflexivpronomen / das rückbezügliche Fürwort

Funktion

Eine besondere Art der Objektpronomen, die es sowohl im Deutschen als auch im Französischen gibt, ist das **Reflexivpronomen.** Die deutsche Bezeichnung **rückbezügliches Fürwort** weist auf seine Funktion hin: Es bezieht sich auf ein Nomen oder ein Pronomen zurück.

Beispiel:　Sandrine hat einen Hund:

Sie wäscht **ihren** Hund.　　→　Sie: Subjekt – Hund: Objekt

Elle lave **son** chien.　　　　→　Elle: Subjekt – chien: Objekt

Sandrine pflegt sich selbst:

Sie wäscht **sich**　　　　　　 →　Sie: Subjekt und Objekt

Elle **se** lave.　　　　　　　　→　Elle: Subjekt und Objekt

▶ „Sich"/«se» ist ein Reflexivpronomen/rückbezügliches Fürwort. Es zeigt an, dass das *Subjekt gleichzeitig das Objekt* ist.

Die Formen des Reflexivpronomens

Man unterscheidet genau wie bei den Objektpronomen direkte, indirekte und unverbundene Reflexivpronomen.

Formen

Person		Direktes/indirektes Reflexivpronomen	Unverbundenes Reflexivpronomen	
Singular:	1. Person	me, m'		moi
	2. Person	te, t'		toi
	3. Person	se, s'		lui
				elle
			Präpo-	soi
			sition +	
Plural:	1. Person	nous		nous
	2. Person	vous		vous
	3. Person	se's		eux
				elles

Beispiel:　Je **me** lave.　　　　　　Elle **se** peigne.

(Ich wasche **mich**.)　　　(Sie kämmt **sich**.)

Beachte:«M'», «t'» und «s'» stehen vor Wörtern, die mit Vokal oder stummem H *(h muet)* beginnen.

Der Gebrauch des Reflexivpronomens

Im Gebrauch entsprechen sich Reflexivpronomen und Objektpronomen (siehe das vorhergehende Kapitel):

Anwendung

▶ Das Reflexivpronomen steht *vor* der *Personalform des Verbs*.

    Beispiel: Je **me** dépêche.

              (Ich beeile mich.)

▶ Das Reflexivpronomen steht *vor* dem *Infinitiv,* wenn im Satz einer vorhanden ist.

    Beispiel: Je vais **me dépêcher.**

              (Ich werde mich beeilen.)

▶ Das Reflexivpronomen steht *hinter* dem *Imperativ*.

    Beispiel: **Dépêche-toi.**

              (Beeile dich).

▶ Das Reflexivpronomen steht *vor* dem *verneinten Imperativ*.

    Beispiel: **Ne te dépêche pas.**

              (Beeile dich nicht!)

▶ Das Reflexivpronomen wird auch – wie das Objektpronomen – an einige Verben durch Präposition angefügt. Dann gibt es eine Schwierigkeit bei der 3. Person Singular – man muss zwischen den Reflexivpronomen «lui», «elle» und «soi» unterscheiden:

    a) «Lui» und «elle» beziehen sich auf ein *bestimmtes Subjekt*.

lui / elle

        Beispiel: **Sandrine** ne pense qu'à **elle.**

                  (Sandrine denkt nur an sich.)

    b) «Soi» bezieht sich auf ein *unbestimmtes Subjekt,* wie *on* (man), *chacun* (jeder), *tout le monde* (alle).

soi

        Beispiel: **Chacun** ne pense qu'à **soi.**   **Chacun** pour **soi** ...

                  (Jeder denkt nur an sich.)   (Jeder für sich) ...

Piège
Stolperstein

Beim Schreiben muss man sorgfältig unterscheiden, ob [se] ein *Reflexivpronomen* oder ein *adjectif démonstratif* ist.

Beispiel: **Ce** monsieur **se** promène.

                (Dieser Herr geht spazieren.)

                Ce livre **se** vend bien.

se – ce

                (Dieses Buch verkauft sich gut.)

Exercices

Übungen

I. *Traduisez*
   Übersetzen Sie.

1. Sylvia steht auf.	se lever
2. Sie wäscht sich.	se laver
3. Sie kämmt sich.	se peigner
4. Sie sieht sich im Spiegel.	la glace
5. Sie zieht sich an.	s'habiller
6. Sie macht sich einen Milchkaffee.	le café au lait
7. Sie beeilt sich	se dépêcher
um nicht zu spät in der Schule zu sein.	trop tard
(In der Schule erzählt sie:)	
8. Ich bin zu spät aufgestanden.	
9. Ich habe mich schnell gewaschen.	vite
10. Ich habe mich schnell angezogen.	
11. Ich habe mich beeilt	
um nicht zu spät in der Schule zu sein.	

II. *Complétez les phrases par des pronoms réfléchis.*
   Vervollständigen Sie die Sätze durch Reflexivpronomen.

Il ... était fait un hamac[1] entre deux arbres où il passait tout son temps libre.

_____

1 *Hängematte*   *(Michel Tournier: Vendredi ou la vie sauvage)*

Il ... élança[1], et je le suivis. Mais après dix minutes de course[2], il ... arrêta brusquement, et ... tourna vers moi.

_____

1 *loslaufen*   2 *Lauf*   *(Pagnol: Le château de ma mère)*

Tu ... jugeras donc ... -même, lui répondit le roi. C'est le plus difficile. Il est bien plus difficile de ... juger ... -même que de juger autrui[1]. Si tu réussis à bien ... juger, c'est que tu es un véritable[2] sage[3].
Moi, dit le petit prince, je puis[4] ... juger même n'importe où[5]. Je n'ai pas besoin d'habiter ici.

_____

1 *den Nächsten*   2 *wirklich*   3 *Weiser*   4 *ich kann (je peux)*   *(Saint-Exupéry: Le Petit Prince)*
5 *überall*

Adjectif/pronom démonstratif

Das Demonstrativpronomen/ das hinweisende Fürwort

Die deutsche Bezeichnung **hinweisendes Fürwort** zeigt, wozu man das **Demonstrativpronomen** gebraucht: Man weist auf eine Person, eine Sache, einen Begriff besonders hin.

Beispiel: *Dieser* Pullover gefällt mir (die anderen nicht).

Ich kenne *dieses* Foto (die anderen habe ich noch nicht gesehen).

Beim Sprechen verstärkt man das hinweisende Fürwort/Demonstrativpronomen, indem man mit dem Zeigefinger auf die Person oder die Sache zeigt.

Im Deutschen und im Französischen steht das Demonstrativpronomen:

▶ *vor einem Nomen.* Dieses Demonstrativpronomen heißt auf Französisch **adjectif démonstratif.**

Beispiel: dieser Pullover (ce pull)

dieses Foto (cette photo)

▶ *allein (ohne Nomen).* Dieses Demonstrativpronomen wird auf Französisch **pronom démonstratif** genannt.

Beispiel: Dieser gefällt mir. (Celui-ci me plaît.)

Beachte: Beide Wortarten haben im Französischen unterschiedliche Formen.

L'adjectif démonstratif

Das (adjektivische) Demonstrativpronomen

Die Formen des (adjektivischen) Demonstrativpronomens:

	männlich	weiblich
Singular	ce, cet	cette
Plural	ces	

Beispiel: ce monsieur   **cette** dame

(dieser Herr)   (diese Dame)

Beachte: ▶ «Cet» steht *vor männlichen Nomen,* die mit Vokal oder stummem H *(h muet)* beginnen. (Das «-t» wird mit dem Nomen gebunden.)

Beispiel: **cet** oncle

(dieser Onkel)

▶ Es sei ausdrücklich darauf hingewiesen, dass es eine Form «**cettes**» im Französischen **nicht** gibt!

Der Gebrauch des (adjektivischen) Demonstrativpronomens

Anwendung

Der Gebrauch des französischen adjectif démonstratif entspricht weitgehend dem des deutschen Demonstrativpronomens.

Beispiel:

ce monsieur	cet homme
(dieser Herr)	(dieser Mann)
cette dame	cette église
(diese Dame)	(diese Kirche)
ces hommes	ces dames
(diese Männer)	(diese Damen)

▶ Eine **Besonderheit** gibt es jedoch: Vor einer Tageszeit hat das adjectif démonstratif – wie im Englischen (this morning) – die Bedeutung von „heute".

Beispiel: ce matin (*heute* Morgen)
cet après-midi (*heute* Nachmittag)

Le pronom démonstratif
Das (allein stehende) Demonstrativpronomen

Die einfachen Formen (les formes simples)

Formen

	männlich	weiblich	sächlich
Singular	celui	celle	ce
Plural	ceux	celles	–

Beispiel: Cette robe est **celle** de ma sœur.
(Dieses Kleid ist dasjenige meiner Schwester.)
Ce sont mes amis.
(Das sind meine Freunde.)

Die zusammengesetzten Formen (les formes composées)

	männlich	weiblich	sächlich
Singular	celui-ci	celle-ci	ceci
	celui-là	celle-là	cela[1], ça
Plural	ceux-ci	celles-ci	–
	ceux-là	celles-là	–

---
1 Ohne Akzent

Beispiel: **Celui-ci** est mon oncle.   **Celle-là** est ma tante.
(Dieser hier ist mein Onkel.)   (Diese da ist meine Tante.)

Der Gebrauch des (allein stehenden) Demonstrativpronomens

Beim Gebrauch des **Pronom démonstratif** ist zu beachten:

▶ Wann muss man die einfachen Formen («celui», «celle»...) verwenden und wann die zusammengesetzten Formen («celui-ci», «celle-ci»...)?

a) Die **einfache Form** ist zu gebrauchen,

    ▶ wenn eine *Ergänzung mit «de»* folgt.

      Beispiel: Regarde cette voiture, c'est **celle de mon père.**

        (Sieh dieses Auto, es ist dasjenige meines Vaters.)

        Le pull qui est dans la machine à laver est **celui de Brigitte.**

        (Der Pulli, der in der Waschmaschine ist, gehört Brigitte.)

    ▶ wenn ein *Relativsatz* folgt.

      Beispiel: Ce beau pull est **celui que Brigitte a acheté.**

        (Dieser schöne Pulli ist derjenige, den Brigitte gekauft hat.)

        Il a coûté beaucoup moins cher que **celui que Sandrine a acheté.**

        (Er war viel billiger als derjenige, den Sandrine gekauft hat.)

b) In allen übrigen Fällen müssen die **zusammengesetzten Formen** stehen: «celui-ci»...

      Beispiel: Voici des pulls: **Celui-ci** est plus beau que **celui-là.**

        (Hier sind Pullover: Dieser hier ist viel schöner als jener dort.)

        Celle-ci est ma voiture.

        (Dieses hier ist mein Auto.)

▶ Für «cela» wird – namentlich beim Sprechen – häufig «ça» gebraucht.

    Beispiel: Ne dis pas **ça.**   **Ça,** c'est une erreur.

        (Sag das nicht.)   (Das ist ein Irrtum.)

▶ «Ce» (Demonstrativpronomen: „es/das") steht *immer im Singular,* auch wenn das nachfolgende Verb im Plural steht.

    Beispiel: **C'est** curieux. **C'est** lui. **C'est** faux.

        (Es ist merkwürdig. Er ist es. Das ist falsch.)

        Ce sont mes amis. **Ce sont** eux. (*Nicht:* Ces ...)

        (Das sind meine Freunde. Das sind sie.)

Exercices
Übungen

I.   *Employez les adjectifs démonstratifs.*

    Verwenden Sie die Demonstrativpronomen.

    Qui est ... monsieur? ... dame? ... garçon? ... fille?

    Qui sont ... gens? ... dames? ... enfants? ... messieurs?

II. *Employez les adjectifs démonstratifs.*
   Verwenden Sie die Demonstrativpronomen.

À qui est	. . . voiture?	la voiture
	. . . bicyclette?	la bicyclette
	. . . moto?	la moto
À qui est	. . . valise?	la valise
	. . . sac?	le sac
	. . . portefeuille?	le portefeuille
	. . . manteau?	le manteau
À qui sont	. . . gants?	le gant
	. . . chaussures?	la chaussure
	. . . skis?	le ski

III. *Employez les adjectifs démonstratifs.*
   Verwenden Sie die Demonstrativpronomen.

. . . grammaire est logique.	la grammaire
. . . règle est claire.	la règle
. . . exemple est bon.	un exemple
. . . phrase est élégante.	la phrase
. . . style est admirable.	le style
. . . mot est bien choisi.	le mot

IV. *Employez les adjectifs démonstratifs.*
   Verwenden Sie die Demonstrativpronomen.

(Sylvie et Brigitte sont dans un magasin de vêtements.)

Sylvie: . . . pull me plaît beaucoup.	le pull
Brigitte: . . . culotte me plaît aussi.	la culotte
Sylvie: . . . chemise est jolie.	la chemise
Brigitte: . . . chaussures ne sont pas trop chères.	la chaussure
Sylvie: J'ai besoin de . . . anorak.	un anorak
Brigitte: Tu achètes . . . anorak?	

Übungen im Kontext

V. *Employez les pronoms démonstratifs.*
   Verwenden Sie die Demonstrativpronomen.

1. Tu as bien reçu ma lettre?
   Quelle lettre?
   . . . que j'ai envoyée en Espagne.
   Voici toutes les lettres. Ce sont . . . que j'ai reçues pour ma fête.
2. Tu aimes ces photos. Je te donne . . . Et encore . . . de ma sœur.
3. Tu as lu ce roman avec plaisir? Alors, lis encore . . ., il est encore plus
   amusant que . . . que tu as lu.

4. Tu veux acheter une cravate pour ton père? ... est très jolie, mais ... est encore plus belle.

6. Qui est ce monsieur?
C'est ... que nous avons vu dans le magasin. ... qui a voulu acheter la chemise.

6. Je cherche un nouvel appartement. ... n'est pas assez confortable. Et il faudrait aussi acheter de nouveaux meubles. ... ne sont plus modernes. J'aime ... de Sandrine.

7. Prenons le train de 6 heures. ... de 7 heures arrivera trop tard.

VI. *Expliquez l'emploi des pronoms démonstratifs.*
Erklären Sie den Gebrauch der Demonstrativpronomen.
Celui qui se leva et se dirigea vers Maigret était le patron[1].
- Qu'est-ce que vous prenez?

---
1 hier: der Wirt   *(Simenon: Le Commissaire Maigret – L'écluse No 1)*

Des nuages[1] violets passaient sur nos têtes, et la lumière bleuâtre[2] baissait[3] de minute en minute, comme celle d'une lampe qui meurt.

---
1 Wolken 2 bläulich 3 geringer werden   *(Pagnol: Le château de ma mère)*

Je risque de donner une fausse idée de notre planète à ceux qui ne la connaissent pas.

      (Saint-Exupéry: Le Petit Prince)

Adjectif/pronom possessif

Das Possessivpronomen/ das besitzanzeigende Fürwort

Die deutsche Bezeichnung **besitzanzeigendes Fürwort** deutet an, wozu das Possessivpronomen verwendet wird: Es gibt die Zugehörigkeit einer Person, einer Sache usw. zu erkennen.

Beispiel: Herr Dubois und *sein* Hund *(Herr Dubois ist der Besitzer des Hundes.)*
       Marcel und *seine* Freundin
       unsere Vorschläge

Im Deutschen und im Französischen kann das Possessivpronomen:

► *vor einem Nomen* stehen. Es heißt dann auf Französisch **adjectif possessif**.

Beispiel: *sein* Hund   **son** chien

seine Freundin   **son** amie

► *allein stehen* (ohne Nomen). Dieses Possessivpronomen wird auf Französisch **pronom possessif** genannt.

Beispiel: Es ist *seiner*.   C'est **le sien**.

Er kommt mit *seiner* zur Fete.   Il vient à la fête avec **la sienne**.

Beachte: Beide Wortarten haben im Französischen unterschiedliche Formen.

L'adjectif possessif
Das (adjektivische) Possessivpronomen

Formen

Bei den **Formen** ist zu unterscheiden, ob das Possessivpronomen *einen* oder *„mehrere Besitze"* bezeichnen soll:

Person		Ein Besitz		„Mehrere Besitze"
		männlich	weiblich	
Singular:	1. Person	mon	ma	mes
	2. Person	ton	ta	tes
	3. Person	son	sa	ses
		son	sa	ses
Pural:	1. Person	notre		nos
	2. Person	votre		vos
	3. Person	leur		leurs

Beispiel: M. Dubois parle de **sa** famille, de **sa** maison, de **son** chien, de **sa** femme, de **ses** enfants.

(Herr Dubois spricht von seiner Familie, seinem Haus, seinem Hund, seiner Frau, seinen Kindern.)

Beachte: Statt «ma», «ta», «sa» steht vor *weiblichen* Nomen, die mit Vokal oder stummem H *(h muet)* beginnen, «mon», «ton», «son».

Beispiel: ma cousine Christine et **mon** amie Brigitte

(meine Cousine Christine und meine Freundin Brigitte)

Der Gebrauch des (adjektivischen) Possessivpronomens

Anwendung

Beim Gebrauch des **Adjectif possessif** ist zu beachten:

son/sa

► «son/sa» bedeuten sowohl „sein/seine" als auch „ihr/ihre".

Beispiel: **son** chapeau ⌈ *sein* Hut *(Der Hut gehört Herrn Dubois)*
  ⌊ *ihr* Hut *(Der Hut gehört Frau Dubois)*

sa belle-mère ⎰ *seine* Schwiegermutter *(Herrn Dubois' Schwiegermutter)*
⎱ *ihre* Schwiegermutter *(Frau Dubois' Schwiegermutter)*

▶ Im Französischen müssen die beiden Possessivpronomen «**leur**» (ohne «-s») und «**leurs**» (mit «-s») unterschieden werden:

a) «leur» steht, wenn mehrere Besitzer *einen* Besitz haben.

> **Beispiel:** M. et Mme Dubois sont fiers de **leur** fille Sylvie.
> (Herr und Frau Dubois sind stolz auf ihre Tochter Sylvia.)

b) «leurs» steht, wenn mehrere Besitzer *mehrere* Besitze haben.

> **Beispiel:** Ils sont fiers de **leurs** enfants.
> (Sie sind stolz auf ihre Kinder.)

Beachte: Man sollte sich merken, dass «leur» nur dann ein «-s» bekommen kann, wenn das folgende Nomen im Plural steht.

▶ a) Die *Höflichkeitsformen* des adjectif possessif sind «**votre**» und «**vos**».

> **Beispiel:** **Votre** passeport, s'il vous plaît.
> (Ihren Pass, bitte.)

b) Respekt und Ehrerbietung drückt man aus, wenn man sagt:

> **Beispiel:** **Mon** géneral. **Votre** Excellence.
> (Herr General.) (Eure Exzellenz.)

leur / leurs

vous

Le pronom possessif
Das (allein stehende) Possessivpronomen

Bei diesen Formen ist ebenfalls (wie beim adjektischen Possessivpronomen) zu unterscheiden, ob das Possessivpronomen *einen* oder „*mehrere Besitze*" bezeichnen soll. Außerdem muss man – auch im Plural – beachten, ob der Besitz männlich oder weiblich ist:

Formen

Person		Ein Besitz		Mehrere Besitze	
		männlich	weiblich	männlich	weiblich
Singular:	1. Person	le mien	la mienne	les miens	les miennes
	2. Person	le tien	la tienne	les tiens	les tiennes
	3. Person	le sien	la sienne	les siens	les siennes
Plural:	1. Person	le nôtre	la nôtre	les nôtres	
	2. Person	le vôtre	la vôtre	les vôtres	
	3. Person	le leur	la leur	les leurs	

Beispiel: Ce livre est **le leur.** Ces enfants sont **les vôtres.**
(Dieses Buch ist ihrs.) (Diese Kinder sind die euren.)

Der Gebrauch des (allein stehenden) Possessivpronomens

Das **Pronom possessif** wird verwendet, wenn kein Nomen folgt. Man setzt jedoch davor den bestimmten Artikel, der in Geschlecht und Zahl mit der gemeinten Person oder Sache übereinstimmt.

Beispiel: C'est votre valise, madame? – Qui, c'est **la mienne.**

(Ist das Ihr Koffer, Madame? – Ja, das ist meiner.)

Nos athlètes ont gagné. **Les nôtres** ont gagné.

(Unsere Sportler haben gesiegt. Die unseren haben gesiegt.)

Exercices

Übungen

I. *Employez les adjectifs possessifs.*

   Verwenden Sie die Possessivpronomen.

   (Au café. Brigitte observe les gens qui passent.)

   Tu vois M. Legrand dans . . . nouvelle voiture?

   Voilà Mme Covin avec . . . chien.

   Sylvie est là. Regarde . . . anorak qu'elle a acheté.

   Voilà des touristes avec . . . guide.

   Michel se promène avec . . . amie.

   Qui est . . . amie?

   Tu ne connais pas . . . amie? C'est Stéphanie!

II. *Employez les adjectifs possessifs.*

   Verwenden Sie die Possessivpronomen.

   1. Je prends . . . vacances au mois d'août.
   2. M. Dubois prend . . . vacances au mois d'août.
   3. Mme Legrand prend aussi . . . vacances au mois d'août.
   4. Alors, nous prenons tous . . . vacances au mois d'août?
   5. Non, les Covin prennent . . . vacances au mois de septembre.

III. *Employez les adjectifs possessifs.*

   Verwenden Sie die Possessivpronomen.

   1. M. Duval se promène avec . . . famille.
   2. Il rencontre . . . patron qui le salue.
   3. Alors M. Duval lui présente . . . femme, . . . fils et . . . deux filles.
   4. Il demande à . . . patron:
   5. C'est . . . chien, monsieur?
   6. Oui, c'est . . . chien.
   7. . . . nom est «Zouzou».

IV. *Employez les pronoms possessifs.*
   Verwenden Sie die Possessivpronomen.

1. C'est votre valise, monsieur? Oui, c'est …	la valise
2. Ce sont vos paquets, monsieur? Oui, ce sont …	le paquet
3. C'est votre passeport, madame? Oui, c'est …	le passeport
4. Ce parapluie est à M. Dubois? Je crois que c'est …	le parapluie
5. C'est votre parapluie, monsieur? Non, ce n'est pas …	le parapluie
6. C'est le journal de M. Dubois? Oui, c'est …	le journal
7. Ce sont vos clés, madame? Oui, ce sont …	la clé
8. A l'hôtel, les Dubois regardent la chambre des Legrand: Votre chambre est plus confortable que …	la chambre

V. *Expliquez les pronoms possessifs.*
   Erklären Sie die Possessivpronomen.

Je sentis que le sommeil me gagnait … Pourtant, je relus sa lettre, puis la mienne. Il me sembla que c'était bien.

(Pagnol: Le château de ma mère)

Quand le taxi s'arrêta, Ducrau attendait près de la grille, une casquette neuve sur la tête.
Vous pouvez renvoyer la voiture, dit-il à Maigret. La mienne vous reconduira.

(Simenon: Le Commissaire Maigret – L'écluse No 1)

Le pronom relatif

Das Relativpronomen / das bezügliche Fürwort

Das Relativpronomen gebraucht man um einen Relativsatz einzuleiten. Die deutsche Bezeichnung **bezügliches Fürwort** drückt aus, dass sich das **Pronom relativ** auf ein Nomen oder ein Pronomen im übergeordneten Satz bezieht.

Beispiel 1:

Kennst du den Jungen?	– Connais-tu ce garçon?
Welchen Jungen?	– Quel garçon?
Den Jungen, der mit der Lehrerin spricht.	– Le garçon **qui** parle à l'institutrice.

Beispiel 2:

Wie gefällt dir der Vorschlag?	– Comment trouves-tu cette proposition?
Welchen Vorschlag meinst du?	– A quelle proposition penses-tu?
Den Vorschlag, den Peter gemacht hat.	– A la proposition **que** Pierre a faite.

Die Relativpronomen sind in den beiden Beispielen „der" und „den".
In diesen Beispielsätzen haben die Relativpronomen jeweils ein Beziehungs-wort (franz.: **antécédent**) im übergeordneten Satz: „der" im ersten Beispiel bezieht sich auf „den Jungen"; „den" im zweiten Beispiel bezieht sich auf „den Vorschlag".
Es gibt aber auch Relativpronomen, die sich auf den ganzen übergeordneten Satz beziehen (siehe Seite 77).

Les pronoms relatifs «qui», «que», «qu'»

Die Relativpronomen «qui», «que», «qu'»

Die beiden am häufigsten gebrauchten Relativpronomen sind «qui» und «que».
Beachte: Statt «que» steht vor Wörtern, die mit Vokal oder stummem H *(h muet)* beginnen, die Form «qu'».

▶ «Qui» und «que» unterscheiden weder Einzahl / Mehrzahl noch das gram-matische Geschlecht.

▶ «Qui» ist das Subjekt im Relativsatz. (Frage: „Wer oder was …?")

▶ «Que» ist das direkte Objekt im Relativsatz. (Frage: „Wen oder was …?)

Beispiel: Connais-tu le garçon **qui** parle au professeur?
(Kennst du den Jungen, der mit dem Lehrer spricht?)
Où est le cahier **qui** était sur la table?
(Wo ist das Heft, das auf dem Tisch lag?)
Pierre est un ami **que** je connais depuis longtemps.
(Peter ist ein Freund, den ich seit langem kenne.)
Comment trouves-tu le roman **que** tu as lu?
(Wie findest du den Roman, den du gelesen hast?)

Beachte: Im Gegensatz zum Englischen kommt es bei «qui» und «que» nicht
darauf an, ob das Beziehungswort eine Person oder eine Sache ist. Auch dürfen
– ebenfalls im Gegensatz zum Englischen – «qui» und «que» nicht weggelassen
werden. (Zum verkürzten Relativsatz siehe Seite 232.)

Le pronom relatif «auquel» – Das Relativpronomen «auquel»   *auquel*
Wenn die Präposition «à» vor dem Relativpronomen steht, gebraucht man:
▶ «qui», wenn das *Beziehungswort* eine *Person* ist.
Beispiel: **Madame Dubois à qui** j'ai téléphoné est mon amie.
(Frau Dubois, mit der ich telefoniert habe, ist meine Freundin.)
C'est **Brigitte à qui** j'ai demandé de venir.
(Es ist Brigitte, die ich gebeten habe zu kommen.)
▶ «auquel ...», wenn das *Beziehungswort* eine *Sache* ist.

Die Formen von «auquel» sind:

	männlich	weiblich
Singular	auquel	à laquelle
Plural	auxquels	auxquelles

Beispiel: C'est **un roman policier auquel** je pense.
(Es ist ein Kriminalroman, an den ich denke.)
C'est **une question, à laquelle** je m'intéresse.
(Das ist eine Frage, für die ich mich interessiere.)
▶ «quoi», wenn das *Beziehungswort ce* (dies), *quelque chose* (etwas) oder *rien*
(nichts) ist.
Beispiel: C'est **quelque chose à quoi** je m'intéresse.
(Das ist etwas, wofür ich mich interessiere.)

Le pronom relatif «dont» – Das Relativpronomen «dont»   *dont*
Wenn die Präposition «de» vor dem Relativpronomen steht, gebraucht man:
▶ «dont» (neben «de que»), wenn das *Beziehungswort* eine *Person* ist.
Beispiel: C'est **Brigitte dont** (de qui) nous avons parlé.
(Es ist Brigitte, über die wir gesprochen haben.)

► immer «dont», wenn das *Beziehungswort* eine *Sache* ist.
(Von «dont» gibt es nur diese eine Form.)

Beispiel: Tu connais **le roman dont** j'ai parlé à Sandrine?
(Kennst du den Roman, über den ich mit Sandrine gesprochen habe?)
Je cherche **le dictionnaire dont** j'ai besoin.
(Ich suche das Wörterbuch, das ich brauche.)

Hinweis: In manchen Grammatiken findet man die Relativpronomen «duquel», «de laquelle», «desquels», «desquelles». Diese Relativpronomen wirken heute sehr schwerfällig und sollten daher nicht gebraucht werden.

► «quoi», wenn das *Beziehungswort ce* (dies), *quelque chose* (etwas) oder *rien* (nichts) ist.

Beispiel: Il n'a **rien de quoi** tu doives t'inquiéter.
(Es gibt nichts, worüber du dich beunruhigen müsstest.)

Le pronom relatif «lequel» – Das Relativpronomen «lequel»

Es können auch – außer «à» oder «de» – andere Präpositionen vor dem Relativpronomen stehen: *après* (nach), *avant* (vor), *avec* (mit), *chez* (bei), *contre* (gegen), *dans* (in), *depuis* (seit), *derrière* (hinter), *devant* (vor), *entre* (zwischen), *malgré* (trotz), *par* (durch), *parmi* (zwischen), *pendant* (während), *pour* (für), *près* (bei), *sans* (ohne), *sous* (unter), *sur* (über).

Wenn solch eine Präposition vor dem Relativpronomen steht:
► kann man «qui» oder «lequel» gebrauchen, wenn das *Beziehungswort* eine *Person* ist.

Beispiel: Tu connais **les garçons avec qui** Pierre joue?
(Kennst du die Jungen, mit denen Pierre spielt?)
► gebraucht man nur «lequel», wenn das *Beziehungswort* eine *Sache* (oder eine Person) ist.
Die Formen von «lequel» sind:

	männlich	weiblich
Singular	lequel	laquelle
Plural	lesquels	lesquelles

Beispiel: Tu aimes **la belle poupée avec laquelle** Stéphanie joue?
(Magst du die schöne Puppe, mit der Stephanie spielt?)
Tu connais **les garçons avec lesquels** (qui) Stéphanie joue?
(Kennst du die Jungen, mit denen Stephanie spielt?)
► gebraucht man «quoi», wenn das *Beziehungswort ce* (dies), *quelque chose* (etwas) oder *rien* (nichts) ist.

Beispiel: C'est **quelque chose pour quoi** je ne payerais pas un sou.
(Das ist etwas, wofür ich keinen Pfennig bezahlen würde.)

Beachte: Statt «dans lequel ...» wird immer «où» verwendet.
Beispiel: Paris est une ville (dans laquelle) **où** la circulation est intense.
(Paris ist eine Stadt, in der der Verkehr stark ist.)

Les pronoms relatifs «ce qui», «ce que», «quoi»

ce qui / ce que

Die Relativpronomen «ce qui», «ce que», «quoi»

Die bisher besprochenen Relativpronomen hatten immer ein Beziehungswort im übergeordneten Satz. Es gibt jedoch sowohl im Deutschen als auch im Französischen Relativpronomen, die sich auf kein bestimmtes Wort, sondern auf den ganzen übergeordneten Satz beziehen.

Funktion

Im Französischen sind es die Relativpronomen «ce qui» und «ce que». (Die deutsche Übersetzung lautet für beide Relativpronomen: „was".) «Ce qui» ist das Subjekt im Relativsatz (Frage: „Wer oder was ...?"), «ce que» ist das direkte Objekt im Relativsatz (Frage: „Wen oder was ...?").

Beispiel: Raconte-moi **ce qui** s'est passé.
(Erzähl mir, was geschehen ist.)
Je ne comprends pas **ce que** mon ami m'a écrit.
(Ich verstehe nicht, was mein Freund mir geschrieben hat.)

Auch vor diesen Relativpronomen kann eine *Präposition* stehen. Dabei sind zwei Möglichkeiten zu unterscheiden:

▶ Wenn die Präposition zum Verb des übergeordneten Satzes gehört, gebraucht man «ce qui», «ce que».

Beispiel: Je m'**intéresse** beaucoup **à ce qu'** il a écrit.

(Ich interessiere mich sehr für das, was er geschrieben hat.)

▶ Wenn die Präposition zum Verb des Relativsatzes gehört, gebraucht man statt «ce qui» und «ce que» das Relativpronomen «quoi».

quoi

Beispiel: Dis-moi **à quoi** tu t'**intéresses.**

(Sag mir, wofür du dich interessierst.)

Pièges

Stolpersteine

Das deutsche Wort „was" kann sowohl Relativpronomen als auch Fragepronomen sein.

Beispiel: **Relativpronomen:**   **Fragepronomen:**

Erzähl mir, *was* geschehen ist.   *Was* ist geschehen?

Im Französischen werden beide Wortarten unterschieden:

▶ Relativpronomen sind «ce qui» und «ce que».

  Beispiel: Raconte-moi **ce qui** s'est passé.   C'est **ce que** je veux savoir.

  (Erzähl mir, was geschehen ist.) (Das ist es, was ich wissen will.)

▶ Fragepronomen sind «Qu'est-ce qui ...?» und «Qu'est-ce que ...?».

  Beispiel: **Qu'est-ce qui** s'est passé?   **Qu'est-ce que** tu veux savoir?

  (Was ist geschehen?)   (Was willst du wissen?)

Exercices

Übungen

Übungen

I. *Employez «qui» ou «que».*

  Verwenden Sie «qui» oder «que».

  1. Voici le pull ...   ... m'a plu.

                    ... n'a pas coûté trop cher.

                    ... j'ai acheté.

                    ... a plu à ma mère.

                    ... je mets ce soir pour aller au cinéma.

  2. Voici la lettre ...   ... j'ai écrite.

                    ... est adressée à ma tante.

                    ... je lui envoie pour sa fête.

                    ... je vais mettre à la poste.

  3. Les Dubois ont acheté

  un appartement ... ... a coûté 300 000 francs.

                    ... a deux pièces.

                    ... a une très belle cuisine.

                    ... est au troisième étage.

                    ... leurs amis admirent beaucoup.

                    ... ils sont très contents.

*Übung
im Kontext*

II. *Employez les pronoms relatifs.*

Verwenden Sie die Relativpronomen.

Le petit prince avait sur les choses sérieuses des idées très différentes des idées des grandes personnes.

Moi, dit-il encore, je possède une fleur. . . j'arrose tous les jours. Je possède trois volcans . . . je ramone[1] toutes les semaines. Car je ramone aussi celui . . . est éteint[2]. On ne sait jamais.

------

1 reinigen   2 erloschen   *(Saint-Exupéry: Le Petit Prince)*

A table, je mangeais de grand appétit, lorsque l'oncle Jules dit une phrase toute simple, à . . . je n'accordais[1] d'abord aucune attention.

------

1 beimessen   *(Tagnol: Le château de ma mère)*

Grandes et belles journées, . . . me semblaient immenses le matin, mais . . . me parurent si courtes quand sonna l'heure du départ.

Heureusement, «La Virginie» sur . . . voyageait Robinson n'avait rien à craindre, même de la plus forte tempête[1].

------

1 Sturm

Les chèvres . . . Robinson avait domestiqués[1] et enfermées dans des enclos[2] étaient retournées à l'état sauvage[3]. Mais comme presque toutes les bêtes . . . vivent en liberté, elles s'étaient organisées en groupes . . . commandaient les boucs les plus forts et les plus sages. Ces maîtres-boucs obéissaient eux-mêmes à un roi-bouc d'une taille et d'une force terribles . . . s'appelait Andoar.

------

1 gezähmt   2 Gehege   3 wild   *(Michel Tournier: Vendredi ou la vie sauvage)*

III. *Traduisez en employant «ce qui» ou «ce que».*

Übersetzen Sie, indem Sie «ce qui» oder «ce que» verwenden.

1. Ich verstehe nicht, was er sagt.
2. Ich habe vergessen, was sie mir gesagt hat.
3. Ich weiß nicht, was er tut.
4. Ich weiß nicht, was hier passiert.
5. Sag, wer dich stört.
6. Mach, was du willst.

IV. *Complétez les textes par «ce qui» ou «ce que».*
   Vervollständigen Sie die Texte mit «ce qui» oder «ce que».

   – Vous avez réfléchi à ... je vous ai proposé ce matin?

   – Pouvez-vous, par exemple, me raconter ... vous avez fait dans la soirée
     d'avant-hier?
   – Ma fille et son mari ont dîné ici.

(Simenon: Le Commissaire Maigret – L'écluse No 1)

   – Les hommes, dit le petit prince, cultivent cinq mille roses dans un même
     jardin, et ils n'y trouvent pas ... ils cherchent. Et cependant ... ils cher-
     chent pourrait être trouvé dans une seule rose.

(Saint-Exupéry: Le Petit Prince)

Adjectif / pronom indéfini

Das Indefinitpronomen / das unbestimmte Fürwort

Indefinitpronomen oder unbestimmte Fürwörter sind zum Beispiel: man,
jemand (irgendjemand), niemand, etwas (irgendetwas), nichts, einige, keiner,
alle.

▶ Einige Indefinitpronomen stehen – sowohl im Deutschen als auch im Französischen – *vor einem Nomen*. Sie heißen auf Französisch **adjectifs indéfinis**.

   Beispiel: kein Mensch   –   **aucun** homme
                   alle Dinge   –   **toutes** les choses
                   einige Teile –   **quelques** parties
                   jeder Bürger –   **chaque** citoyen

▶ Andere Indefinitpronomen stehen *allein,* und zwar als Stellvertreter für
   nicht näher bestimmte Personen, Sachen oder Begriffe. Sie werden auf
   Französisch **pronoms indéfinis** genannt.

   Beispiel: niemand   –   **personne**
                   alles   –   **tout**
                   etwas   –   **quelque chose**
                   jeder   –   **chacun**

Es gibt auch negative Indefinitpronomen wie «ne ... personne» (niemand;
siehe Seite 221) oder «ne ... rien» (nichts; siehe Seite 221).

Die Formen des Indefinitpronomens

Je nachdem, ob das Indefinitpronomen als *adjectif indéfini* oder als *pronom indéfini* verwendet wird, hat es auch eine andere Form:

Formen

	Adjectif indéfini	Pronom indéfini
Singular	chaque	chacun(e)
Plural	quelque(s)	quelqu'un(e)
		quelques-un(e)s

Beispiel: **Chaque** élève vient.　　Il remarque **quelques-uns.**
　　　　　　(Jeder Schüler kommt.)　(Er bemerkt einige.)

Das adjectif indéfini ist sowohl im Singular als auch im Plural bei beiden Geschlechtern gleich.

Beispiel: **Singular:**　　　　　**Plural:**
　　　　　　chaque homme　　　quelques hommes
　　　　　　(jeder Mann)　　　　(einige Männer)
　　　　　　chaque femme　　　　quelques femmes
　　　　　　(jede Frau)　　　　　(einige Frauen)

«Tout»

Tout

«Tout»

Zu den am häufigsten gebrauchten Wörtern der französischen Sprache gehört «tout».

«Tout» kann man verwenden:

▶ als *adjectif indéfini.*
　　Beispiel: **Tous** les élèves attendent le professeur.
　　　　　　　　(Alle Schüler warten auf den Lehrer.)
▶ als *pronom indéfini.*
　　Beispiel: **Tous** attendent le professeur.
　　　　　　　　(Alle warten auf den Lehrer.)
▶ und zusätzlich noch als *adverbe indéfini* (siehe Seite 111).
　　Beispiel: Ils sont **tout** attentifs.
　　　　　　　　(Sie sind ganz aufmerksam.)

L'adjectif indéfini «tout» – Das adjektivische «tout»

	männlich	weiblich
Singular	tout	toute
Plural	tous	toutes

(Die Pluralform «tous» wird [tu] ausgesprochen.)

Beispiel: **tout** le village   **toute** la ville
(das ganze Dorf)   (die ganze Stadt)
tous les villages   **toutes** les villes
(alle Dörfer)   (alle Städte)

Beachte: Beim **Gebrauch** des adjectif indéfini «tout» ist – wie die Beispiele zeigen – darauf zu achten, dass es *nicht unmittelbar vor dem Nomen* stehen darf. Zwischen der Form von «tout» und dem Nomen kann stehen:

▶ ein *bestimmter Artikel*.

    Beispiel: **toute la** maison   **toutes les** villages
               (das ganze Haus)   (alle Dörfer)

▶ ein *adjectif démonstratif* («ce», «cet», «cette», «ces»).

    Beispiel: **toute cette** maison   **toutes ces** villages
               (dieses ganze Haus)   (alle diese Dörfer)

▶ ein *adjectif possessif* («mon», «ton», «son»..., «ma», «ta», «sa»...).

    Beispiel: **toute sa** maison   **tous ses** enfants
               (sein ganzes Haus)   (alle seine Kinder

Es gibt folgende Ausnahme:

Wenn nichts zwischen «tout(e)» und dem Nomen steht, hat «tout(e)» eine etwas andere Bedeutung: „jede(-r, -s) beliebige".

    Beispiel: **toute** △ maison
               (jedes beliebige Haus)

Le pronom indéfini «tout» – Das allein stehende »tout»

Das Pronom indéfini «tout» unterscheidet drei grammatische Geschlechter.

männlich	weiblich	sächlich
tous	toutes	tout

(Die männliche Form wird [tus] ausgesprochen.)

Beispiel: **Tous** sont venus.   Je les connais **toutes**. (= toutes les filles)
               (Alle sind gekommen.)   (Ich kenne sie alle.)
               Tout est préparé pour le rapas.
               (Alles ist für das Essen vorbereitet.)

Beim Gebrauch des **Pronom indéfini «tout»** treten zwei Schwierigkeiten auf:

*Besonder-
heiten*

▶ Wenn «tous» oder «toutes» Objekt im Satz ist (Frage: „Wen oder was ...?"), muss durch «les» auf das Objekt hingewiesen werden:

Beispiel:

Je **les** attends **tous**. – Ich erwarte sie alle.

Beispiel:

Nous **les** avons **toutes** invitées. (= toutes les filles) – Wir haben sie alle eingeladen.

▶ Wenn an eine Form des allein stehenden «tout» ein *Relativsatz* (siehe Seite 230 ff.) angehängt werden soll, steht zwischen «tous» und dem Relativsatz «ceux», zwischen «toutes» und dem Relativsatz «celles» und zwischen «tout» und dem Relativsatz «ce».

Beispiel: **Tout ce que** j'ai entendu ...
(Alles, was ich gehört habe ...)
Tous ceux qui sont venus ...
(Alle, die gekommen sind ...)
Toutes celles que j'ai invitées ...
(Alle, die ich eingeladen habe ...)

Im Deutschen folgt der Relativsatz unmittelbar.

Pièges
Stolpersteine

Im Zusammenhang mit «tout» gibt es einige sehr häufige Fehlerquellen:

1. In einigen *Redewendungen* bleibt «tout» unverändert.

Beispiel: **tout** de suite   **tout** à l'heure
(sofort)   (vorhin, gleich)
tout de même   en **tout** cas
(trotzdem)   (auf jeden Fall)

tout

2. «Tous» heißt auf Deutsch „alle". «Tout le monde» heißt ebenfalls „alle". Nach «tous» steht das Verb im Plural – aber nach «tout le monde» steht es im Singular.

Beispiel: **Tous sont** là,   – Alle sind da.
Tout le monde est là.
Tous restent dans la salle à manager.   – Alle bleiben im
Tout le monde reste dans la salle à manager   Esszimmer.

*tous /
tout le monde*

Beachte: «Tout le monde» verlangt immer ein *Verb im Singular* – im Deutschen hingegen steht nach „alle" das Verb immer im Plural.

Tout le monde **est** là.   – Alle **sind** da.

Exercices

Übungen

I. *Employez «tout», «toute», «tous» et «toutes».*
   Verwenden Sie «tout», «toute», «tous» und «toutes».
   1. ... le temps *tout*
   2. ... les jours ~~toutes~~ *tous*
   3. ... les soirs *tous*
   4. ... le matin *tout*
   5. ... la maison *toute*
   6. ... le garage *tout*
   7. ... les voitures *toutes*
   8. ... la circulation *toute*
   9. ... les agents de police *tous*
   10. ... les accidents *tous*
   11. Ils voyagent beaucoup?
       ... l'année. *toute*
   12. Ils n'ont pas de commis?
       Ils sont seuls.
   13. Le petit prince fit l'ascension[1] d'une haute montagne.
       D'une montagne haute comme celle-ci, se dit-il donc, j'apercevrai d'un
       coup[2] ... la planète et ... les hommes. *toute tous*

   1 Besteigung 2 mit einem Blick   (*Saint-Exupéry: Le Petit Prince*)

II. *Traduisez, employez «tout», «toute», «tous» et «toutes».*
   Übersetzen Sie, verwenden Sie »tout», «toute», «tous» und «toutes».
   1. Ich habe alles gesehen.
   2. Wir haben alles verstanden.
   3. Ich kenne sie alle.
   4. Sandrine hat ihre Freundinnen eingeladen; alle sind gekommen.
   5. Alle haben sich gut amüsiert.
   6. Alain, Marcel ..., alle sind mit dem Auto gekommen.
   7. Gegen Mitternacht sind alle aufgebrochen.
   8. Alle waren sehr zufrieden.

III. *Complétez les textes par la forme convenable de «tout».*
   Vervollständigen Sie die Texte mit der richtigen Form von «tout».
   ... allait bien en apparence. L'île prospérait[1] au soleil, avec ses cultures[2],
   ses troupeaux[3]. La vérité, c'est qu'ils s'ennuyaient[4] ... les trois. Vendredi
   était docile[5] par reconnaissance.

   1 gedeihen 2 Ackerbau 3 Herden   (*Michel Tournier: Vendredi ou la vie sauvage*)
   4 sich langweilen 5 folgsam

C'était un jardin fleuri de roses.

– Bonjour, dirent les roses.

Le petit prince les regarda. Elles ressemblaient ... à sa fleur.

– Qui êtes-vous? leur demanda-t-il, stupéfait.

– Nous sommes des roses, dirent les roses.

– Ah! fit le petit prince.

(Saint-Exupéry: Le Petit Prince)

IV. Complétez les phrases.
Vervollständigen Sie die Sätze.

1. Tous ... que je connais ...
2. Tout ... que tu as raconté ...
3. Toutes ... qui sont venues ...
4. Tous ... que j'ai invités. ...
5. C'est tout ... qu'il m'a dit ...
6. Son père lui permet tout ... qu'il veut faire.
7. Vendredi savait maintenant que tout ... que son maître lui ordonnait était bien, que tout ... qu'il lui défendait était mal.

(Michel Tournier: Vendredi ou la vie sauvage)

Les pronoms-adverbe «en» et «y»

en, y

Die Adverbialpronomen «en» und «y»

«En» und «y» sind eigentlich **Adverbien** (zu den Adverbien siehe Seite 109 ff.) **des Ortes:**

Funktion

Beispiel: Je viens **de Paris.** → J'**en** viens (en = de là)
(Ich komme von Paris.) (Ich komme von dort.)
Je vais **à Paris.** → J'**y** vais. (y = là-bas)
(Ich gehe nach Paris.) (Ich gehe dorthin.)

Beide Wörter werden aber außerdem als **Pronomen** verwendet, das heißt als **Stellvertreter für Nomen.**

Beispiel: Sandrine aime ⌈ Elle s'**y** intéresse énormément.
les romans policiers. ⌊ Elle **en** lit beaucoup.
Sandrine liebt ⌈ Sie interessiert sich sehr dafür.
Kriminalromane ⌊ Sie liest viele davon.

Dass Adverbien hier als Pronomen gebraucht werden, erklärt den merkwürdigen Namen **pronom-adverbe.**

Le pronom-adverbe «en»

Das Adverbialpronomen «en»

en-An-wendung

▶ Das Adverbialpronomen «en» steht für einen *Satzteil*, der mit «de» eingeleitet wird (eine Präpositionalgruppe mit «de»).

Beispiel: Sandrine parle **de son voyage.**   – Sandrine spricht über
ihre Reise.

Sandrine **en** parle.   – Sandrine spricht davon.
Tu te rappelles la fin **du roman?**   – Erinnerst du dich an den
Schluss des Romans?
Tu t'**en** rappelles?   – Erinnerst du dich daran?

▶ «En» darf *nicht verwendet* werden, wenn *eine Person* gemeint ist.

Beispiel: J'admire la nouvelle voiture   – Ich bewundere das
de Pierre.   neue Auto von Pierre.
J'admire **sa** nouvelle voiture.   – Ich bewundere sein
(**Nicht:** J'en admire la nouvelle   neues Auto.
voiture.)

Le pronom-adverbe «y»

Das Adverbialpronomen «y»

y-An-wendung

▶ «Y» steht für einen *Satzteil*, der mit «à» eingeleitet wird. Auch für Satzteile,
die mit *dans* (in), *sur* (auf), *sous* (unter), *devant* (vor), *derrière* (hinter), *à côté*
(neben), eingeleitet werden, jedoch kommt dies seltener vor.

Beispiel:

Sandrine s'intéresse beaucoup **à la politique**   – Sandrine interessiert sich
sehr für Politik.

Sandrine s'**y** intéresse beaucoup.   – Sandrine interessiert sich
sehr dafür.

Sandrine est assise **dans le fauteuil rouge**   – Sandrine sitzt im roten
Sessel.
Sandrine **y** est assise.   – Sandrine sitzt dort.

▶ «Y» darf *nicht verwendet* werden, wenn *eine Person* gemeint ist.

Beispiel: Sandrine pense **à son ami.**   – Sandrine pense **à lui.**
Sandrine denkt an ihren Freund.   Sandrine denkt an ihn.
(**Nicht:** Sandrine y pense.)

Le pronom-adverbe et son verbe

Das Adverbialpronomen und sein Verb

► Das Adverbialpronomen wird genauso gebraucht wie das Objektpronomen: Es steht *vor der Personalform des Verbs,* es steht *vor dem Infinitiv,* es steht *hinter dem bejahten* und *vor dem verneinten Imperativ* (zum Imperativ siehe Seite 183 ff.).

Position von en und y

Beispiel: J'**en** ai assez.   Je vais **y** penser.   Vas-**y**.
              (Ich habe davon genug.)   (Ich werde daran   (Geh hin!)
                                          denken.)

              N'**en** parle pas.
              (Sprich nicht davon.)

► Werden noch andere Objektpronomen im Satz verwendet, stehen «en» und «y» immer *an letzter Stelle.* Wenn «y» und «en» gleichzeitig vorkommen, steht «y» vor «en».

Beispiel: Tu **t'en** rappelles?
              (Erinnerst du dich daran?)
              Il **y** a beaucoup d'erreurs.   →   Il **y en** a beaucoup.
              (Es gibt viele Irrtümer.)   (Es gibt davon viele.)

Exercices

Übungen

Übungen

I.   *Complétez les phrases par «en» ou «y».*
      Vervollständigen Sie die Sätze durch «en» oder «y».

1. Vous êtes resté dans votre bureau toute la journée?
   Oui, j(e) ... suis resté.

2. Vous avez parlé au patron de nos projets?
   Oui, je lui ... ai parlé.

3. Vous avez réussi?
   Oui, j'ai réussi et j(e) ... suis fier. (de cela)

4. C'est un excellent résultat.
   J(e) ... suis très content. (de ce résultat)

5. Vous m'avez rendu service et je m(e) ... souviendrai. (de cela)

6. Vous êtes capable de prendre sur vous toute la responsabilité?
   – Oui, j(e) ... suis capable.

7. Connaissez-vous le Japon?
   Oui, j(e) ... suis allé plusieurs fois. (au Japon)

II. *Expliquez l'emploi des pronoms-adverbes.*

Erklären Sie den Gebrauch der Adverbialpronomen.

– Il paraît que tu es un fameux chasseur[1]. C'est ton père qui me l'a dit.

– Oh! dit Lili rougissant. Je mets des pièges[2] pour les oiseaux[3] . . .

– Tu en prends beaucoup?

Il vida[4] sa musette[5] sur l'herbe: il y avait une trentaine d'oiseaux.

---

1 Jäger 2 Fallen 3 Vögel 4 ausleeren 5 Tasche

«En» remplace ici: . . .

Octobre! LA RENTREE DES CLASSES! Je refusai[1] d'y penser, je repoussai[2] de toutes mes forces la douloureuse[3] idée.

---

1 sich weigern 2 zurückweisen 3 schmerzlich   *(Pagnol: Le château de ma mère)*

«Y» remplace ici: . . .

Un taxi s'arrêta près de lui. Un de ses inspecteurs en sortit et le chercha.

– Ici, Lucas.

«En» remplace ici: . . .

Il cherchait un autre sujet de conversation et il attira une boîte de cigares.

– Vous en voulez un? Si vous préférez votre pipe, ne vous gênez pas!

(Simenon: Le Commissaire Maigret – L'écluse No 1)

«En» remplace ici: . . .

L'adjectif numéral

Das Numerale / das Zahlwort

Die Zahlwörter beziehen sich meistens auf ein Nomen oder ein Pronomen. Darin ähneln sie den Adjektiven und deshalb nennen die Franzosen die Zahlwörter **adjectifs numéraux.**

Beispiel: une minute   **deux** heures   **cent** francs   nous **deux**
                (eine Minute)   (zwei Stunden)   (hundert Franc)   (wir zwei)

Die Zahlwörter werden eingeteilt in:

▶ Kardinalzahlen/adjectifs numéraux cardinaux
▶ Ordinalzahlen/adjectifs numéraux ordinaux
▶ Bruchzahlen/fractions

Außerdem gibt es noch:

▶ Wiederholungszahlen: une fois (einmal), deux fois (zweimal) . . .
▶ Sammelzahlen: une dizaine (etwa zehn), une douzaine (ein Dutzend) . . .
▶ Vervielfältigungszahlen: double (doppelt), triple (dreifach) . . .
▶ Zahladverbien: premièrement (zuerst) . . .

Les adjectifs numéraux cardinaux

Die Kardinalzahlen / die Grundzahlen

Grundzahlen sind im Deutschen „eins", „zwei", „drei" usw., im Französischen «un», «deux», «trois» usw.

Die Grundzahlen:

0	zéro	30	trente
1	un	31	trente et un ...
2	deux	40	quarante
3	trois	50	cinquante
4	quatre	60	soixante
5	cinq	70	soixante-dix
6	six	71	soixante et onze
7	sept	72	soixante-douze
8	huit	73	soixante-treize
9	neuf	80	quatre-vingts
10	dix	81	quatre-vingt-un
11	onze	82	quatre-vingt-deux ...
12	douze	99	quatre-vingt-dix-neuf
13	treize	100	cent
14	quatorze	200	deux cents
15	quinze	201	deux cent un
16	seize	210	deux cent dix
17	dix-sept	300	trois cents
18	dix-huit	400	quatre cents
19	dix-neuf	500	cinq cents
20	vingt	1 000	mille
21	vingt et un	2 000	deux mille
22	vingt-deux	2 010	deux mille dix
23	vingt-trois	3 000	trois mille
24	vingt-quatre	10 000	dix mille
25	vingt-cinq	100 000	cent mille
26	vingt-six	1 000 000	un million
27	vingt-sept		
28	vingt-huit		
29	vingt-neuf		

Beachte: In der Schweiz und in Belgien gebraucht man beim Sprechen folgende Sonderformen: 70 septante; 80 huitante; 90 nonante. Diese Sonderformen würde ein Franzose nicht verwenden.

▶ Von 20 bis 70 werden «un», «une» und «onze» mit «et» angeschlossen. Bei 80 und 90 steht das «et» jedoch nicht.

Beispiel: vingt **et** un   trente **et** un

            soixante **et** un   soixante **et** onze

▶ Zwischen *Zehnern* und *Einern* sollte ein *Bindestrich* stehen. (Wenn er vergessen wird, ist das jedoch nicht mehr als Fehler anzusehen.)

Beispiel: dix-huit   dix-neuf

            soixante-dix-huit   quatre-vingt-dix-neuf

L'emploi de l' «-s» au pluriel – Der Gebrauch des Plural-s

Sechs Regeln sind zu beachten:

▶ «Zéro» hat im Plural ein «-s».
Beispiel: deux zéros
(zwei Nullen)

▶ «Quatre-vingts» wird mit «-s» geschrieben.
Das «-s» sollte jedoch weggelassen werden, wenn eine weitere Zahl folgt.
Beispiel: quatre-vingts   quatre-vingt-deux
(achtzig)   (zweiundachtzig)

▶ «Cent» hat im Plural ein «-s».
Das «-s» sollte jedoch ebenfalls weggelassen werden, wenn eine weitere Zahl folgt.
Beispiel: trois cents   trois cent trente
(dreihundert)   (dreihundertdreißig)

▶ «Mille» bekommt nie ein «-s».
Beispiel: trois mille   cent mille
(dreitausend)   (hunderttausend)

▶ «Million» hat im Plural ein «-s».
Beispiel: trois millions   trois millions trois cent mille
(drei Millionen)   (drei Millionen dreihunderttausend)

▶ Bei der Uhrzeit sowie bei Preisangaben wird das Plural-s nur an das jeweilige Nomen angehängt, das Zahlwort selbst bleibt unverändert:
Beispiel: Il est **neuf** heures.   Cela coûte **quarante** francs.
(Es ist neun Uhr.)   (Das kostet vierzig Franc.)

Der Gebrauch der Grundzahlen

Die Grundzahlen haben verschiedene Funktionen. Sie werden verwendet:

▶ als *Zahlenangabe*
Beispiel: **une** fille   **trois** filles
(ein Mädchen)   (drei Mädchen)
Die Zahlwörter «un» (ein), «une» (eine) sind zugleich die unbestimmten Artikel im Singular (siehe Seite 46).

▶ als *Mengenangabe*
Beispiel: **quatre** kilos   **trente** grammes
(vier Kilo)   (dreißig Gramm)

▶ beim Datum und bei Herrschernamen ab dem 2. (Für den 1. gebraucht man die Ordnungszahl; siehe auch Seite 92.)
Beispiel: Le **deux** mai   Napoléon **trois**
(der 2. Mai)   (Napoléon III.)

Les adjectifs numéraux ordinaux

Die Ordinalzahlen/die Ordnungszahlen

Ordnungszahlen sind im Deutschen: „erste, -r, -s", „zweite, -r, -s", „dritte, -r, -s" usw.; im Französischen «le/la premier/-ère», «le/la second/-e», «le/la troisième» usw.

Die Formen der Ordnungszahlen

Bis auf «premier» und «second», die eine weibliche Form bilden können, sind die Orndungszahlen für beide Geschlechter gleich:

	männlich		weiblich
1er	le prem<u>ier</u>	1re	la premi<u>ère</u>
2^{e}	le deuxième	2^{e}	la deuxième
2nd	le secon<u>d</u>	2nde	la second<u>e</u>
3^{e}	le troisième	3^{e}	la troisième
4^{e}	le quatrième	4^{e}	la quatrième
5^{e}	le cinquième ...	5^{e}	la cinquième ...

Der Gebrauch der Ordnungszahlen

▶ Die Unterscheidung von «deuxième» und «second» ist folgende: «second» gebraucht man, wenn es nur zwei gibt.

Beispiel: le **second** violon la **Seconde** Guerre mondiale
(die zweite Violine (der Zweite Weltkrieg)
im Orchester)

▶ Im Datum und bei Herrschernamen wird die Ordnungszahl nur bei 1. gebraucht, ab 2. verwendet man die Grundzahlen (siehe auch Seite 91).

Beispiel: le **premier** mai le **deux** mai le **dix-huit** mai
(der erste Mai) (der zweite Mai) (der achtzehnte Mai)
Napoléon **premier** Napoléon **trois**
(geschrieben: Napoléon I.) (Napoléon III.)

Exercices
Übungen

I. *Ecrivez les numéraux suivants.*
Schreiben Sie die folgenden Zahlen aus.
4; 8; 13; 15; 31; 32; 70; 80;

II. *Traduisez.*
Übersetzen Sie.

1. In der 3. Etage wohnen.	habiter
2. Das ist ihr erstes Kind.	
3. Das erste Kaiserreich.	un empire
4. Der Zweite Weltkrieg.	la guerre mondiale
5. Der 14. Juli.	juillet
6. Ludwig XIV.	

III. *Ajoutez un «-s», si c'est nécessaire.*
Ergänzen Sie ein «-s», wenn nötig.

Je vous connais mieux que vous ne le croyez; dès la semaine prochaine, je vous offre cent mille . . . frans par an pour entrer chez moi! Attendez avant de répondre.

(Simenon: Le Commissaire Maigret – L'écluse N° 1)

La Terre n'est pas une planète quelconque[1]! On y compte[2] cent . . . onze rois (en n'oubliant pas, bien sûr, les rois nègres), sept mille . . . géographes, neuf cent . . . mille . . . businessmen, sept million . . . et demi d'ivrognes[3], trois cent . . . onze million . . . de vaniteux[4], c'est-à-dire environ deux milliard . . . de grandes personnes.

---

1 irgendein 2 zählen 3 Säufer 4 Angeber   *(Saint-Exupéry: Le Petit Prince)*

Les fractions
Die Bruchzahlen

Im Deutschen lauten die **Bruchzahlen** „ein Halbes", „ein Drittel", „ein Viertel" usw.; im Französischen «un demi», «un tiers», «un quart» usw.

Formen und Gebrauch der Bruchzahlen

Formen

$^1/_2$ un demi $\qquad\qquad$ $^1/_5$ un cinquième

$^1/_3$ un tiers [tjɛr] $\qquad$ $^1/_6$ un sixième

$^1/_4$ un quart [kar] $\qquad$ usw.

Die Bruchzahlen bekommen im Plural ein «-s».

Beispiel: trois quart**s** $\qquad\qquad$ deux cinquième**s**

$\qquad\qquad\quad$ (drei Viertel) $\qquad\qquad$ (zwei Fünftel)

demi(e)

Beachte: Beim Gebrauch von «**demi**» gibt es eine Besonderheit:

▶ Wenn «demi» *vor* dem *Nomen* steht, wird dieses mit einem Bindestrich angefügt. Dann bleibt «demi» unverändert.

Beispiel: une demi-heure $\qquad$ une demi-bouteille

$\qquad\qquad\quad$ (eine halbe Stunde) $\quad$ (eine halbe Flasche)

▶ Wenn «demi» *hinter* dem *Nomen* steht, wird es durch «et» mit diesem verbunden. Dann wird «demi» verändert.

Beispiel: une heure **et** demie

$\qquad\qquad\quad$ (eineinhalb Stunden)

L'adjectif

Das Adjektiv / das Eigenschaftswort

Die deutsche Bezeichnung **Eigenschaftswort** deutet an, wozu man Adjektive braucht: Sie bezeichnen **Eigenschaften** sowie Merkmale von Personen, Tieren, Sachen und Begriffen, machen also nähere Angaben über das Beziehungswort, zu dem sie gehören. Dieses **Beziehungswort** kann ein **Nomen** oder ein **Pronomen** sein.

Beispiel:	Nomen:	Pronomen:
	der schöne *Hund*	*er* ist schön
	der schwarze *Hund*	*er* ist schwarz

Es gibt drei Möglichkeiten, wie das Adjektiv bei seinem Beziehungswort stehen kann:

▶ Es steht direkt *neben* dem *Beziehungswort (Nomen)*. Dieses Adjektiv heißt auf Französich **épithète**.

> **Beispiel:** le **beau** chien   le chien **noir**
> (der schöne Hund)   (der schwarze Hund)

▶ Es ist *durch* ein *Hilfsverb* mit dem Beziehungswort verbunden. Dieses Adjektiv heißt auf Französisch **attribut**.

> **Beispiel:** ce chien **est beau**   ce chien **est noir**
> (dieser Hund ist schön)   (dieser Hund ist schwarz)

▶ Es steht *hinter* dem *Nomen,* ist aber durch ein Komma von ihm getrennt. Dieses Adjektiv heißt auf Französisch **apposition**.

> **Beispiel:** Ce chien, **noir et méchant,** a aboyé.
> (Dieser Hund, schwarz und bissig, hat gebellt.)

L'accord de l'adjectif
Die Veränderlichkeit des Adjektivs

Veränder-lichkeit im Englischen und Deutschen

Die **Veränderlichkeit des Adjektivs** ist ein umfangreiches Kapitel der französischen Grammatik.

Wer Englisch gelernt hat, weiß, dass hier die Adjektive immer unverändert bleiben. Das erleichtert natürlich sehr die Anwendung.

Beispiel: my little brother   a black dog

           my little sister   many black dogs

Im Deutschen wird das Adjektiv nur verändert, wenn es *vor dem Nomen* steht.

Beispiel: der schwar**z**e Hund   ein schwarz**er** Hund   die schwar**zen** Hunde

Das Adjektiv wird aber nicht verändert, wenn es mit einem Hilfsverb verbunden ist.

Beispiel: der Hund ist schwarz   die Hunde sind schwarz

Im Französischen sind nur sehr wenige Adjektive unveränderlich

▶ alle *Nomen*, wenn sie als *Adjektive* gebraucht werden.

     Beispiel: les cheveux marron

                (die braunen Haare)

▶ alle *zusammengesetzten Farbadjektive.*

     Beispiel: une étoffe gris clair

                (ein hellgrauer Stoff)

▶ die beiden umgangssprachlichen Adjektive *«chic»* und *«sympa»*.

     Beispiel: une jeune fille sympa   une robe chic

                (ein sympathisches junges Mädchen)   (ein schickes Kleid)

Les formes régulières (en -, -e, -s et -es)
Die regelmäßigen Formen (auf -, -e, -s und -es)

Regelmäßige Endungen

Generell richtet sich das Adjektiv im Französischen in Geschlecht und Zahl nach seinem Beziehungswort.

Die meisten Adjektive haben folgende Endungen

	männlich	weiblich
Singular	–	-e
Plural	-s	-es

Beispiel: le chien noir   la chienne noire

                (der schwarze Hund)   (die schwarze Hündin)

                les chiens noirs   les chiennes noires

                (die schwarzen Hunde)   (die schwarzen Hündinnen)

Das Adjektiv
Die Veränderlichkeit des Adjektivs

le petit chat	la petite chatte
(der kleine Kater)	(die kleine Katze)
les petits chats	les petites chattes
(die kleinen Kater)	(die kleinen Katzen)

▶ Wenn sich ein Adjektiv auf mehrere Wörter bezieht, von denen eines männlich und eines weiblich ist, richtet sich die Endung nach dem männlichen.

Beispiel: M. et Mme Dubois sont contents.
(Herr und Frau Dubois sind zufrieden.)

▶ Bezieht sich das Adjektiv auf «vous» (Höflichkeitsform), richtet sich die Endung nach der angesprochenen Person.

Beispiel: Vous êtes content, monsieur?
Vous êtes contente, madame?

Beachte: Die weibliche Form von «long» wird long**ue** geschrieben! (Wegen der Aussprache.)

Exceptions (I): «jeune», «français», «heureux» ...
Ausnahmen (I): «jeune», «français», «heureux» ...

▶ Viele Adjektive haben *auch in der männlichen Form* die Endung «-e»:

Besonder-heiten

	männlich	weiblich
Singular	jeune	jeune
Plural	jeunes	jeunes

Ebenso: agréable (angenehm), aimable (freundlich), aveugle (blind), calme (ruhig), célèbre (berühmt), confortable (bequem), difficile (schwierig), énorme (riesig), facile (leicht), faible (schwach), gauche (links), habile (geschickt), jaune (gelb), juste (gerecht), large (breit), magnifique (großartig), malade (krank), moderne (modern), pauvre (arm), possible (möglich), rapide (schnell), rare (selten), riche (reich), ridicule (lächerlich), rouge (rot), simple (einfach), terrible (schrecklich), tranquille (ruhig), triste (traurig), vide (leer) ...

▶ Viele Adjektive haben im Singular in der männlichen Form die Endung «-s», die sie im Plural behalten.

	männlich	weiblich
Singular	français	française
Plural	français	françaises

Ebenso: anglais (englisch), confus (verwirrt), gris (grau), mauvais (schlecht), précis (genau) ...

▶ Viele Adjektive haben im Singular in der männlichen Form die Endung «-x».

a) Die weibliche Form endet auf «-se»:

	männlich	weiblich
Singular	heureux	heureuse
Plural	heureux	heureuses

Ebenso: amoureux (verliebt), courageux (mutig), curieux (neugierig), dangereux (gefährlich), délicieux (köstlich), joyeux (fröhlich), malheureux (unglücklich), merveilleux (wunderbar), nombreux (zahlreich), paresseux (faul), précieux (wertvoll), sérieux (ernst), silencieux (ruhig), jaloux (eifersüchtig) ...

b) Die *weibliche Form* endet auf «**-sse**»:

	männlich	weiblich
Singular	faux	fausse
Plural	faux	fausses

Ebenso: roux (rothaarig) ...

c) Die weibliche Form endet auf «**-ce**»:

	männlich	weiblich
Singular	doux	douce
Plural	doux	douces

▶ Die *Adjektive auf* «**-al**» haben im Plural in der männlichen Form die Endung «**-aux**».

	männlich	weiblich
Singular	brutal	brutale
Plural	brutaux	brutales

Ebenso: amical (freundschaftlich), central (zentral), égal (gleich), familial (familiär), médical (medizinisch), national (national), original (originell), principal (hauptsächlich), spécial (spezial), total (total) ... **Ausnahmen:** banal/banals, fatal/fatals, final/finals, naval/navals.

▶ Viele Adjektive *verdoppeln* in der *weiblichen Form* den *Endkonsonanten.*

	männlich	weiblich
Singular	naturel	naturelle
Plural	naturels	naturelles

Ebenso: actuel (aktuell), criminel (verbrecherisch), cruel (grausam), exceptionnel (außergewöhnlich), individuel (individuell), industriel (Industrie-), intellectuel (geistig), mortel (sterblich), personnel (persönlich), réel (wirklich), sensationnel (sensationell), gentil [-ti]/gentille [-tij] (nett) ...

	männlich	weiblich
Singular	bon	bonne
Plural	bons	bonnes

Ebenso: ancien (früherer), européen (europäisch), moyen (mittel) ...

	männlich	weiblich
Singular	gros	grosse
Plural	gros	grosses

Ebenso: bas (niedrig), épais (dick), gras (fett) ...

	männlich	weiblich
Singular	sot	sotte
Plural	sots	sottes

Ausnahmen: dévot/dévote, idiot/idiote

▶ Viele Adjektive *verändern* das *Wortende* in der *weiblichen Form:*

	männlich	weiblich
Singular	étranger	étrangère
Plural	étrangers	étrangères

Ebenso: dernier (letzte), entier (vollständig), financier (finanziell), léger (leicht), premier (erste) ...

	männlich	weiblich
Singular	sportif	sportive
Plural	sportifs	sportives

Ebenso: actif (aktiv), attentif (aufmerksam), neuf (neu), tardif (verspätet), vif (lebhaft) ...

	männlich	weiblich
Singular	bref	brève
Plural	brefs	brèves

	männlich	weiblich
Singular	fier	fière
Plural	fiers	fières

Ebenso: amer (bitter), cher (lieb) ...

	männlich	weiblich
Singular	blanc	blanche
Plural	blancs	blanches

Ebenso: franc (frei) ...

	männlich	weiblich
Singular	sec	sèche
Plural	secs	sèches

	männlich	weiblich
Singular	frais	fraîche
Plural	frais	fraîches

Exceptions (II): «beau», «nouveau», «vieux»
Ausnahmen (II): «beau», «nouveau», «vieux»

Die Adjektive «beau» (schön), «nouveau» (neu) und «vieux» (alt) sind noch komplizierter: Zusätzlich zu allen Unregelmäßigkeiten müssen im Singular zwei männliche Formen unterschieden werden, je nachdem ob das folgende Wort mit Konsonant oder mit Vokal/stummem H beginnt.

beau, nouveau, vieux

	männlich	weiblich
Singular	beau bel	belle
Plural	beaux	belles
Singular	nouveau nouvel	nouvelle
Plural	nouveaux	nouvelles
Singular	vieux vieil	vieille
Plural	vieux	vieilles

Beachte: ▶ Bei «vieux»: Die Endung «**-x**» steht bereits im *Singular.*
         ▶ Bei «vieil» und «vieille» folgen *drei* Vokale aufeinander.

Exercices
Übungen

Übungen

I. *Ajoutez la forme convenable de «grand»*
   Setzen Sie die richtige Form von «grand» ein.
   la ... ville
   les ... immeubles   un immeuble
   les ... boulevards   le boulevard
   le ... fleuve
   les ... personnes   la personne
   les ... enfants   un enfant
   le ... fils
   la ... fille
   Elle est ... pour son âge.

II. *Ajoutez les adjectifs.*
   Ergänzen Sie die Adjektive.
   ces tulipes[1] sont ... (rouge)   la tulipe
   ces œillets[2] sont ... (rose)   un œillet
   ces marguerites sont ... (blanc) la marguerite
   ces pensées[3] sont ... (bleu)   la pensée
   ces roses sont ... (jaune)   la rose
   ces iris sont ... (violet)   un iris
   les feuilles[4] sont ... (vert)   la feuille

---

1 Tulpen 2 Nelken 3 Stiefmütterchen 4 Blätter

Das Adjektiv
Die Veränderlichkeit des Adjektivs

III. *Ajoutez la forme convenable de «délicieux».*
Ergänzen Sie die richtige Form von «délicieux».

Un repas ...:
Le vin a été ...
La viande a été ...
Les haricots verts ont été ...   un haricot
Les légumes ont été ...   le légume
La sauce a été ...
Le fromage a été ...

IV. *Ajoutez la forme convenable de «vieux».*
Ergänzen Sie die richtige Form von «vieux».

une ... église	un ... homme
un ... château	une ... photo
une ... pendule	mon ... oncle
un ... immeuble	les ... chansons
la ... ville	les ... choses

V. *Mettez les adjectifs dans les textes.*
Fügen Sie die Adjektive in die Texte ein.

Übungen im Kontext

Il avait de ... mains, ... et ...,   joli, blanc, long
qu'il caressait en jouant avec l'alliance[1]
de platine.

---
1 *Trauring*   (Simenon: Le Commissaire Maigret – L'écluse No 1)

En somme sa situation était loin d'être ...   désespéré[1]
Certes, cette île était apparemment[2] ... Mais   désert[3]
cela ne valait-il pas mieux que si elle avait
été ... de cannibales? En outre elle paraissait   peuplé
assez ... avec sa ... plage au nord, des   accueillant[4], beau
prairies[5] très ... à l'est, sa ... forêt à l'ouest, humide[6], grand
et, en son centre, ce massif ... que perçait[8]   rocheux[7]
une grotte ... et qui offrait un point de   mystérieux,
vue ... sur tout l'horizon.   magnifique

---
1 *hoffnungslos* 2 *offensichtlich* 3 *menschenleer*   (Michel Tournier: Vendredi ou la vie sauvage)
4 *anziehend* 5 *Wiesen* 6 *feucht* 7 *felsig* 8 *unterhöhlen*

(L'auteur parle d'un matin d'hiver:)

Dans le ciel de velours[1] ..., les étoiles[2] brillaient, ... Ce n'étaient plus les ... étoiles de l'été. Elles scintillaient[4] durement, ... et ...,... par le gel[5] de la nuit.	violet innombrable[3], doux clair, froid, cristallisé
Pas un bruit, pas un murmure, et dans le silence ... nos pas[7] sonnaient sur les ... pierres.	glacé[6] dur
Les perdrix[8] étaient devenues ..., et la sensibilité ... des échos les protégeait de nos approches. Cependant, les chausseurs tuèrent quatre lièvres[10], quelques bécasses[11] et un ... nombre de lapins[12].	méfiant[9] nouveau bon

1 Samt 2 Sterne 3 unzählig 4 funkeln 5 Eis 6 eisig 7 Schritte 8 Rebhuhn 9 misstrauisch 10 Hasen 11 Schnepfe 12 Kaninchen

Mon père regarda ensuite mon ... ami: – Ha ha! nous avons de la compagnie! – Je le connais! dit mon père.	nouveau

(Pagnol: Le château de ma mère)

Robinson sentait la vie et la joie qui entraient en lui. Il inventerait de ... jeux, de ... aventures, de ... victoires. Une vie toute ... allait commencer, aussi ... que l'île qui s'éveillait dans la brume.	nouveau nouveau, nouveau neuf beau

(Michel Tournier: Vendredi ou la vie sauvage)

Les degrés de l'adjectif

Die Steigerung des Adjektivs

Im Französischen kann man – wie im Deutschen und Englischen – die Adjektive steigern: Die **regelmäßige Steigerung** erfolgt im Französischen mit «**plus/ moins**» und «**le plus/le moins**».

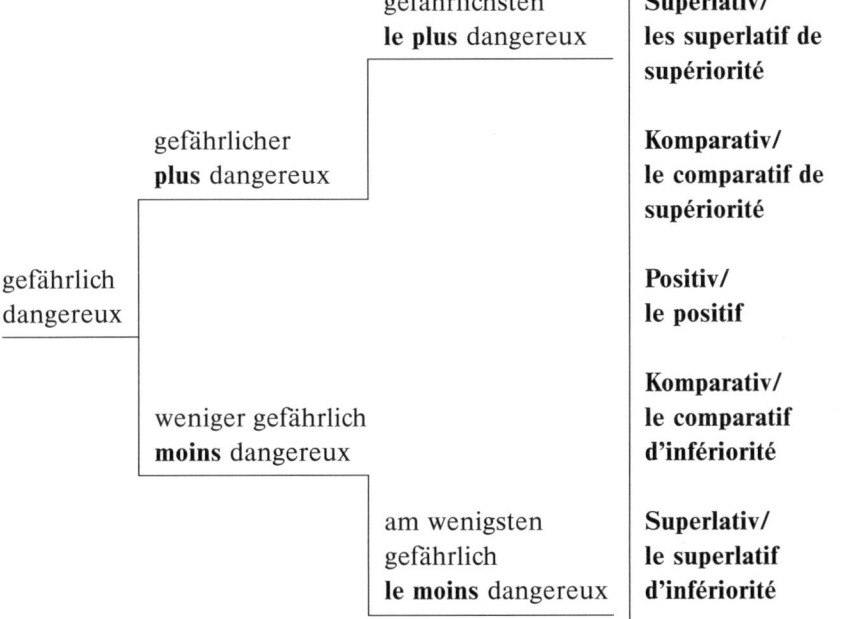

	gefährlichsten **le plus** dangereux	**Superlativ/ les superlatif de supériorité**
gefährlicher **plus** dangereux		**Komparativ/ le comparatif de supériorité**
gefährlich dangereux		**Positiv/ le positif**
weniger gefährlich **moins** dangereux		**Komparativ/ le comparatif d'infériorité**
	am wenigsten gefährlich **le moins** dangereux	**Superlativ/ le superlatif d'infériorité**

Beispiel: Eric dit:
Je suis fort, habile, courageux.
(Ich bin stark, geschickt, mutig.)
Mais mon grand frère est **plus** fort, **plus** habile et **plus** courageux,
(Aber mein großer Bruder ist stärker, geschickter und mutiger.)
Alain est l'élève **le plus** fort de notre classe.
(Alain ist der stärkste Schüler unserer Klasse.)

Exceptions: «bon», «mauvais» et «petit»
Ausnahmen: «bon», «mauvais» und «petit»

Von der regelmäßigen Steigerung der Adjektive gibt es nur wenige Ausnahmen:
▶ Die wichtigste ist **bon/bonne**

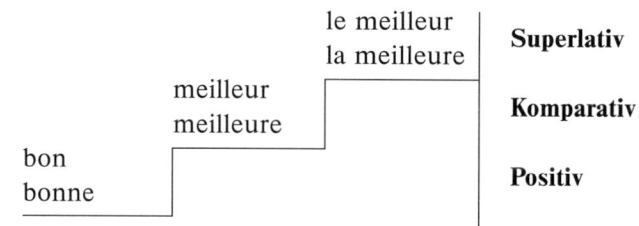

Beispiel: J'ai beaucoup d'amis. Alain est mon **meilleur** ami.
(Ich habe viele Freunde. Alain ist mein bester Freund.)
Il est bon en mathématiques et **le meilleur** en français.
(Er ist gut in Mathematik und der Beste in Französisch.)

▶ **mauvais** (schlecht) hat neben der regelmäßigen Steigerung auch die Formen
pire und **le pire**. Sie bedeuten „schlimmer" und „der, die, das schlimmste".
Beispiel: Un remède **pire** que le mal.
(Eine Medizin, schlimmer als die Krankheit.)

▶ **petit** (klein) hat neben der regelmäßigen Steigerung auch die Formen **moin-
dre** und **le moindre**. Sie bedeuten „geringer" und „der, die, das geringste".
Beispiel: On n'a pas **la moindre** preuve contre elle.
(Man hat nicht den geringsten Beweis gegen sie.)

Exercices

Übungen

I. *Soulignez les superlatifs?*
   Unterstreichen Sie die Superlative?
   (Le Petit Prince:)
   Les vaniteux[1] n'entendent jamais que les louanges[2].
   – Est-ce que tu m'admires vraiment beaucoup?
   – Qu'est-ce que signifie admirer?
   – Admirer signifie reconnaître[3] que je suis l'homme le plus beau, le mieux
     habillé, le plus riche et le plus intelligent de la planète.

---

1 die Eingebildeten 2 Lobsprüche 3 anerkennen   *(Saint-Exupéry: Le Petit Prince)*

II. *Complétez les phrases; employez le comparatif.*

Vervollständigen Sie die Sätze; verwenden Sie den Komperativ.

Brigitte pense:

Mon frère est sportif, mais moi, je suis encore … …

Mon frère est intelligent, mais moi, je suis encore … …

Mon frère est aimable, mais moi, je suis encore … …

Mon frère est fort, mais moi, je suis encore … …

Sa mère lui dit:

Ton frère est paresseux, mais toi, tu es encore … …

Ton frère est négligent, mais toi, tu es encore … …

III. *Complétez les phrases; employez le superlatif.*

Vervollständigen Sie die Sätze; verwenden Sie den Superlativ.

Sandrine pense:

Xavier est très sympathique, mais Alain est le … … de mes amis.

Xavier est gentil, mais Alain est … … … de mes amis.

Xavier est très compréhensif, mais Alain est … … … de mes amis.

Xavier est amusant, mais Alain est … … … de mes amis.

Xavier est un bon ami, mais Alain est mon … ami!

La place de l'adjectif

Die Stellung des Adjektivs

▶ Vom Deutschen – und vom Englischen – ist man gewöhnt, dass die Adjektive immer *vor dem Nomen* stehen, auf das sie sich beziehen.

Position

Beispiel: ein grüner Apfel   süße Orangen

a green apple   sweet oranges

▶ Im Gegensatz dazu stehen fast alle französischen Adjektive *hinter* dem Nomen. (Das ist eigentlich die logische Wortstellung. Zunächst nennt man die Person, die Sache … und dann wird sie durch ein Adjektiv näher bestimmt.)

Beispiel: une pomme **verte**   des oranges **douces**

Particularités et exceptions – Besonderheiten und Ausnahmen

**Besonder-
heiten und
Ausnahmen**

▶ Es gibt neun Adjektive, die immer *vor dem Nomen* stehen, auf das sie sich beziehen. Es sind: *beau* (schön), *joli* (hübsch); *grand* (groß), *gros* (dick), *petit* (klein); *bon* (gut), *mauvais* (schlecht); *jeune* (jung), *vieux* (alt).

Beispiel: le **beau** jardin   les **jolies** fleurs
(der schöne Garten)   (die hübschen Blumen)
le **gros** arbre   le **jeune** homme
(der dicke Baum)   (der junge Mann)

▶ In Namen und Redewendungen steht das Adjektiv gelegentlich vor dem Nomen.

Beispiel: la **Basse**-Normandie   le **libre**-service   **pure** laine
(die untere Normandie)   (die Selbstbedienung)   reine Wolle

▶ Gelegentlich wird das Adjektiv *vor das Nomen* gestellt um es zu *betonen:*

Beispiel: une **énorme** bêtise!
(eine riesige Dummheit!)

**Unter-
schiedliche
Bedeutung**

▶ Einige Adjektive haben eine *unterschiedliche Bedeutung,* je nachdem ob sie *vor* oder *hinter dem Nomen* stehen, auf das sie sich beziehen:

a) **cher** – lieb/teuer

Beispiel: mes **chers** enfants/un médicament **cher**
(meine lieben Kinder/ein teures Medikament)

b) **drôle** – seltsam/lustig

Beispiel: Elle avait un **drôle** d'air./un film **drôle**
(Sie sah seltsam aus./ein lustiger Film)

Beachte: Wenn «drôle» vorausgeht, steht zwischen «drôle» und dem Nomen «de».

c) **curieux** – merkwürdig/neugierig

Beispiel: un **curieux** animal/un regard **curieux**
(ein merkwürdiges Tier/ein neugieriger Blick)

d) **noble** – edel/adlig

Beispiel: les **nobles** sentiments/le sang **noble**
(edle Gefühle/das adlige Blut)

e) **pauvre** – bedauernswert/arm

Beispiel: le **pauvre** malade/un paysan **pauvre**
(der bedauernswerte Kranke/ein armer Bauer)

f) **sale** – übel/schmutzig

Beispiel: le **sale** temps/des chaussures **sales**
(das üble Wetter/die schmutzigen Schuhe)

de + Adjektiv

▶ An «quelque chose», «rien», «quelqu'un» und «personne» wird das Adjektiv mit «de» angehängt.

Beispiel: As-tu entendu **quelque chose de nouveau?**
(Hast du etwas Neues gehört?)
C'est **quelqu'un de très riche.**
(Das ist jemand, der sehr reich ist.)

Exercices
Übungen

I. *Mettez les adjectifs à leur place.*
   Fügen Sie die Adjektive an der richtigen Stelle ein

1. Tu connais ce ... monsieur ...?	vieux
2. Mes ... parents ...	chers
3. Mon père aime le ... vin ...	bon
4. Il vient d'acheter une ... maison ...	petite
5. Regarde les ... fleurs ...	belles
6. Ecrire une ... lettre ...	amicale
7. C'est une ... plaisanterie ...	mauvaise
8. Acheter un ... journal ...	étranger
9. Voici ma ... voiture ... Elle te plaît?	neuve
10. C'est la ... voiture ...	blanche

II. *Mettez les adjectifs à leur place.*
   Fügen Sie die Adjektive an der richtigen Stelle ein.

Le commissaire, cependant, avalait[1] une ... gorgée[2]	grande
... de ... bière ..., s'essuyait[3] les lèvres[4] et	fraîche
bourrait une ... pipe ...	nouvelle

---

1 hinunterschlucken   2 Schluck   3 abwischen   (Simenon: Le Commissaire Maigret – L'écluse No 1)
4 Lippen   5 stopfen

Mais un peu plus tard, il eut l'occasion de voir à quel point Vendredi pouvait être gentil envers une bête quand il l'avait adoptée.	
Il s'agissait cette fois d'un ... vautour[1] ... que ses parents avaient abandonné[2].	petit
C'était une ... bête ..., avec sa ... tête ...	petite, grosse
aux ... yeux ..., ses ... pattes ..., et ce ...	exorbités[3],
corps ... Il ouvrait largement son ... bec ...	maladroites,
dès qu'on s'approchait de lui. Vendredi commença	tout nu, énorme
par lui donner des morceaux de ... viande ... qu'il	fraîche
avalait[4] avec avidité[5].	

---

1 Geier   2 verlassen   4 hervorstechend   (Michel Tournier: Vendredi ou la vie sauvage)
4 verschlingen   5 Gier

107

III. Traduisez.

Übersetzen Sie.

1. Meine lieben Eltern.   chers
2. Eine adlige Familie.   noble
3. Ein teures Restaurant.   cher
4. Der arme Junge weinte.   pauvre
5. Eine neugierige Frau.   curieuse
6. Eine lustige Geschichte erzählen.   drôle
7. Die schmutzigen Hände.   sales
8. Das ist etwas Erstaunliches.   surprenant
9. Das ist etwas Ungewöhnliches.   extraordinaire
10. Nichts Neues.   nouveau

L'adverbe

Das Adverb/ das Umstandswort

Wozu dient das Adverb?

Im vorherigen Kapitel wurde dargestellt, dass das Adjektiv ein Nomen oder ein Pronomen näher bestimmt. Das **Adverb** oder **Umstandswort** hat eine ähnliche Funktion: Es gibt einen Umstand an, der eine andere Wortart näher charakterisiert. Das **Beziehungswort** des Adverbs kann ein **Verb**, ein anderes **Adjektiv** oder ein **Adverb** sein.

Beispiel:	**Verb:**	**Adjektiv:**	**Adverb:**
	lire **beaucoup**	**très** beau	**trop** peu
	(viel lesen)	(sehr schön)	(zu wenig)
	dormir **bien**	**plus** grand	**beaucoup** mieux
	(gut schlafen)	(größer)	(viel besser)

Oft bezieht sich ein Adverb auf einen ganzen Satz – man nennt dies **adverbiale Bestimmung** (siehe dazu auch Seite 208).

Beispiel:	**Aujourd'hui,** je reste chez moi.	**Maintenant,** je lis un roman.
	(Heute bleibe ich zu Hause.)	(Jetzt lese ich einen Roman.)

(Zur Stellung der Adverbien im Satz siehe Seite 208.)

Nach der Wortbildung unterscheidet man zwei Arten von Adverbien:

▶ die **ursprünglichen Adverbien/les adverbes simples.**
Sie haben keine charakteristische Endung.
Beispiel: alors, bien, comme, puis, très, enfin, plus, même, beaucoup, aussi, encore, toujours, maintenant, jamais, d'ailleurs, peut-être, ici, surtout ...

▶ die **abgeleiteten Adverbien/les adverbes en «-ment».**
Sie haben die charakteristische Endung «-ment».
Beispiel: vrai**ment**, évidem**ment**, seule**ment** ...

Beachte: Alle Adverbien sind unveränderlich; es gibt immer nur **eine** Form.

Nach ihrer Bedeutung werden die Adverbien eingeteilt in:

▶ Adverbien *des Ortes:* «voilà», «ici», «en», «y» ...
(Zu «en» und «y» siehe auch Seite 85 ff.)

▶ Adverbien *der Zeit:* «alors», «puis», «enfin» ...

▶ Adverbien *der Art und Weise:* «bien», «plus», «même» ...

Les adverbes en «-ment»

Die „abgeleiteten" Adverbien

Diese Adverbien werden von Adjektiven abgeleitet.

Die Bildung der abgeleiteten Adverbien

▶ Sie werden gebildet, indem man an die weibliche Form des Adjektivs die Endung «-ment» anfügt.

Beispiel: **Adjektiv:**   **Adverb:**

Adjektiv:		Adverb:
clair, claire	→	claire**ment**
doux, douce	→	douce**ment**
net, nette	→	nette**ment**
seul, seule	→	seule**ment**

Es gibt jedoch eine Reihe von Ausnahmen:

▶ «précis/précise»   → **précisément**
Ebenso: conformément (entsprechend), énormément (viel), forcément (gezwungenermaßen), profondément (tief) . . .

▶ «prudent/prudente»   → **prudemment [-amã]**
Ebenso: apparemment (offensichtlich), constamment (beständig), élégamment (elegant), évidemment (offensichtlich), récemment (kürzlich), suffisamment (genügend) . . .

▶ «vrai/vraie»   → **vraiment** (von der männlichen Form
                                                                 abgeleitet)
Ebenso: abolument (absolut), hardiment (mutig), poliment (höflich) . . .

▶ «bref/brève»   → **brièvement**
▶ «gentil/gentille»   → **gentiment**
Beachte: Unterscheide «gravement»/«grièvement». «Grièvement» wird nur mit dem Verb «blesser» gebraucht.

Beispiel: être **grièvement** blessé   ↔   être **gravement** malade
                (schwer verletzt sein)   (schwer krank sein)

Particularités: «bien», «mal» et «vite»
Besonderheiten: «bien», «mal» und «vite»

▶ Zu einigen Adjektiven gehören spezielle Adverbien, die nicht von ihrer weiblichen Form abgeleitet sind:

Adjektiv:		Adverb:
bon, bonne	→	**bien**
mauvais, mauvaise	→	**mal**
rapide	→	**vite** (aber auch: rapidement)

▶ Gelegentlich kommt es aber umgekehrt vor, dass die Adverbien «bien», «mal» und «mieux» als *Adjektive verwendet* werden.

Beispiel: Ce roman n'est pas **mal.** (= mauvais)
(Dieser Roman ist nicht schlecht.)

▶ Einige kurze Adjektive können als Adverbien gebraucht werden, ohne dass sie die Endung «-ment» bekommen.

Beispiel: Ces fleurs sentent **bon.**   Ces roses ont coûté **cher.**
(Diese Blumen riechen gut.)   (Diese Rosen waren teuer.)

L'adverbe «tout»

Das adverbiale «tout»

▶ «Tout» kann nicht nur als Adjektiv gebraucht werden (siehe Seite 81 ff.), sondern auch als **Adverb.** Dann bestimmt es ein Adjektiv oder ein anderes Adverb näher:

a) «Tout» bestimmt ein *Adjektiv:*

Beispiel: Mon père est **tout** content.
(Mein Vater ist ganz zufrieden.)

b) «Tout» bestimmt ein anderes **Adverb:**

Beispiel: **Tout** près d'ici.
(Ganz nahe von hier.)

▶ a) Das adverbiale «tout» ist *unveränderlich* vor allen *männlichen Adjektiven* im *Plural.*

Beispiel: Regarde ces chatons qui sont **tout** petits.
(Sieh diese Kätzchen, die ganz klein sind.)

b) Das adverbiale «tout» wird aber *vor* allen *weiblichen Adjektiven verändert:*

Beispiel: La chatte est **toute** petite.
(Die Katze ist ganz klein.)
Brigitte est **toute** heureuse.
(Brigitte ist ganz glücklich.)
Brigitte et Sandrine sont **toutes** heureuses.
(Brigitte und Sandrine sind ganz glücklich.)

Pièges

Stolpersteine

1. Unterscheidung von Adjektiv und Adverb

Für Deutschsprechende sind die Adverbien, die von Adjektiven abgeleitet sind, böse Fehlerquellen. Um sie zu vermeiden muss man sich Folgendes vergegenwärtigen: Im Französischen unterscheidet sich das Adverb vom Adjektiv durch die Endung «-ment».

Im Englischen unterscheidet sich das Adverb vom Adjektiv durch die Endung "-ly".

nice → nice*ly*

easy → easi*ly*

simple → simp*ly*

Im Deutschen kann jedoch jedes Adjektiv als Adverb verwendet werden, ohne dass das durch eine charakteristische Endung angezeigt wird. Wir Deutsch Sprechenden haben daher kein Gefühl dafür, ob Wörter wie „nett", „leicht", „einfach" in einem bestimmten Satz als Adjektive oder als Adverbien gebraucht werden und ob man sie daher mit

gentil		gentil**ment**
facile	oder mit	facile**ment**
simple		simple**ment**

übersetzen muss.

Fehler vermeidet man, wenn man sich klar macht, dass das Adjektiv ein Nomen oder ein Pronomen näher bestimmt – das Adverb jedoch ein Verb, ein Adjektiv oder ein anderes Adverb.

Beispiel: Das Auto ist schnell („schnell" bezieht sich auf „Auto"):

La voiture est **rapide.**

Das Auto fährt schnell („schnell" bezieht sich auf „fährt"):

La voiture roule **vite.**

2. Unterscheidung von «très» und «beaucoup»

Beide Adverbien können im Deutschen mit „sehr" übersetzt werden.

▶ **«Très»**

a) «Très» steht vor dem Adjektiv.

b) «Très» steht vor dem Adverb (außer vor «mieux», «moins», «plus» und «trop»).

c) «Très» darf nicht vor «beaucoup» gebraucht werden.

Beispiel: C'est **très** intéressant.   Je comprends **très** bien.

(Das ist sehr interessant.)   (Ich verstehe sehr gut.)

▶ **«Beaucoup»**

a) «Beaucoup» steht hinter dem Verb.

b) «Beaucoup» steht vor den Adverbien «mieux», «moins», «plus» und «trop».

Beispiel: Alain travaille **beaucoup.** Ça va **beaucoup** mieux.
(Alain arbeitet viel.) (Es geht viel besser.)

Exercices
Übungen

I. *Quel est l'adverbe?*
Wie lautet das Adverb?
seul, seule / ...
vrai, vraie / ...
précis, précise / ...
énorme / ...
clair, claire / ...
poli, polie / ...
profond, profonde / ...
facile / ...
rapide / ...
bon, bonne / ...
mauvais, mauvaise / ...

II. *Complétez les phrases.*
Vervollständigen Sie die Sätze.

1. **gentil, gentille/gentiment**
Alain est ...
Il parle ... avec Brigitte, qui le trouve ...

2. **facile/facilement**
J'ai compris ... la règle,
quoiqu'elle ne soit pas ...
J'ai trouvé ... des exemples.

3. **vrai, vraie/vraiment**
C'est une histoire ...
Vous le croyez ...?

4. **poli, polie/poliment**
M. Dubois est un homme ...
Il parle ... à son patron.
Quand celui-ci lui pose une question, il lui donne une réponse ...

113

5. clair, claire/clairement

Cette phrase n'est pas . . .

Exprime-toi plus . . .

Dis . . . ce que tu veux exprimer.

III. Quels sont les l'adverbes?

Wie lauten die Adverbien?

Le dimanche était naturellement le plus beau jour de la semaine. Le matin, le gouverneur marchait majestueusement dans toute l'île, inspectant ses champs, ses rizières[1] et ses vergers[2].

---

1 Reisfelder   2 Obstgärten   *(Michel Tournier: Vendredi ou la vie sauvage)*

– Bonjour, dit le renard.

– Bonjour, répondit poliment le petit prince. Qui es-tu? Tu es bien joli.

– Je suis un renard, dit le renard.

– Viens jouer avec moi, lui proposa le petit prince. Je suis tellement triste.

– Les grandes personnes sont décidément tout à fait extraordinaires, se disait-il simplement en lui-même durant le voyage.

(Saint-Exupéry: Le Petit Prince)

Les degrés de l'adverbe

Die Steigerung des Adverbs

Viele Adverbien kann man – wie die Adjektive – steigern.
Die **regelmäßige Steigerung** erfolgt mit «**plus/moins**» und «**le plus/le moins**».

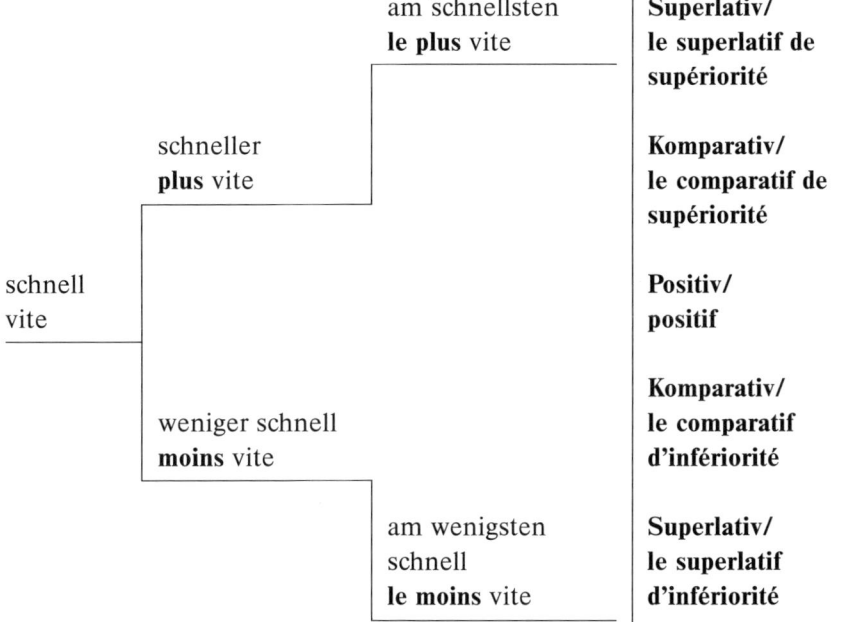

	am schnellsten **le plus** vite	**Superlativ/ le superlatif de supériorité**
schneller **plus** vite		**Komparativ/ le comparatif de supériorité**
schnell vite		**Positiv/ positif**
weniger schnell **moins** vite		**Komparativ/ le comparatif d'infériorité**
	am wenigsten schnell **le moins** vite	**Superlativ/ le superlatif d'infériorité**

Beispiel: Alain court **plus** vite que   Alain court **le plus** vite possible.
Charles.   (Alain läuft so schnell wie möglich.)
(Alain läuft schneller
als Charles.)

Exceptions: «beaucoup», «peu» et «bien»
Ausnahmen: «beaucoup», «peu» und «bien»

Drei Adverbien werden **unregelmäßig gesteigert,** und zwar **«beaucoup», «peu»** und **«bien»:**

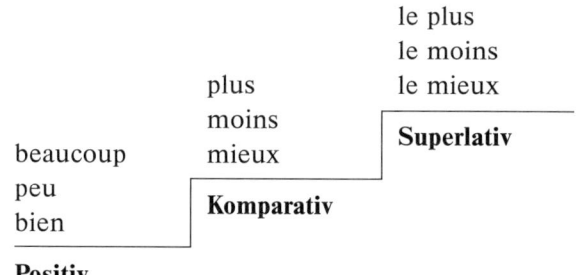

Beispiel: Alain travaille **beaucoup.**   Sandrine travaille **le plus.**
(Alain arbeitet viel.)   (Sandrine arbeitet am meisten.)
Brigitte travaille **plus.**
(Brigitte arbeitet mehr.)

Beachte: Von dem Adverb **«mal»** gibt es die unregelmäßige Steigerungsform **«pis».** Sie wird jedoch nur in der Redewendung gebraucht:
        Tant **pis!** (Schade!)

Le verbe

Das Verb / das Tätigkeitswort

Knapp ein Viertel aller französischen Wörter sind Verben. Sie drücken – wie die deutsche Bezeichnung **Tätigkeitswort** besagt – eine bestimmte Tätigkeit aus. In jedem vollständigen Satz gibt es zumindest ein Verb.

Die Verben werden eingeteilt in:
- ▶ **Vollverben** und **Hilfsverben/auxiliaires.**

  a) die am häufigsten gebrauchten **Vollverben** sind:
  faire (machen), *dire* (sagen), *aller* (gehen), *voir* (sehen), *savoir* (wissen), *vouloir* (wollen), *venir* (kommen).
  Zu den Vollverben gehören auch die **unpersönlichen Verben.** Sie können im Deutschen nur mit „es" und im Französischen nur mit «il» gebildet werden:
  Beispiel: il faut (es ist notwendig), il y a (es gibt), il pleut (es regnet).
  b) **Hilfsverben.** Sie „helfen" dabei, die zusammengesetzten Zeiten – siehe Seite 118 – zu bilden. Es sind: *être* (sein), *avoir* (haben).

  Aller und *venir* können auch die Funktion eines Hilfsverbs erfüllen.
- ▶ **transitive** und **intransitive Verben.**
  a) transitive Verben haben immer ein oder zwei Objektergänzungen:
  Beispiel: Je connais cette fille. J'adresse cette lettre à mon ami.
  (Ich kenne dieses (Ich schicke diesen Brief an
  Mädchen.) meinen Freund.)
  (Zu den Verbanschlüssen siehe Seite 124 ff.)
  b) intransitive Verben stehen ohne Objektergänzung.
  Beispiel: Mon ami est venu. J'ai dormi.
  (Mein Freund ist (Ich habe geschlafen.)
  gekommen.)

Die Verbformen werden eingeteilt in:

- ▶ **infinite Verbformen** (auch nichtkonjugierte Formen/**formes non conjuguées**). Dazu gehören: Infinitiv, Partizip Präsens, Partizip Perfekt und der Gérondif.
  Beispiel: faire, faisant, fait, en faisant.

▶ **finite Verbformen** (auch „Personalformen" oder konjugierte Formen/**formes conjuguées).**

Dazu gehören alle Verbformen im Singular und im Plural.

	Singular	Plural
1. Person	je fais	nous faisons
2. Person	tu fais	vous faites
3. Person	il/elle fait	ils/elles font

Die finiten Verbformen werden eingeteilt in:

▶ **„einfache" Zeiten/temps simples**

Diese Verbformen bestehen aus *einem* Wort, gebildet aus Stamm und Endung.

Beispiel:	je parl-**e**	Präsens
	je parl-**ais**	Präteritum
	je parl-**ai**	Passé simple
	je parl-**erai**	Futur I
	je parl-**erais**	Konditional
	que je parl-**e**	Konjunktiv Präsens
	que je parl-**asse**	Konjunktiv Imperfekt

▶ **zusammengesetzte Zeiten/temps composés**

Die meisten werden aus einer Form des *Hilfsverbs* «avoir» oder «être» und dem *Partizip Perfekt* zusammengesetzt.

Beispiel:	J'ai **parlé**	je **suis venu**	Perfekt
	j'**avais parlé**	j'**étais venu**	Plusquamperfekt
	j'**eus parlé**	je **fus venu**	Passé antérieur
	j'**aurai parlé**	je **serai venu**	Futur II
	que j'**aie parlé**	que je **sois venu**	Konjunktiv Perfekt
	que j'**aurais parlé**	que je **serais venu**	Konditional Perfekt

Beachte: Zwei *zusammengesetzte Zeiten* bestehen aus einer Form von *«aller»* oder *«venir de»* und dem *Infinitiv:*

a) die unmittelbare Zukunft.

Beispiel: je **vais sortir**
(ich werde gleich hinausgehen)

b) die unmittelbare Vergangenheit.

Beispiel: je **viens de manger**
(ich habe soeben gegessen)

Les auxiliaires

Die Hilfsverben

Die Hilfsverben «avoir» und «être« helfen – wie die Bezeichnung sagt – dabei, die zusammengesetzten Zeiten zu bilden. (Zu den zusammengesetzten Zeiten siehe Seite 118.)

«Avoir»

„Haben"

▶ Fast alle französischen Verben bilden die *zusammengesetzten* Zeiten mit «avoir».

Beispiel:	J'**ai reçu** une lettre.	Perfekt von «recevoir»
	(Ich habe einen Brief bekommen.)	
	Mon amie m' **a écrit**	Perfekt von «écrire»
	(Meine Freundin hat mir geschrieben.)	
	qu'elle **avait fait** un voyage.	Plusquamperfekt von
	(dass sie eine Reise gemacht hatte.)	«faire»

▶ Auch «avoir» und «être» werden mit «avoir» konjugiert.

Beispiel:	Je n'**ai** pas **eu** le temps.	Il **a été** seul.
	(Ich habe keine Zeit gehabt.)	(Er ist allein gewesen.)

«Être»

„Sein"

Mit «être» bilden die zusammengesetzten Zeiten

▶ folgende 14 Verben, wenn sie *kein direktes Objekt* bei sich haben:
aller (gehen), *arriver* (ankommen), *demeurer* (bleiben), *descendre* (herunterkommen), *entrer* (hereinkommen), *monter* (hinaufsteigen), *mourir* (sterben), *naître* (geboren werden), *partir* (losgehen), *rester* (bleiben), *retourner* (zurückkehren), *sortir* (hinausgehen), *tomber* (fallen), *venir* (kommen).

Beispiel:	Elle **est** montée.	Son amie Sandrine **est** restée.
	(Sie ist hinaufgegangen.)	(Ihre Freundin Sandrine ist geblieben.)

Schließt sich ein *direktes Objekt* an, bildet man die *zusammengesetzten Zeiten* dieser Verben mit «avoir»:

Beispiel: Elle **a** monté **la caisse** au grenier.
(Sie hat die Kiste auf den Dachboden getragen.)

► alle *reflexiven* (rückbezüglichen) *Verben* (siehe Seite 123.)

Beispiel: Je me **suis** trompé.　　　Sandrine s'**est** dépêchée.
(Ich habe mich getäuscht.)　(Sandrine hat sich beeilt.)

► Mit «être« bilden alle Verben ihre *Passivformen* (wie im Deutschen!):

Beispiel: Je **suis** blessé.　　　La voiture **est** volée.
(Ich bin verletzt.)　　(Das Auto ist gestohlen worden.)

(Zum Passiv siehe Seite 181)

Besonder-heiten

«Être» et ses particularités
„Être" und seine Besonderheiten

► «Venir» bildet die zusammengesetzten Zeiten mit «être», ebenso alle davon abgeleiteten Verben, mit Ausnahme von: *convenir* (passen), *prévenir* (infor-mieren), *subvenir* (unterstützen).

Beispiel: Elle **est** revenue. 　**ABER:**　Elle **a** convenu que . . .
(Sie ist zurückgekommen.)　(Sie hat zugegeben, dass . . .)

► Mit «avoir» oder «être» können *«accourir»* (herbeilaufen) und *«apparaître»* (erscheinen) gebildet werden.

Beispiel: Elle **est/a accouru(e).**　　　Elle **est/a apparu(e).**
(Sie ist herbeigelaufen)　　(Sie ist erschienen).

Pièges

Stolpersteine

Im Zusammenhang mit den Hilfsverben gibt es einige sehr häufige Fehler-quellen, auf die hier besonders hingewiesen werden soll:

1. Die reflexiven Verben werden – wie auf Seite 123 dargestellt – im Französi-schen immer mit «être» gebildet, im Deutschen immer mit „haben".

Beispiel: Je me **suis** trompé.　　　(Ich *habe* mich getäuscht.)

2. Das Verb «être» selbst bildet die zusammengesetzten Zeiten mit «avoir» – im Gegensatz zum Deutschen („sein"bildet die zusammengesetzten Zeiten mit „sein").

Beispiel: j'**ai** été　　　(ich *bin* gewesen)

3. Viele deutsche Verben bilden ihre zusammengesetzten Zeiten mit „sein" – die entsprechenden französischen Verben ihre Zeiten jedoch mit «avoir».

Das Verb
Die Hilfsverben

Beispiel:

er *ist* vorangekommen	il **a** avancé	(avancer)
er *ist* gelaufen	il **a** couru	(courir)
er *ist* geflüchtet	il **a** fui	(fuir)
er *ist* geklettert	il **a** grimpé	(grimper)
er *ist* marschiert	il **a** marché	(marcher)
er *ist* geschwommen	il **a** nagé	(nager)
er *ist* blass geworden	il **a** pâli	(pâlir)
er *ist* gerollt	il **a** roulé	(rouler)
er *ist* gefolgt	il **a** suivi	(suivre)
er *ist* geflogen	il **a** volé	(voler)

Schéma de toutes les formes d'«avoir» et d'«être»
Übersicht über alle Formen von «avoir» und «être»

	avoir		être	
Der Infinitiv/ **l'infinitif**	avoir		être	
Das Partizip Präsens/ **le participe présent**	ayant		étant	
Das Partizip Perfekt/ **le participe passé**	eu		été	
Der Gérondif/ **le gérondif**	en ayant		en étant	
Das Präsens/ **le présent**	j' tu il nous vous ils	ai as a avons avez ont	je tu il nous vous ils	suis es est sommes êtes sont
Das Imperfekt/ **l'imparfait**	j' tu il nous vous ils	avais avais avait avions aviez avaient	j' tu il nous vous ils	étais étais était étions étiez étaient
Das Passé simple/ **le passé simple**	j' tu il nous vous ils	eus eus eut eûmes eûtes eurent	je tu il nous vous ils	fus fus fut fûmes fûtes furent
Das Futur I/ **le futur simple**	j' tu il nous vous ils	aurai aurais aura aurons aurez auront	je tu il nous vous ils	serai seras sera serons serez seront

Formen von avoir und être

Das Futur II/ le futur antérieur	J'	aurai	eu	j'	aurai	été
	tu	auras	eu	tu	auras	été
	il	aura	eu	il	aura	été
	nous	aurons	eu	nous	aurons	éfe
	vous	aurez	eu	vous	aurez	été
	ils	auront	eu	ils	auront	été
Das Perfekt/ le passé composé	j'	ai	eu	j'	ai	été
	tu	as	eu	tu	as	été
	il	a	eu	il	a	été
	vous	avez	eu	vous	avez	été
	ils	ont	eu	ils	ont	été
Das Plusquamperfekt/ le plus-que-parfait	j'	avais	eu	j'	avais	été
	tu	avais	eu	tu	avais	été
	il	avait	eu	il	avait	été
	nous	avions	eu	nous	avions	été
	vous	aviez	eu	vous	aviez	été
	ils	avaient	eu	ils	avaient	été
Das Passé antérieur/ le passé antérieur	j'	eus	eu	j'	eus	été
	tu	eus	eu	tu	eus	été
	il	eut	eu	il	eut	été
	nous	eûmes	eu	nous	eûmes	été
	vous	eûtes	eu	vous	eûtes	été
	ils	eurent	eu	ils	eurent	été
Das Konditional I/ le conditionnel	j'	aurais		je	serais	
	tu	aurais		tu	serais	
	il	aurait		il	serait	
	nous	aurions		nous	serions	
	vous	auriez		vous	seriez	
	ils	auraient		ils	seraient	
Das Konditional II/ le conditionnel passé	j'	aurais	eu	j'	aurais	été
	tu	aurais	eu	tu	aurais	été
	il	aurait	eu	il	aurait	été
	nous	aurions	eu	nous	aurions	été
	vous	auriez	eu	vous	auriez	été
	ils	auraient	eu	ils	auraient	été
Der Konjunktiv Präsens/ le subjonctif présent	que j'	aie		que je	sois	
	que tu	aies		que tu	sois	
	qu'il	ait		qu'il	soit	
	que nous	ayons		que nous	soyons	
	que vous	ayez		que vous	soyez	
	qu'ils	aient		qu'ils	soient	
Der Konjunktiv Imperfekt/ le subjonctif imparfait	que j'	eusse		que je	fusse	
	que tu	eusses		que tu	fusses	
	qu'il	eût		qu'il	fût	
	que nous	eussions		que nons	fussions	
	que vous	eussiez		que vous	fussiez	
	qu'ils	eussent		qu'ils	fussent	
Der Imperativ/ l'impératif		aie		sois		
		ayons		soyons		
		ayez		soyez		

Les verbes pronominaux
Die reflexiven Verben

Die reflexiven (oder rückbezüglichen) Verben bilden den Infinitiv mit „sich" («se»): sich täuschen (se tromper), sich beeilen (se dépêcher), sich verletzen (se blesser) ... Sie haben in allen Formen das entsprechende Objektpronomen «me», «te», «se», «nous», «vous», «se» (siehe Seite 57 ff.) bei sich, das sich immer auf das Subjekt bezieht und daher Reflexivpronomen (siehe dazu Seite 62 ff.) genannt wird.

Beispiel: Nous **nous** dépêchons.   Mireille **s'**est mariée avec Pierre.
(Wir beeilen uns.)   (Mireille hat Pierre geheiratet.)

Es gibt reflexive Verben im Französischen, denen im Deutschen kein reflexives Verb entspricht, und umgekehrt.

Beispiel: s'appeler (heißen)
se baigner (baden)
s'en aller (weggehen)
s'endormir (einschlafen)
se lever (aufstehen)
se noyer (ertrinken)
se promener (spazieren gehen)
se réveiller (aufwachen)...

avoir honte (*sich* schämen)
bouger (*sich* bewegen)
divorcer (*sich* scheiden lassen)
séjourner (*sich* aufhalten)...

Ihre **zusammengesetzten Zeichen** bilden die reflexiven Verben alle mit «être». Das Reflexivpronomen steht immer vor dem finiten Verb, auch im Fragesatz (zum Fragesatz siehe Seite 211 ff.):

Beispiel: Je **me suis** lavé.   Elle **s'était lavée.**
(Ich habe mich gewaschen.)   (Sie hatte sich gewaschen.)

(Zur Veränderlichkeit des Partizips Perfekt der reflexiven Verben siehe Seite 136 f.)
(Zur Bildung des Imperativs der reflexiven Verben siehe Seite 184.)

Verbes avec complément d'objet

Verben mit Objektergänzung

Verb +
Objekt

Im Französischen kann das Objekt mit dem Verb auf verschiedene Weise verbunden werden:

▶ ohne Präposition (direktes Objekt)

▶ mit der Präposition «à»

▶ mit der Präposition «de»

▶ mit einer anderen Präposition
(Zu den Präpositionen siehe Seite 192 ff.)

Für den *Gebrauch der Präpositionen* zwischen Verb und Objekt gibt es *keine allgemeinen Regeln.* Genau wie man jeweils zum Nomen seinen Artikel lernen muss, muss man die Präposition zum Verb lernen. Wenn bei Klassenarbeiten und Klausuren ein Wörterbuch benutzt werden darf, sollten in allen Zweifelsfällen die Präpositionen im Wörterbuch nachgeschlagen werden. Dort findet man

▶ *Anwendungsbeispiele,* aus denen man den Gebrauch der Präposition erkennen kann.
Beispiel: L'élèvre répond **à la question** du professeur.
(Der Schüler antwortet auf die Frage des Professors.)

▶ oder direkte *Angaben* zur *Struktur.*
Beispiel: répondre **à qn**
(jemandem antworten)
Aus beiden Hinweisen ist zu ersehen, dass «répondre» die Präposition «à» verlangt, wenn ein Objekt angefügt werden soll.

Die folgende Liste von Verben basiert auf umfangreichen Fehlerstatistiken. Sie enthält Verben, bei denen *sehr häufig* Präpositionsfehler gemacht werden.

Verben mit Objektergänzung		
aider △ qn	–	jemande*m* helfen
aider △ son ami	–	seine*m* Freund helfen
avoir besoin **de** qc	–	△ etwas brauchen
avoir besoin **du** dictionnaire	–	△ das Wörterbuch brauchen
demander **à** qn	–	jemande*n* fragen
demander **au** professeur	–	de*n* Lehrer fragen
demander qc **à** qn	–	jemande*n* nach etwas fragen
demander le chemin **à** un passant	–	eine*n* Passanten nach dem Weg fragen
discuter **de** qc	–	*über* etwas diskutieren
discuter **de** la politique	–	*über* Politik diskutieren

Verben mit Objektergänzung (Fortsetzung)

être étonné **de** qc	–	*über* etwas erstaunt sein
être étonné **de** cette proposition	–	*über* diesen Vorschlag erstaunt sein
s'informer **de** qc	–	sich *über* etwas informieren
s'informer **du** prix	–	sich *über* den Preis informieren
s'intéresser **à** qc	–	sich *für* etwas interessieren
s'intéresser **au** sport	–	sich *für* Sport interessieren
jouer **avec** qc	–	mit etwas spielen
jouer avec le train électrique	–	mit der elektrischen Eisenbahn spielen
jouer **à** qc	–	△ etwas spielen
jouer **aux** cartes	–	△ Karten spielen
jouer **au** tennis	–	△ Tennis spielen
jouer **d'**un instrument	–	△ ein Instrument spielen
jour **du** piano	–	△ Klavier spielen
manquer **de** qc	–	△ etwas nicht haben
manquer **de** courage	–	△ keinen Mut haben
se marier **avec** qn	–	△ jemanden heiraten
se marier **avec** Pierre	–	△ Peter heiraten
mentir **à** qn	–	△ jemanden belügen
mentir **au** collègue	–	△ den Kollegen belügen
se moquer **de** qn	–	sich *über* jemanden lustig machen
se moquer **de** Brigitte	–	sich *über* Brigitte lustig machen
s'occuper **de** qc	–	sich *mit* etwas beschäftigen
s'occuper **du** ménage	–	sich *mit* dem Haushalt beschäftigen
parler **de** qc	–	*über* etwas sprechen
parler **du** film	–	*über* den Film sprechen
se plaindre **de** qc	–	sich *über* etwas beklagen
se plaindre **de** la mauvaise qualité	–	sich *über* die schlechte Qualität beklagen
raconter △ qc	–	*von* etwas erzählen
raconter △ le voyage	–	*von* der Reise erzählen
rire **de** qc	–	*über* etwas lachen
rire **de** la naïvité	–	*über* die Naivität lachen
se souvenir **de** qc	–	sich *an* etwas erinnern
ABER: se rappeler △ qc		
se souvenir **du** voyage	–	sich *an* die Reise erinnern
se rappeler △ le voyage		
téléphoner **à** qn	–	*mit* jemandem telefonieren
téléphoner **à** Sylvie	–	*mit* Sylvia telefonieren

qc = quelque chose (etwas), qn = quelqu'un (jemand).
△ = keine Präposition.

Pièges

Stolpersteine

Beim **Gebrauch der Präpositionen** gibt es viele Stolpersteine. Auf einige sei besonders hingewiesen.

Man sagt:	**Aber man sagt:**
Parler à un ami.	**Causer avec** un ami.
(Mit einem Freund sprechen.)	(Mit einem Freund schwatzen.)
Aller à la boucherie.	**Aller chez** le boucher.
(Zur Fleischerei gehen.)	(Zum Fleischer gehen.)
Aller à la campagne.	**Partir pour** la campagne.
(Auf das Land fahren.)	(Zu einer Fahrt aufs Land aufbrechen.)
Aller en voiture.	**Aller à** bicyclette.
(Mit dem Auto fahren.)	(Mit dem Fahrrad fahren.)
S'asseoir sur une chaise.	**S'asseoir dans** un fauteuil.
(Sich auf den Stuhl setzen.)	(Sich in einen Sessel setzen.)

Exercices

Übungen

Übungen

I. *Traduisez.*
   Übersetzen Sie:

Complétez/
Ergänzen Sie:

1. Ich helfe meinem Freund. — aider ...
2. Ich brauche die Erlaubnis[1]. — avoir besoin ...
3. Ich frage Herrn Dubois. — demander ...
4. Wir diskutieren über die Umweltverschmutzung[2]. — discuter ...
5. Ich war über ihren Erfolg überrascht. — être étonné ...
6. Ich informiere mich über den Weg[3]. — s'informer ...
7. Wir spielen Karten. — jouer ...
8. Mir fehlt die Zeit. — manquer ...
9. Sie hat sich mit Xavier verheiratet. — se marier ...
10. Ich habe meinen Freund nicht belogen. — mentir ...
11. Er hat sich über mich lustig gemacht. — se moquer ...
12. Ich beschäftige mich mit dem Garten. — s'occuper ...
13. Wir sprechen über die Ferien. — parler ...
14. Ich beklage mich über die Ungerechtigkeit[4]. — se plaindre ...
15. Ich erzähle dir von dem Unfall. — raconter ...
16. Ich muss über den Spaß[5] lachen. — rire ...
17. Ich erinnere mich an meine erste Reise nach Paris. — se souvenir ...
18. Ich telefoniere mit Sandrine. — téléphoner ...

---

1 la permission   2 la pollution   3 le chemin   4 l'injustice   5 la plaisanterie

II. *Complétez les textes.*

Vervollständigen Sie die Texte.

Deux débits de boissons restaient éclairés, face à face, chacun à un coin de rue. Dans l'un, cinq hommes jouaient ... cartes, lentement, sans parler.

– Vous vous souvenez ... ce qui s'est passé?

Et, comme il ne répondait pas, le commissaire prit le docteur à part.

– Croyez-vous qu'il me comprenne?

(Simenon: Le Commissaire Maigret – L'écluse No 1)

J'avais eu peur, je n'étais qu'un lâche[1]. J'avais menti ... mes parents, j'avais menti ... mon ami, je m'étais menti ... moi-même.

_____

1 Feigling

(Pagnol: Le château de ma mère)

Verbes avec complément d'infinitif

Verben mit Infinitivergänzung

Im Deutschen erfolgt der Anschluss eines Infinitivs an ein Verb entweder direkt oder mit der Konjunktion „zu". Im Französischen gibt es drei Möglichkeiten einen Infinitiv an ein Verb anzuschließen:

▶ ohne Präposition

Beispiel: Il croit △ comprendre la phrase.

(Er glaubt den Satz *zu* verstehen.)

▶ mit der Präposition «à»

Beispiel: Il apprend **à** lire. (Er lernt △ lesen.)

▶ mit der Präposition «de»

Beispiel: Il finit **de** lire (Er hört auf *zu* lesen.)

Dieser Unterschied zwischen der deutschen und der französischen Bildungsweise stellt eine wesentliche Fehlerquelle dar. Es empfiehlt sich daher – wie bei den Verben mit Objektergänzung (siehe Seite 124 ff.) – die Präposition immer gleich mit dem jeweiligen Verb zu lernen. In Zweifelsfällen gibt hier das Wörterbuch Auskunft.

Auch die folgende Liste basiert auf Fehlerstatistiken. Sie enthält 29 Verben, bei denen besonders häufig Präpositionsfehler vorkommen.

Verben mit Infinitivergänzung	
apprendre **à** faire qc	– lernen etwas zu tun
apprendre **à** lire	– lesen lernen
s'arrêter **de** faire qc	– aufhören etwas zu tun
s'arrêter **de** se plaindre	– aufhören sich zu beklagen
chercher **à** faire qc	– versuchen etwas zu tun
chercher **à** comprendre le texte	– versuchen den Text zu verstehen
continuer **à** faire qc	– fortfahren etwas zu tun
continuer **à** travailler	– weiterarbeiten
croire △ faire qc	– glauben etwas zu tun
croire △ comprendre le mot	– glauben das Wort zu verstehen
décider **de** faire qc	– beschließen etwas zu tun
décider **de** partir	– beschließen aufzubrechen
ABER:	
être décidé **à** faire qc	– entschlossen sein etwas zu tun
se décider **à** faire qc	– sich entschließen etwas zu tun
demander à qn **de** faire qc	– jemanden bitten etwas zu tun
demander au collègue **de** prêter	– den Kollegen bitten das Auto
la voiture	zu verleihen
désirer △ faire qc	– wünschen etwas zu tun
désirer △ voyager en France	– wünschen in Frankreich zu reisen
devoir △ faire qc	– etwas tun müssen
devoir △ se dépêcher	– sich beeilen müssen
empêcher qn **de** faire qc	– jemanden hindern etwas zu tun
empêcher **de** faire une sottise	– hindern eine Dummheit zu machen
espérer △ faire qc	– hoffen etwas zu tun
espérer △ rencontrer un ami	– hoffen einen Freund zu treffen
être prêt **à** faire qc	– bereit sein etwas zu tun
être prêt **à** commencer	– bereit sein anzufangen
il faut △ faire qc	– es ist notwendig etwas zu tun
il faut △ être prudent	– es ist notwendig vorsichtig zu sein
finir **de** faire qc	– aufhören etwas zu tun
finir **de** jouer	– zu spielen aufhören
finir **par** faire qc	– schließlich etwas tun
finir **par** comprendre	– schließlich verstehen
hésiter **à** faire qc	– zögern etwas zu tun
hésiter **à** dire oui	– zögern ja zu sagen
inviter qn **à** faire qc	– jemanden einladen etwas zu tun
inviter Sylvie **à** danser	– Sylvia zum Tanzen einladen
obliger qn **à** faire qc	– jemanden drängen etwas zu tun
obliger Sylvie **à** accepter l'invitation	– Sylvia drängen die Einladung anzunehmen
ordonner à qn **de** faire qc	– jemandem befehlen etwas zu tun
ordonner à Pierre **de** se taire	– Peter befehlen still zu sein
oublier **de** faire qc	– vergessen etwas zu tun
oublier **de** fermer la porte	– vergessen die Tür zu schließen

Verben mit Infinitivergänzung (Fortsetzung)	
penser △ faire qc	– daran denken etwas zu tun
penser △ faire un voyage	– daran denken eine Reise zu machen
préférer △ faire qc	– vorziehen etwas zu tun
que **de** faire qc	statt etwas (anderes) zu tun
préférer △ boire un café	– (es) vorziehen Kaffee zu trinken
que **de** boire un thé	statt Tee zu trinken
permettre à qn **de** faire qc	– jemandem erlauben etwas zu tun
permettre à sa fille **d'**aller danser	– seiner Tochter erlauben tanzen zu gehen
refuser **de** faire qc	– ablehnen etwas zu tun
refuser **d'**attendre encore	– (es) ablehnen noch länger zu warten
réussir **à** faire qc	– es schaffen etwas zu tun
réussir **à** passer le permis de conduire	– es schaffen den Führerschein zu machen
savoir △ faire qc	– etwas tun können
savoir △ conduire	– Auto fahren können
sembler △ faire qc	– etwas zu tun scheinen
sembler △ comprendre le texte	– den Text zu verstehen scheinen
il suffit **de** faire qc	– es reicht etwas zu tun
il suffit **d'**attendre	– es reicht zu warten
il vaut mieux △ faire qc	– es ist besser etwas zu tun
il vaut mieux △ être prudent	– es ist besser vorsichtig zu sein
venir △ faire qc	– kommen um etwas zu machen
venir △ acheter du pain	– kommen um Brot zu kaufen
venir **de** faire qc	– gerade etwas gemacht haben
venir **de** voir Alain	– gerade Alain gesehen haben

Exercices
Übungen

I. Traduisez.   *Complétez/*
Übersetzen Sie.   ***Ergänzen Sie:***

1. Sie hat gelernt, Französisch zu sprechen.   apprendre ...
2. Hör auf zu reden.   s'arrêter ...
3. Ich versuche den Text zu verstehen.   chercher ...
4. Ich glaube eine Lösung[1] gefunden zu haben.   croire ...
5. Ich habe beschlossen einen Versuch[2] zu machen.   décider ...
6. Wir müssen uns beeilen.   devoir ...
7. Ich hoffe pünktlich[3] zu kommen.   espérer ...
8. Ich bin bereit dich zu begleiten[4].   être prêt ...
9. Hör auf dich zu beklagen.   finir ...
10. Sie zögern die ganze Wahrheit zu sagen.   hésiter ...

1 la solution 2 l'essai 3 à l'heure 4 accompagner

11. Ich habe sie zum Tanzen eingeladen.   inviter ...
12. Ich habe vergessen zum Bäcker zu gehen.   oublier ...
13. Ich glaube die Arbeit allein machen zu können.   penser ...
14. Ich gehe lieber ins Theater als ins Kino.   préférer ...
15. Erlauben Sie mir Ihnen meinen Freund vorzustellen.   permettre ...
16. Er lehnt es ab zu bezahlen,   refuser ...
17. Es gelang ihm das Examen zu bestehen.[5].   réussir ...

---

5 passer

Übung im Kontext

II. *Complétez le texte.*

Vervollständigen Sie den Text.

Il décida alors ... écrire chaque jour dans le livre le plus gros des faits principaux qui lui seraient arrivés. Sur la première page du livre, il dressa la carte géographique de l'île et il inscrivit au-dessous le nom qu'il venait de lui donner: Speranza, ce qui veut dire l'espérance[1], car il était décidé ... ne plus jamais se laisser aller au désespoir[2].

---

1 Hoffnung 2 Hoffnungslosigkeit   *(Michel Tournier: Vendredi ou la vie sauvage)*

L'infinitif

Der Infinitiv / die Grundform

Der Infinitiv ist die Form, in der ein Verb im Wörterbuch steht. Im Deutschen enden die Infinitive meist auf „-en".

Beispiel: geh*en*, komm*en*, sprech*en*, find*en*, geb*en* ...

Im Französischen gibt es vier verschiedene Infinitivendungen:

▶ Die erste Gruppe der Verben hat im Infinitiv die Endung «-er».

     Beispiel: arriv**er**, pass**er**, parl**er**, trouv**er**, donn**er**, demand**er** ...

               (kommen, vorbeigehen, sprechen, finden, geben, fragen ...)

Zu dieser Gruppe gehören etwa 80 Prozent aller französischen Verben. Die meisten Verben auf «-er» sind *regelmäßig*. Es gibt nur wenige unregelmäßige Verben.

▶ Die zweite Gruppe der Verben hat im Infinitiv die Endung «-ir».

     Beispiel: ven**ir**, part**ir**, ten**ir**, sort**ir** ...

               (kommen, fortgehen, halten, hinausgehen ...)

Zu dieser Gruppe gehören *viele unregelmäßige Verben.*

Infinitiv

Endungen

▶ Die dritte Gruppe der Verben hat im Infinitiv die Endung «**-re**».

Beispiel: prend**re**, mett**re**, comprend**re** . . .
(nehmen, setzen, verstehen . . .)

Die meisten Verben dieser Gruppe sind *unregelmäßig*.

▶ Die vierte Gruppe der Verben hat im Infinitiv die Endung «**-oir**».

Beispiel: fall**oir**, voul**oir**, dev**oir** . . .
(nötig sein, wollen, müssen . . .)

In dieser Gruppe gibt es *nur unregelmäßige* Verben.

Le participe présent

Das Partizip Präsens / das Mittelwort der Gegenwart

Partizip Präsens

Das Partizip Präsens kann man gebrauchen

Anwendung

▶ wie ein *Adjektiv*.

Beispiel: le film **captivant**
(der spannende Film)

▶ in einem *Partizipsatz* (man sagt auch „Partizipialgruppe").

Beispiel: un film **captivant tous les spectateurs** . . .
(ein Film, der alle Zuschauer in Spannung versetzte . . .)

▶ zur Bildung des Gérondifis (siehe Seite 140).

Beispiel: **En recevant** la lettre, . . .
(Als ich den Brief erhielt, . . .)

Die Formen des Partizips Präsens

Endung -ant

▶ Im Deutschen hat das Partizip Präsens die *Endung „-end"*.

Beispiel: ess**end** der spann**end**e Film
trink**end** die untergeh**end**e Sonne

▶ Im Französischen hat es die *Endung «-ant»*.

Beispiel: mange**ant** le film captiv**ant**
buv**ant** le soleil couch**ant**

▶ Das Partizip Präsens wird gebildet, indem man die *Endung «-ant»* an den *Stamm der 1. Person Plural Präsens* anfügt.

Beispiel: nous mangeons → mange**ant**
nous buvons → buv**ant**
nous captivons → captiv**ant**
nous nous couchons → couch**ant**

▶ Es gibt drei Verben, die das Partizip Präsens *unregelmäßig* bilden:

avoir	→	**ayant**	être	→	**étant**	savoir	→	**sachant**
(haben		habend)	(sein		seiend)	(wissen		wissend)

L'accord du participe présent
Die Veränderlichkeit des Partizips Präsens

▶ Das Partizip Präsens, wenn es wie ein Adjektiv gebraucht wird, wird auch *wie ein Adjektiv verändert*:

	männlich	weiblich
Singular	-	-e
Plural	-s	-es

Beispiel: le film captivant → **les** films captivant**s**
(der spannende Film die spannenden Filme)
une chaussée glissant**e** → **les** chaussées glissant**es**
(eine rutschige Fahrbahn die rutschigen Fahrbahnen)

▶ Das Partizip Präsens in einem *Partizipsatz* bleibt *unverändert*.
Beispiel: **Une** jeune fille **souriant** à tous les assistants . . .
(Ein junges Mädchen, das alle Anwesenden anlächelt . . .)

Exercices
Übungen

I. *Formez le participe présent.*
Bilden Sie das Partizip Präsens.

Infinitiv:	3. Person Präsens Plural:	Partizip Präsens:
avoir	–	. . .
être	–	. . .
savoir	–	. . .
faire	nous faisons	. . .
aller	nous allons	. . .
vouloir	nous voulons	. . .
croire	nous croyons	. . .
trouver	nous trouvons	. . .
venir	nous venons	. . .

II. *Complétez les phrases par le participe présent.*
Ergänzen Sie die Sätze durch das Partizip Präsens.

1. C'était une promenade ...	fatiguer
2. ... sa clé, Mme Dubois fouille dans son sac.	chercher
3. ... oublié sa clé, elle ne peut pas entrer chez elle.	avoir
4. Ne ... pas que faire, elle appelle le concierge.	savoir

Le participe passé

*Partizip
Perfekt*

Das Partizip Perfekt / das Mittelwort der Vergangenheit

Im Französischen gebraucht man – wie im Deutschen – das Partizip Perfekt:

Anwendung

▶ wie ein Adjektiv (siehe Seite 135)

Beispiel: la fenêtre **ouverte**   la fenêtre **fermée**

(das geöffnete Fenster)   (das geschlossene Fenster)

▶ zur Bildung der zusammengesetzten Zeiten/*les temps composés.*

Beispiel: J'ai **fermé** la fenêtre.   Elle a **dit** bonjour.

(Ich habe das Fenster geschlossen.) (Sie hat Guten Tag gesagt.)

In diesen beiden Beispielen bildet das Partizip Perfekt zusammen mit dem Hilfsverb «avoir» das Perfekt.

Die regelmäßigen Formen des Partizips Perfekt

▶ Im Deutschen bildet man das Partizip Perfekt meist mit der Vorsilbe „ge-":

Beispiel: *ge*öffnet   *ge*schlossen

Endungen

▶ Das Französische bildet das Partizip Perfekt mit dem *Stamm des Infinitivs*, an den für jede Verbgruppe eine charakteristische *Endung* angefügt wird.

a) Verben auf «**-er**» erhalten ein «**-é**»:

Beispiel: arriver   →   arriv**é**

passer   →   pass**é**

b) Verben auf «**-ir**» erhalten ein «**-i**»:

Beispiel: partir   →   part**i**

finir   →   fin**i**

c) Verben auf «**-re**» erhalten ein «**-u**»:

Beispiel: attendre   →   attend**u**

répondre   →   répond**u**

Beachte: Die Verben auf «-oir» bilden *nur* unregelmäßige Formen des Partizips Perfekt (siehe die Übersicht Seite 188 ff.).

L'accord du participe passé
Die Veränderlichkeit des Partizips Perfekt

Die Veränderlichkeit des Partizips Perfekt ist eines der schwierigsten Kapitel der französischen Grammatik – auch für Franzosen. Um eine Übersicht über die Regeln zu gewinnen, sollte man sich zunächst vergegenwärtigen, wie das Partizip Perfekt gebraucht werden kann:

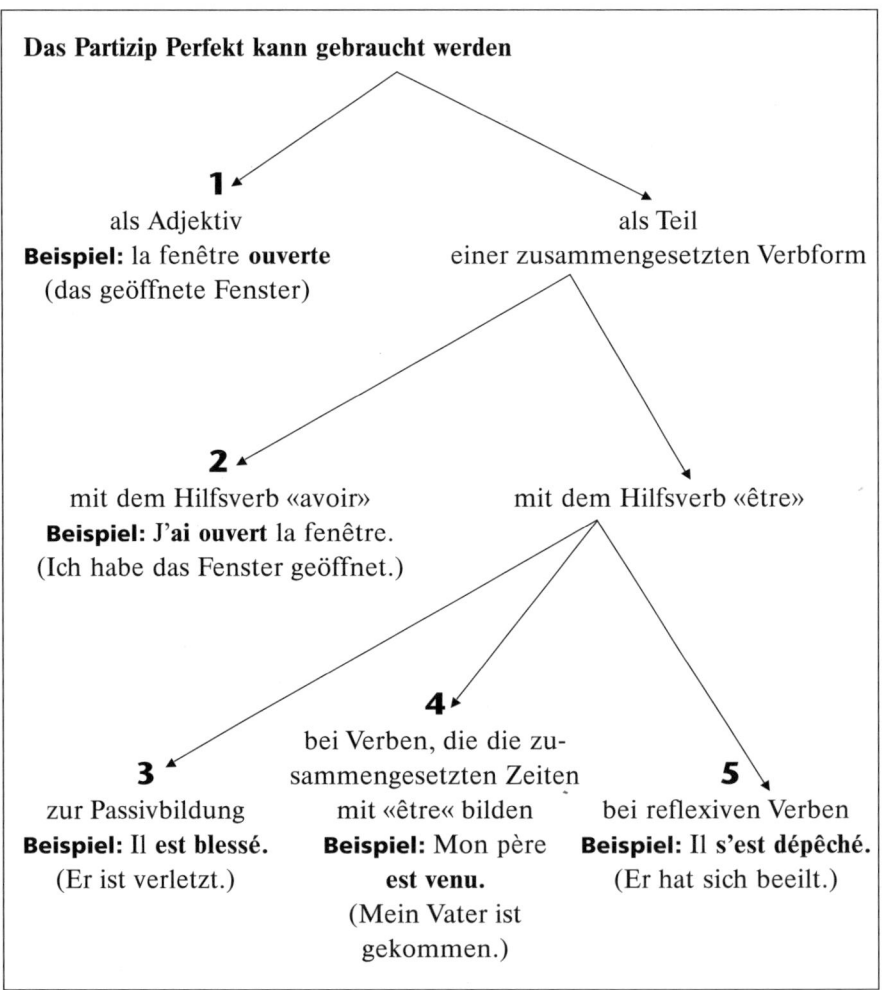

Das Partizip Perfekt kann gebraucht werden

1
als Adjektiv
Beispiel: la fenêtre **ouverte**
(das geöffnete Fenster)

als Teil
einer zusammengesetzten Verbform

2
mit dem Hilfsverb «avoir»
Beispiel: J'ai **ouvert** la fenêtre.
(Ich habe das Fenster geöffnet.)

mit dem Hilfsverb «être»

3
zur Passivbildung
Beispiel: Il est blessé.
(Er ist verletzt.)

4
bei Verben, die die zu-
sammengesetzten Zeiten
mit «être» bilden
Beispiel: Mon père
est venu.
(Mein Vater ist
gekommen.)

5
bei reflexiven Verben
Beispiel: Il s'est dépêché.
(Er hat sich beeilt.)

Das Verb
Das Partizip Perfekt

1 Das Partizip Perfekt als Adjektiv

1. Grundregel

▶ Wird das Partizip Perfekt wie ein Adjektiv gebraucht, richtet es sich – ebenso wie das Adjektiv – in Geschlecht und Zahl nach seinem Beziehungswort. Dieses *Beziehungswort* kann ein *Nomen* oder ein *Pronomen* sein.
Die Endungen des Partizips Perfekt lauten:

	männlich	**weiblich**
Singular	-	-e
Plural	-s	-es

Beispiel: un élève appliqué   **une** élève appliqué**e**
(ein fleißiger Schüler)   (eine fleißige Schülerin)
des élèves appliqué**s**   **des** élèves appliqué**es**
(fleißige Schüler)   (fleißige Schülerinnen)
il est appliqué   **elle** est appliqué**e**
(er ist fleißig)   (sie ist fleißig)

2 Das Partizip Perfekt mit dem Hilfsverb «avoir»

2. Grundregel

▶ Das mit «avoir» verbundene Partizip Perfekt richtet sich in Geschlecht und Zahl nach dem **vorangehenden direkten Objekt.**
Das vorangehende direkte Objekt kann sein

▶ ein *Objektpronomen:* «me», «te», «le», «la», «nous», «vous», «les».
  Beispiel: Voici la lettre: je l'ai écrit**e**.
            (Hier ist der Brief: ich habe ihn geschrieben.)
            Voici les timbres: je les ai achet**és**.
            (Hier sind die Briefmarken, ich habe sie gekauft.)

▶ das *Relativpronomen* «que».
  Beispiel: Voici la lettre que j'ai écrit**e**.
            (Hier ist der Brief, den ich geschrieben habe.)
            Où sont les timbres que tu as achet**és**.
            (Wo sind die Briefmarken, die du gekauft hast?)

▶ ein *Nomen* (nur in der Frage).
  Beispiel: Quelles adresses as-tu cherché**es**?
            (Welche Adressen hast du gesucht?)

Beachte: «Me», «te», «nous» und «vous» können auch *indirekte Objekte* sein. (Indirekte Objekte sind durch «à» mit dem Verb verbunden.) Das Partizip Perfekt richtet sich *nicht* nach dem *indirekten,* sondern nur nach dem *direkten Pronomen.*

Beispiel: Brigitte dit: Sandrine m'a montré la lettre.

(Brigitte sagt: Sandrine hat mir den Brief gezeigt.)

«M'» ist indirektes Pronomen: Sandrine montre la lettre **à Brigitte.**

Die Regel **2** muss beim Schreiben streng beachtet werden. Weil man die Endungen des Partizips Perfekt bei den meisten Verben nicht hört, müssen auch junge Franzosen in der Schule durch viel Üben lernen, auf die Veränderlichkeit dieses Partizips zu achten. Jedes Mal, wenn man ein Partizip Perfekt hinschreibt, sollte der Blick automatisch zurückgehen, damit man sich vergewissert, ob und wie es verändert wird.

*3./4.
Grundregel*

3/4 Das Partizip Perfekt mit dem Hilfsverb «être» und die Passivbildung

Das mit «être« verbundene Partizip Perfekt richtet sich *nach dem Subjekt.*
Dabei ist es gleichgültig, ob das Subjekt vorausgeht oder nachfolgt.

Beispiel: L'ambulance est arrivée.   La conductrice est blessée.
(Der Krankenwagen ist gekommen.) (Die Fahrerin ist verletzt.)

*5.
Grundregel*

5 Das Partizip Perfekt der reflexiven Verben

Die reflexiven Verben (siehe Seite 123) bilden ihre zusammengesetzten Zeiten im Französischen zwar mit «être», das Partizip Perfekt richtet sich jedoch *nicht* nach dem *Subjekt.* Es müssen drei Regeln beachtet werden:

▶ Das Partizip Perfekt des reflexiven Verbs richtet sich nach dem Reflexivpronomen, wenn es direktes Objekt ist.

Beispiel: Sandrine s'est dépêchée.   Les jeunes filles se sont amusées.
(Sandrine hat sich beeilt.) (Die Mädchen haben sich
                             amüsiert.)

▶ Wenn ein anderes direktes Objekt vorausgeht, richtet sich das Partizip Perfekt des reflexiven Verbs nach diesem (und nicht nach dem Reflexivpronomen).

Beispiel: Sandrine nous a montré les belles chaussures
               qu'elle s'est achetées.

(Sandrine hat uns die schönen Schuhe gezeigt,
die sie sich gekauft hat.)

Das Partizip Perfekt

▶ Wenn das Reflexivpronomen ein *indirektes Objekt* ist, bleibt das Partizip Perfekt *unverändert*.

Das Reflexivpronomen ist indirektes Objekt,

a) wenn ein anderes direktes Objekt im Satz vorkommt.

Beispiel: Direktes Objekt:	Indirektes Objekt:
Brigitte s'est coupée.	Brigitte s'est coupé **le doigt**.
(Brigitte hat sich geschnitten)	(Brigitte hat sich in den Finger geschnitten.)

«S'» («se») ist im ersten Satz *direktes Objekt,* im zweiten Satz *indirektes Objekt.* «Le doigt» ist das *andere direkte Objekt* im zweiten Satz.

b) wenn das Personalobjekt mit «à» an das Verb angeschlossen wird.

Beispiel: Brigitte et Sandrine se sont téléphoné.

(Brigitte und Sandrine haben miteinander telefoniert.)

Das Personalobjekt wird mit «à» an das Verb «téléphoner» angeschlossen: «téléphoner à une personne».

Diese Regeln gehören zu den kompliziertesten der französischen Grammatik, zumal für Deutsch Sprechende noch die zusätzliche Schwierigkeit besteht, die zusammengesetzten Zeiten mit «être» zu bilden (siehe Seite 123). Im Deutschen werden ja die reflexiven Verben alle mit „haben" gebildet.

Vergleich mit dem Deutschen

Exercices
Übungen

Übungen

I. *Formez le participe passe.*

Bilden Sie das Partizip Perfekt.

Formen

1. faire: ..Fait
2. dire: ..dit
3. aller: .allé
4. voir: ..vu
5. savoir: .Sa
6. vouloir: voulu
7. venir: .venu
8. prendre: .pris
9. arriver: .arrivé
10. croire: .cru
11. mettre: ..mis
12. passer: ..passé
13. devoir: ..deu

14. parler: .parcé
15. trouver: ..trouvé
16. donner: ..donné
17. comprendre: ..compris
18. connaître: ..connu
19. partir: ...parti
20. demander: ..demandé
21. tenir: ..tenu
22. aimer: ..aimé
23. penser: ..pensé
24. rester: ..resté
25. manger: ..mangé
26. appeler: ..appelé

II. *Complétez les phrases par «venu», «venue», «venus», «venues».*
Ergänzen Sie die Sätze mit «venu», «venue», «venus», «venues».
                         a   b   c   d

1. Qui est …? *a*
2. C'est Alain qui est …? *a*
3. C'est Mme Duval qui est …? *b*
4. C'est Brigitte et Sandrine qui sont …? *d*
5. C'est Paul et Patrick qui sont …? *c*
6. C'est Sylvie, qui est …? *b*

III. *Complétez les phrases par «allé», «allée», «allés», «allées».*
Ergänzen Sie die Sätze mit «allé», «allée», «allés», «allées».
Où sont-ils?
                        a   b   c   d

1. Brigitte est … en ville. *b*
2. Alain est … chez son ami. *a*
3. Mme Dubois est … chez le boulanger. *b*
4. Brigitte et Sandrine sont … à la piscine. *d*
5. Patrick et Paul sont … au stade. *c*
6. Et Sylvie? Où est-elle …? *b*

IV. *Complétez les phrases par «acheté», «achetée», «achetés», «achetées».*
Ergänzen Sie die Sätze mit «acheté», «achetée», «achetés», «achetées».
Mme Legrand rentre du supermarché.
                                   b   c   d

1. Voici la viande qu'elle a … *b*
2. Voici le beurre qu'elle a … *a*
3. Voici les tomates qu'elle a … *d* | la tomate
4. Voici les carottes qu'elle a … *d* | la carotte
5. Voici les poissons qu'elle a … *c* | le poisson
6. Voici deux bouteilles de vin qu'elle a … *d* | la bouteille

V. *Complétez les phrases par «reçu», «reçue», «reçus», «reçues».*
Ergänzen Sie die Sätze mit «reçu», «reçue», «reçus», «reçues».
Alain parle à son oncle.
                       a   b   c   d

1. Je t'ai envoyé une lettre.
    Je l'ai bien … *b*
2. Je t'ai envoyé des photos.
    Je les ai bien … *d* | la photo
3. Je t'ai envoyé des livres.
    Je les ai bien … *c* | le livre
4. Je t'ai envoyé des journaux.
    Je les ai bien … *c* | le journal

Das Verb
Das Partizip Perfekt

VI. *Complétez les phrases.*
   Vervollständigen Sie die Sätze.
   Sylvie fait sa toilette.

1. Elle s'est lavé*e*.
2. Elle s'est regardé*e*. dans la glace.
3. Elle s'est peigné .*e*.
4. Elle s'est maquillé[1] *e*.
5. Elle s'est lavé . . . les mains.

---

1 Schminken

Übungen im Kontext

VII. *Complétez les textes par les participes passés.*
   Ergänzen Sie die Texte mit den Partizipien.
   Ma mère toucha mon blouson[1], puis celui de Lili, et
   poussa des cris d'inquiétude[2].
   Ils sont . . . ! . . . comme s'ils étaient   trempé[3]
   . . . à la mer! *es*   tombé

---

1 Jacke   2 Beunruhigung   3 durchnässt

Je sentis que je rougissais[1], mais mon inquiétude[2] ne   lu
dura qu'une seconde: il ne pouvait pas avoir . . . ma   retrouvé
lettre, puisque je l'avais . . . à sa place. Et d'autre part, lu
s'il l'avait . . . , on en aurait grandement parlé dès
mon retour!

---

1 rot werden   2 Unruhe

Mon père s'était . . . la surveillance de l'orthographe   réservé
et m'administrait, chaque matin, avant mon café au
lait, une dictée de six lignes.
«La soirée que vous avez . . . avec nous. – Nous avons   passé
. . . une bonne soirée. – Les gendarmes que nous   passé
avons . . . , et les soldats que nous avons . . .   vu
passer . . .»   vu

(Pagnol: Le château de ma mère)

139

Le gérondif

Das (so genannte) Gerundium

Im Deutschen gibt es keine Verbform, die dem französischen **Gérondif** entspricht. Trotz der Namensverwandtschaft hat es auch kaum etwas mit dem englischen **Gerund** zu tun.

Die Formen des Gérondifs

Formen

▶ Der Gérondif wird aus dem Partizip Präsens (siehe Seite 131 f.) gebildet, dem «en» vorausgestellt wird.

Beispiel:

Partizip Präsens:	Gérondif:
mangeant	**en** mangeant
buvant	**en** buvant

▶ Das Gérondif ist unveränderlich; es gibt nur *eine* Form.

Der Gebrauch des Gérondifs

Gebrauch

▶ Der Gérondif wird meistens gebraucht um die *Gleichzeitigkeit* auszudrücken. Er steht also für einen Nebensatz, der mit «pendant que» eingeleitet wird.

Beispiel: **En voyant** les vieilles photos, Sandrine a envie de pleurer.
(Pendant qu'elle voit les vieilles photos . . .)
(Während sie die alten Fotos ansieht, möchte Sandrine weinen.)
Brigitte s'amusait beaucoup **en voyant** une émission de variété.
(. . . pendant qu'elle voyait une émission de variété.)
(Brigitte amüsierte sich gut, während sie sich eine Show ansah.)

▶ Der Gérondif steht auch für einen *Bedingungssatz*.

Beispiel: **En se dépêchant,** elle arrivera à l'heure.
(Si elle se dépêche . . .)
(Wenn sie sich beeilt, wird sie pünktlich kommen.)

▶ Der Gérondif steht auch für einen *Modalsatz*. (Im Deutschen werden Modalsätze mit „indem" eingeleitet.)

Beispiel: Elle gagne assez d'argent **en travaillant** comme secrétaire.
(Sie verdient genug Geld, indem sie als Sekretärin arbeitet.)

Stellung im Satz

Die Beispiele zeigen, dass der Gérondif dem übergeordneten Satz folgen oder ihm vorangehen kann.

140

Le gérondif et son sujet
Das Gérondif und sein Subjekt

▶ Der Gérondif kann nur verwendet werden, wenn das Subjekt des übergeordneten Satzes dasselbe ist wie das Subjekt des Nebensatzes, den der Gérondif ersetzen soll.

Beispiel: Sylvie s'amuse **en regardant** les photos.

Sylvie s'amuse pendant qu'elle regarde les photos.

▶ Von dieser Regel gibt es wenige **Ausnahmen,** zum Beispiel das Sprichwort:

L'appétit vient **en mangeant.**

(Der Appetit kommt beim Essen.)

L'appétit vient pendant qu'on mange.

Subjekt des Gérondifs

Ausnahme

Exercices
Übungen

Übungen im Kontext

Quels sont les gérondifs?
Wie lauten die Gérondifs?

Les enfants ne connaissent guère la vraie amitié. Il n'ont que des copains ou des complices, et changent d'amis en changeant d'école, ou de classe, ou même de banc.

(Pagnol: Le château de ma mère)

La circonstancielle que le gérondif remplace: . . .

Il faisait un temps magnifique, et Vendredi chantait de bonheur en courant sur le sable blanc et pur de la plage. Comme il était beau, nu et joyeux, seul avec le soleil et son chien. Il ramassait des galets[1]. Il les lançait à Tenn qui courait après en aboyant[2] et les lui rapportait.

---

1 Kieselsteine 2 bellen   *(Michel Tournier: Vendredi ou la vie sauvage)*

La circonstancielle que le premier gérondif remplace: . . .
La circonstancielle que le deuxième gérondif remplace: . . .

Le présent

Das Präsens / die Gegenwart

Das Präsens ist die Zeitform des Verbs, die die **Gegenwart** ausdrückt.

Beispiel: Maintenant, je **lis** ce livre.   Je **comprends** les exemples.

                   (Jetzt lese ich dieses Buch.)   (Ich verstehe die Beispiele.)

Außerdem gibt das Präsens wieder:

▶ zeitlose Zustände.

    Beispiel: Le château de Versailles **est** magnifique.

              (Das Schloss von Versailles ist großartig.)

▶ Gewohnheiten.

    Beispiel: Je **me lève** à 6 heures du matin.

              (Ich stehe um 6 Uhr morgens auf.)

▶ etwas Zukünftiges, wenn durch eine adverbiale Bestimmung die Zukunft klar zum Ausdruck gebracht wird.

    Beispiel: Ce soir nous **restons** à la maison.

              (Heute Abend bleiben wir zu Hause.)

Das Präsens wird bei Klassenarbeiten auch für Inhaltsangaben gebraucht.

Die regelmäßigen Präsensformen

Das Präsens wird mit folgenden *Endungen* gebildet:

▶ bei den Verben auf «-er» mit «**-e**», «**-es**», «**-e**», «**-ons**», «**-ez**», «**-ent**».

    Beispiel: parler:

je parl**e**	nous parl**ons**
tu parl**es**	vous parl**ez**
il/elle parl**e**	ils/elles parl**ent**

▶ bei den Verben auf «-ir», «-re» und «-oir» mit «**-s**», «**-s**», «**-t**», «**-ons**», «**-ez**», «**-ent**».

Bei den regelmäßigen Verben auf «-ir» wird außerdem im *Plural* die *Stammerweiterung* «**-iss**» zwischen Stamm und Endung *eingefügt*.

    Beispiel: finir:

je fin**is**	nous fin**issons**
tu fin**is**	vous fin**issez**
il/elle fin**it**	ils/elles fin**issent**

Die Endung «-t» (3. Person Singular) wird fortgelassen, wenn der Stamm auf «-t» oder «-d» endet.

    Beispiel: répondre:

je répond**s**	nous répond**ons**
tu répond**s**	vous répond**ez**
il/elle répond	ils/elles répond**ent**

Das Verb
Das Präsens

Die unregelmäßigen Präsensformen

Infinitiv	Präsensformen	Beachte besonders
acheter (kaufen)	j'achète, tu achètes, il achète, nous achetons, vous achetez, ils achètent Ebenso: emmener (mitnehmen), ramener (zurückbringen), promener (spazieren gehen), élever (züchten), opérer (operieren).	Formen mit «-è-»
aller (gehen)	je vais, tu vas, il va, nous allons, vous allez, ils vont	tu vas, il va △
appeler (rufen)	j'appelle, tu appelles, il appelle nous appelons, vous appelez, ils appellent Ebenso: rappeler (erinnern)	Formen mit «-ll-»
avoir (haben)	j'ai, tu as, il a, nous avons, vous avez, ils ont	tu as, il a
boire (trinken)	je bois, tu bois, il boit, nous buvons, vous buvez, ils boivent	
commencer (anfangen)	je commence, tu commences, il commence, nous commençons, vous commencez, ils commencent Ebenso: recommencer, lancer (werfen), avancer (nach vorn gehen), prononcer (aussprechen), remplacer (ersetzen)	nous commençons
conduire (führen)	je conduis, tu conduis, il conduit, nous conduisons, vous conduisez, ils conduisent	
connaître (kennen)	je connais, tu connais, il connaît, nous connaissons, vous connaissez, ils connaissent Ebenso: paraître (erscheinen), reconnaître …	il connaît
construire (bauen)	je construis, tu construis, il construit, nous construisons, vous construisez, ils construisent Ebenso: produire	
courir (laufen)	je cours, tu cours, il court, nous courons, vous courez, ils courent	
devoir (müssen)	je dois, tu dois, il doit, nous devons, vous devez, ils doivent	
dire (sagen)	je dis, tu dis, il dit, nous disons, vous dites, ils disent	vous dites
dormir (schlafen)	je dors, tu dors, il dort, nous dormons, vous dormez, ils dorment	je dors
écrire (schreiben)	j'écris, tu écris, il écrit, nous écrivons, vous écrivez, ils écrivent	

Unregelmäßige Formen

Infinitiv	Präsensformen	Beachte besonders
essayer (versuchen)	j'essaie, tu essaies, il essaie, nous essayons, vous essayez, ils essaient Ebenso: envoyer (schicken), employer (verwenden), ennuyer (langweilen), nettoyer (sauber machen)	Formen mit «-i-»
être (sein)	je suis, tu es, il est, nous sommes, vous êtes, ils sont	tu es △, vous êtes
faire (machen)	je fais, tu fais, il fait, nous faisons, vous faites, ils font Ebenso: refaire	vous faites
falloir (nötig sein)	———, ———, il faut ———, ———, ———	
jeter (werfen)	je jette, tu jettes, il jette, nous jetons, vous jetez, ils jettent	Formen mit «-tt-»
lire (lesen)	je lis, tu lis, il lit, nous lisons, vous lisez, ils lisent	
manger (essen)	je mange, tu manges, il mange, nous mangeons, vous mangez, ils mangent Ebenso: changer (wechseln), obliger (verpflichten), arranger (einrichten), charger (beauftragen), engager (einstellen), bouger (bewegen), loger (unterbringen), nager (schwimmen) …	nous mangeons
mettre (setzen)	je mets, tu mets, il met, nous mettons, vous mettez, ils mettent Ebenso: permettre (erlauben), remettre, battre (schlagen)	
mourir (sterben)	je meurs, tu meurs, il meurt, nous mourons, vous mourez, ils meurent	
naître (geboren werden)	———, ———, il naît ———, ———, ils naissent	il naît
ouvrir (öffnen)	j'ouvre, tu ouvres, il ouvre, nous ouvrons, vous ouvrez, ils ouvrent Ebenso: offrir (anbieten), souffrir (leiden), couvrir (bedecken)	
partir (aufbrechen)	je pars, tu pars, il part, nous partons, vous partez, ils partent Ebenso: sortir (hinausgehen), sentir (fühlen)	Formen ohne «-t-»
plaindre (beklagen)	je plains, tu plains, il plaint, nous plaignons, vous plaignez, ils plaignent Ebenso: craindre	il plaint
plaire (gefallen)	je plais, tu plais, il plaît, nous plaisons, vous plaisez, ils plaisent	il plaît
pouvoir (können)	je peux, tu peux, il peut, nous pouvons, vous pouvez, ils peuvent	je peux, tu peux

Das Verb

Das Präsens

Infinitiv	Präsensformen	Beachte besonders
prendre (nehmen)	je prends, tu prends, il prend, nous prenons, vous prenez, ils prennent Ebenso: apprendre (lernen), comprendre (verstehen), reprendre …	nous prenons
recevoir (bekommen)	je reçois, tu reçois, il reçoit, nous recevons, vous recevez, ils reçoivent Ebenso: apercevoir (erblicken)	Formen mit «-ç-»
rire (lachen)	je ris, tu ris, il rit, nous rions, vous riez, ils rient	
savoir (wissen)	je sais, tu sais, il sait, nous savons, vous savez, ils savent	ils savent
servir (dienen)	je sers, tu sers, il sert, nous servons, vous servez, ils servent	
suffire (ausreichen)	——, ——, il suffit ——, ——, ——	
suivre (folgen)	je suis, tu suis, il suit, nous suivons, vous suivez, ils suivent	je **suis**
valoir (wert sein)	——, ——, il vaut ——, ——, ——	
vendre (verkaufen)	je vends, tu vends, il vend, nous vendons, vous vendez, ils vendent	
venir (kommen)	je viens, tu viens, il vient, nous venons, vous venez, ils viennent Ebenso: revenir, tenir (halten), se souvenir (sich erinnern), devenir (werden), prévenir (warnen), entretenir (unterhalten), retenir (zurückhalten)	
vivre (leben)	je vis, tu vis, il vit, nous vivons, vous vivez, ils vivent	
voir (sehen)	je vois, tu vois, il voit, nous voyons, vous voyez, ils voient Ebenso: revoir, prévoir, croire (glauben)	
vouloir (wollen)	je veux, tu veux, il veut, nous voulons, vous voulez, ils veulent	je veux, tu veux

Exercices

Übungen

I. *Formez le présent.*
   Bilden Sie das Präsens.

1. être: il ...	**13.** croire: je ...
2. avoir: elle ...	**14.** mettre: je ...
3. faire: vous ...	**15.** devoir: vous ...
4. dire: vous ...	**16.** comprendre: je ...
5. aller: tu ...	**17.** connaître: elle ...
6. voir: nous ...	**18.** partir: je ...
7. savoir: ils ...	**19.** tenir: ils ...
8. pouvoir: tu ...	**20.** manger: nous ...
9. vouloir: je ...	**21.** sortir: tu ...
10. venir: il ...	**22.** appeler: elle ...
11. prendre: elle ...	**23.** commencer: nous ...
12. arriver: ils ...	**24.** jeter: il ...

II. *Pourquoi les verbes sont-ils au present?*
   Warum stehen die Verben im Präsens?
   Analysez les verbes:
   (a) **action actuelle /** Gegenwart
   (b) **action habituelle /** Gewohnheit
   (c) **vérité générale /** zeitloser Zustand
   (d) **action future /** etwas Zukünftiges

   1. J'aime voyager.   . . .
   2. Paris est la capitale de la France.   . . .
   3. A Paris, il y a beaucoup de circulation.   . . .
   4. Notre-Dame est une cathédrale gotique.   . . .
   5. Demain je vais à Versailles.   . . .
   6. Il pleut depuis le matin.   . . .
   7. Chaque soir, je regarde la télévision.   . . .
   8. Que fais-tu là, Alain?   . . .
   9. Je vois Brigitte, qui arrive.   . . .
   10. Ce soir elle va chez Mme Dubois.   . . .

Le passé récent

Die unmittelbare Vergangenheit

Im Deutschen gibt es *drei* Zeiten der Vergangenheit, im Französischen sind es *sechs.* Folgende Zeiten entsprechen einander in etwa im Gebrauch:

Im Deutschen	Im Französischen
–	Passé récent
Präteritum	Imparfait / Passé simple
Perfekt	Passé composé
Plusquamperfekt	Plus-que-parfait / Passé antérieur

Vergleich mit dem Deutschen

Die Übersicht zeigt, dass es im Deutschen keine Entsprechung für das *Passé récent* gibt. Es drückt aus, dass ein Vorgang *soeben stattgefunden* hat. Im Deutschen benutzt man das Perfekt und fügt „soeben" oder „gerade" hinzu.

Funktion

Beispiel: Elle **vient d'**arriver. ⎧ Sie ist *soeben* gekommen.
⎩ Sie ist *gerade* gekommen.

Die Formen der unmittelbaren Vergangenheit

▶ Das Passé récent wird mit «venir de» und dem Infinitiv gebildet.

Bildung

Beispiel: arriver → je viens d'arriver (ich bin soeben gekommen)

je **viens d'arriver**	nous **venons d'arriver**
tu **viens d'arriver**	nous **venez d'arriver**
il/elle **vient d'arriver**	ils/elles **viennent d'arriver**

Beachte: Es gibt keine unregelmäßigen Formen.

Exercices

Übungen

I. *Employez le passé récent.*
Verwenden Sie die unmittelbare Vergangenzeit.

1. Pierre est arrivé? Oui, il ...
2. Tu as lu la lettre? Oui, je ...
3. Sylvie a préparé le déjeuner? Oui, elle ...
4. Brigitte a téléphone? Oui, elle ...
5. Tu as fait tes devoirs? Oui, je ...

II. *Cherchez le passé récent.*

Suchen Sie die unmittelbare Vergangenheit.

– Le patron est là?

– Il est au café.

– Faudrait lui dire, doucement, je ne sais pas, moi, mais enfin pas trop vite, que son fils ...

– Hein?

– On vient de le trouver mort. C'est toute une histoire, là-bas. Il paraît qu'il s'est ...

Un geste sinistre[1] de la main vers la gorge[2].

1 düster 2 Kehle   *(Simenon: Le Commissaire Maigret – L'écluse No 1)*

L'imparfait et le passé simple

Das Imperfekt und das Passé simple

Wenn man französische Literatur liest (Romane, Novellen, Kurzgeschichten), bemerkt man, dass es im Französischen *zwei Erzählzeiten* gibt: das *Imparfait* und das *Passé simple*. In der deutschen Literatur wird nur *eine* Erzählzeit verwendet: das Präteritum.

Der berühmte Roman von Flaubert, «Madame Bovary», beginnt so:

Nous **étions** à l'étude, quand le Proviseur **entra,** suivi d'un nouveau habillé en bourgeois et d'un garçon de classe qui **portait** un grand pupitre. Ceux qui **dormaient se réveillèrent,** et chacun **se leva** comme surpris dans son travail. Le Proviseur nous **fit** signe de nous rasseoir; puis, se retournant vers le maître d'études: – Monsieur Roger, lui **dit-il** à demi-voix, voici un élève que je vous recommande, il entre en cinquième.

Verbformen dieses Textes im Französischen		Im Deutschen
Imparfait	**Passé simple**	**Präteritum**
nous étions		wir waren
	il entra	er trat ein
il portait		er trug
ils dormaient		sie schliefen
	ils se réveillèrent	sie erwachten
	il se leva	er stand auf
	il fit signe	er gab Zeichen
	dit-il	sagte er

Das Verb
Imperfekt und Passé simple

Wann wird das Imparfait, wann das Passé simple gebraucht?

Gebrauch

Drei Regeln sind hier zu beachten:

▶ Das **imparfait** verwendet man, wenn Zustände wiedergegeben werden, die

Imparfait

a) *lange andauern,*

b) *schon andauern, wenn sie berichtet* werden.

Das *imparfait* gebraucht man in Sätzen, die auf die Frage antworten:
„Was war ...?

Beispiel: Nous **étions** à l'étude ...

(Wir waren – schon lange – bei unseren Übungen.)

... qui **portait** un grand pupitre.

(... der ein großes Pult trug – schon bevor er zu den Schülern kommt.)

Ceux qui **dormaient** ...

(Diejenigen, die – schon eine ganze Weile – schliefen ...)

▶ Das *passé simple* verwendet man, wenn Vorgänge erzählt werden, die

Passé simple

a) *kurz* sind,

b) *aufeinander folgen.*

Das *passé simple* gebraucht man in Sätzen, die auf die Frage antworten:
„Was geschah nun ...?"

Beispiel: ... le Proviseur **entra** ...

(... der Direktor trat ein ...)

... ils **se réveillèrent,** et chacun se **leva** ... Le Proviseur nous **fit** signe ...

(... sie wachten – plötzlich – auf, jeder stand – sofort – auf. Gleich darauf gab uns der Direktor ein Zeichen ...)

▶ Es gibt noch eine Zusatzregel:

Zusatzregel

Kurze, aufeinander folgende Ereignisse, die *sich wiederholen,* stehen im **imparfait.**

Beispiel: Pendant les vacances, je **me levais** à 9 heures, je **prenais** mon petit déjeuner avec mes parents, puis j'**allais** à la plage.

(Während der Ferien stand ich – immer – um 9 Uhr auf, ich frühstückte – immer – mit meinen Eltern, dann ging ich – immer – an den Strand.

L'imparfait
Das Imperfekt

Formen des imparfait

Die Formen des Imparfait setzen sich zusammen aus

▶ dem Stamm der 1. Person Plural Präsens

▶ und den Endungen «-ais», «-ais», «-ait», «-ions», «-aient».

Diese Endungen sind für alle Verben gleich.

Beispiel 1:	faire: nous faisons →	je faisais (ich machte)
	je fais**ais**	nous fais**ions**
	tu fais**ais**	vous fais**iez**
	il/elle fais**ait**	ils/elles fais**aient**
Beispiel 2:	voir: nous voyons →	je voy**ais** (ich sah)
	je voy**ais**	nous voy**ions**
	tu voy**ais**	vous voy**iez**
	il/elle voy**ait**	ils/elles voy**aient**

être

Beachte: **Unregelmäßig** ist nur das Verb «**être**».

1. Person Plural Präsens: nous **sommes.**

Imparfait: j'**étais,** tu **étais,** il/elle **était,** nous **étions,** vous **étiez,** ils/elles **étaient**

Pièges
Stolpersteine

Zu beachten ist, dass einige Verben im Imparfait orthografische Besonderheiten aufweisen.

Verben auf -cer

1. Alle Verben auf «**-cer**» haben im Singular und in der 3. Person Plural «**-ç-**».

Beispiel:	commen**c**er	je commen**ç**ais	nous commen**c**ions
		tu commen**ç**ais	vous commen**c**iez
		il/elle commen**ç**ait	ils/elles commen**ç**aient

Ebenso: annoncer (ankündigen), avancer (vorrücken), s'efforcer (sich bemühen), exercer (üben), forcer (zwingen), menacer (drohen), prononcer (aussprechen), remplacer (ersetzen) . . .

Verben auf -ger

2. Alle Verben auf «**-ger**» haben im Singular und in der 3. Person Plural «**-ge-**».

Beispiel:	man**g**er	je man**ge**ais	nous man**g**ions
		tu man**ge**ais	vous man**g**iez
		il/elle man**ge**ait	ils/elles man**ge**aient

Ebenso: bouger (bewegen), changer (wechseln), déranger (stören), se diriger (Richtung einschlagen), envisager (planen), exiger (fordern), interroger (befragen), juger (urteilen), nager (schwimmen), négliger (vernachlässigen), obliger (verpflichten), partager (teilen), soulager (erleichtern), se venger (sich rächen), voyager (reisen) . . .

Le passé simple
Das Passé simple

**Die regelmäßigen Formen des Passé simple werden mit folgenden Endungen ge-
bildet:**

▶ bei den Verben auf «-er» mit «**-ai**», «**-as**», «**-a**», «**-âmes**», «**-âtes**», «**-èrent**».

Beispiel: parler:

je parl**ai**	nous parl**âmes**
tu parl**as**	vous parl**âtes**
il/elle parl**a**	ils/elles parl**èrent**

▶ bei den Verben auf «-ir», «-re», «-oir» mit «**-is**», «**-is**», «**-it**», «**-îmes**», «**îtes**»,
«**-irent**».

Beispiel: finir:

je fin**is**	nous fin**îmes**
tu fin**is**	vous fin**îtes**
il/elle fin**it**	ils/elles fin**irent**

(Die unregelmäßigen Formen des Passé simple siehe die Übersicht auf
Seite 188 ff.)

Beachte: Es sei noch einmal darauf hingewiesen, dass diese Passé-simple-Formen im heutigen Französisch nur noch in der Literatur verwendet werden, und
auch dort findet man meistens nur die 3. Person Singular und Plural. Auch der
Franzose braucht die Passé-simple-Formen nur *wieder zu erkennen* und nicht
selbstständig anzuwenden. Beim Sprechen gebraucht man statt des Passé simple heute immer das Passé composé.

Exercices
Übungen

I. *Formez l'imparfait.*
   Bilden Sie das Imperfekt.

1. commencer: il ...
2. menacer: il ...
3. changer: il ...
4. nager: il ...
5. se venger: il ...
6. voyager: elle ...
7. forcer: elle ...
8. remplacer: elle ...
9. interroger: elle ...
10. partager: elle ...

II. *Formez le passé simple.*
Bilden Sie das Passé simple.

1. faire: il ...
2. dire: il ...
3. aller: il ...
4. voir: il ...
5. savoir: il ...
6. vouloir: il ...
7. venir: il ...

8. devoir: il ...
9. comprendre: il ...
10. connaître: il ...
11. tenir: elle ...
12. recevoir: elle ...
13. se taire: elle se ...
14. boire: elle ...

15. manger: elle ...
16. sortir: elle ...
17. commencer: elle ...
18. se venger; elle se ...
19. interroger: elle ...
20. forcer: elle ...

Übungen im Kontext

III. *Cherchez les verbes à l'imparfait et au passé simple.*
Suchen Sie die Verben im Imperfekt und im Passé simple.

D'un air indifférent, j'allai jusqu'à la fenêtre, et je collai[1] mon visage contre les carreaux[2]. Les gouttes[3] de pluie coulaient lentement sur la vitre[4]; sur ma figure, lentement coulaient mes larmes[5] ...

Il y eut un long silence, puis ma mère dit:

– Ton café au lait va être froid.

Sans me retourner, je répondis:

– Je n'ai pas faim.

Elle insista[6]:

– Tu n'as rien mangé hier au soir. Allons, viens t'asseoir ici.

Je ne répondis pas. Comme elle venait vers moi, mon père – d'une voix[7] de gendarme – dit:

– Laisse-le. S'il n'a pas faim, la nourriture pourrait le rendre malade. Ne prenons pas cette responsabilité[8] ... Je restai à ma place, devant la fenêtre, sans les regarder.

---

1 kleben   2 Fenster   3 Tropfen   4 Fensterscheibe   5 Tränen   (Pagnol: Le château de ma mère)
6 darauf bestehen   7 Stimme   8 Verantwortung

IV. *Expliquez l'emploi des verbes à l'imparfait.*
Erklären Sie den Gebrauch der Verben im Imperfekt.

(L'auteur parle des vacances de Noël.)

Le matin, à six heures, il faisait encore nuit. Je me levais en grelottant[1], et je descendais allumer le grand feu de bois; puis, je préparais le café que j'avais moulu[2] la veille[3], pour ne pas réveiller ma mère. Pendant ce temps, mon père se rasait. Au bout d'un moment, on entendait grincer[4] au loin la bicyclette de l'oncle Jules, ponctuel comme un train de banlieue[5]: son nez était rouge comme une fraise[6], et il frottait vigoureusement[7] ses mains l'une contre l'autre, comme un homme très satisfait.

Nous déjeunions devant le feu, en parlant à voix basse.

---

1 vor Kälte zitternd   2 mahlen   3 am Tag zuvor   (Pagnol: Le château de ma mère)
4 quietschen   5 Vorortzug   6 Erdbeere   7 kräftig

V. *Employez le passé simple ou l'imparfait.*
Verwenden Sie das Passé simple oder das Imparfait.
Maigret (descendre) et, quand il (être) sur la dernière marche[1], il (avoir) en face de lui la jeune fille blonde qui, assise sur une chaise, (donner) le sein[2] à un bébé. C' (être) si inattendu et si simple à la fois que le commissaire (retirer) maladroitement[3] son chapeau, (pousser) sa pipe toute chaude dans sa poche, (faire) un pas[4] en arrière[5].
– Je vous demande pardon . . .

1 Stufe 2 Brust 3 ungeschickt   (Simenon: Le Commissaire Maigret – L'écluse No 1)
4 Schritt 5 zurück

Le passé composé

Perfekt

Das Perfekt / die vollendete Gegenwart

Gebrauch

Die deutsche Bezeichnung für diese Vergangenheitsform ist **vollendete Gegenwart.** Man benutzt das Perfekt um Ereignisse zu berichten, die in der näheren Vergangenheit liegen und für die Gegenwart noch von Interesse sind.
Das Perfekt verwendet zum Beispiel ein Schüler, der aus der Schule kommt und seiner Mutter erzählt, was er alles erlebt hat. Ein weiterer typischer Gebrauch des Perfekts findet sich in der Zeitung, die berichtet, was am Vortag passiert ist.
Außerdem wird das Perfekt an Stelle des Passé simple gebraucht (siehe Seite 151).

Die Formen des Perfekts

Bildung

Wie der französische Name: **passé composé** sagt, gehört das Perfekt zu den *zusammengesetzten Zeiten*. Es besteht aus
▶ dem Hilfsverb «avoir» oder «être» im Präsens (siehe Übersicht Seite 121 f.)
▶ und dem Partizip Perfekt (siehe Seite 133.)
  Die meisten französischen Verben bilden ihre zusammengesetzten Zeiten mit «avoir».
  Das Hilfsverb «être» wird bei 14 Verben der Bewegungsrichtung und des Verweilens verwendet: *aller, arriver, demeurer, descendre, entrer, monter, mourir, naître, partir, rester, retourner, sortir, tomber, venir* sowie bei allen reflexiven Verben (siehe Seite 123).

▶ Passé composé mit «avoir»:

Beispiel: voir:

j'**ai vu**	nous **avons vu**
tu **as vu**	vous **avez vu**
il/elle **a vu**	ils/elles **ont vu**

▶ Passé composé mit «être»:

Beispiel 1: aller:

je **suis allé**	nous **sommes allés**
tu **es allé**	vous **êtes allés**
il/elle **est allé(e)**	ils/elles **sont allé(e)s**

Beispiel 2: se tromper (reflexives Verb):

je **me suis trompé**	nous **nous sommes trompés**

(Zum Gebrauch der Hilfsverben «avoir» und «être» siehe Seite 119 f.)
(Zur Veränderlichkeit des Partizips Perfekt siehe Seite 134 ff.)

Exercices

Übungen

I. *Formez le passé composé avec «avoir» ou avec «être».*
Bilden Sie das Perfekt mit «avoir» oder mit «être».

1. être: *j'ai été*
2. faire: ...
3. dire: ...
4. aller: ...
5. voir: ...
6. vouloir: ...
7. venir: ...
8. arriver: ...
9. partir: ...
10. demander: ...
11. rester: ...
12. manger: ...
13. sortir: ...
14. travailler: ...
15. parler: ...
16. répondre: ...
17. comprendre: ...
18. tomber: ...
19. se peigner: ...
20. se dépêcher: ...

Das Verb
Das Perfekt

II. *Traduisez.*
   Übersetzen Sie.

1. ich bin gewesen: ...	être
2. ich habe mich gefreut: ...	se réjouir
3. ich habe mich getäuscht: ...	se tromper
4. ich bin gelaufen: ...	courir
5. ich bin gereist: ...	voyager
6. ich bin geflogen: ...	voler
7. ich bin geschwommen: ...	nager
8. ich bin losgefahren: ...	partir
9. ich habe mich erinnert: ...	se souvenir
10. ich habe mich gewaschen: ...	se laver

III. *Employez le passé composé.*
   Verwenden Sie das Perfekt.

1. Elle arrive?	Oui, elle ... ...
2. Elle vient?	Oui, elle ... ...
3. Elle sort?	Oui, elle ... ...
4. Elle part?	Oui, elle ... ...
5. Elle fait le petit déjeuner?	Oui, elle ... ... le petit déjeuner.
6. Vous comprenez?	Oui, nous ... ...
7. Vous travaillez?	Oui, nous ... ...
8. Vous vous souvenez?	Oui, nous nous ... ...
9. Vous trouvez la faute?	Oui, nous ... ... la faute.
10. Vous vous dépêchez?	Oui, nous nous ... ...

IV. *Complétez le texte par les auxiliaires.*
   Vervollständigen Sie den Text durch die Hilfsverben.

   – Quand vous ... sorti de cette maison, vous n'... pas remarqué qu'on vous suivait?
   – Je n'... rien remarqué du tout.
   – De quel côté vous ...-vous dirigé?
   – Je n'en sais rien.

   (Simenon: Le Commissaire Maigret – L'écluse No 1)

Übung im Kontext

Le plus-que-parfait / le passé antérieur

Das Plusquamperfekt / die Vorvergangenheit

Die deutsche Bezeichnung für **Plusquamperfekt** und **Passé antérieur** ist **Vorvergangenheit.** Das ist ein Hinweis, wann diese Zeiten gebraucht werden: Im Plusquamperfekt und im Passé antérieur stehen Geschehnisse und Zustände, die noch weiter in der Vergangenheit liegen als diejenigen, die im Passé composé, im Imparfait oder im Passé simple erzählt werden.

Ähnlich wie bei Imparfait und Passé simple (siehe Seite 148 ff.) entspricht auch dem Plus-que-parfait und dem Passé antérieur im Deutschen nur *eine* Zeit: das *Plusquamperfekt.* Daher ist der unterschiedliche Gebrauch dieser beiden Vergangenheitsformen für einen Deutsch Sprechenden nicht ganz leicht zu verstehen. Die Verwendung von Plus-que-parfait und Passé antérieur in der Vorvergangenheit entspricht der von Imparfait und Passé simple in der Vergangenheit.

Der Gebrauch von plus-que-parfait und passé anterieur

▶ Das **plus-que-parfait** verwendet man, wenn Vorgänge oder Zustände in der Vorvergangenheit

a) *lange andauern,*

b) schon *andauern,* wenn sie *berichtet* werden.

Beispiel: Hier j'ai vu Sandrine qui **avait été** quinze jours sur la Côte d'Azur.
(Gestern habe ich Sandrine gesehen, die 14 Tage an der Côte d'Azur gewesen war.)

▶ Das **passé antérieur** verwendet man, wenn Geschehnisse in der Vorvergangenheit erzählt werden, die *kurz* sind.

Beispiel: Quand ma sœur **eut terminé** ses devoirs, elle sortit se promener.
(Als meine Schwester ihre Hausaufgaben gemacht hatte, ging sie spazieren.)

Das Passé antérieur wird in seltenen Fällen und nur beim Schreiben verwendet. Beim Sprechen gebraucht man stattdessen das Passé surcomposé:

Beispiel: **Passé antérieur:**   **Passé surcomposé:**
elle **eut** fini   elle **a eu** fini

Le plus-que-parfait

Das Plusquamperfekt

Das Plus-que-parfait setzt sich zusammen aus:

Bildung

▶ dem Hilfsverb «avoir» oder «être» im Imperfekt.

▶ und dem Partizip Perfekt.

Die meisten französischen Verben bilden ihre zusammengesetzten Zeiten mit «avoir». Das Hilfsverb «être» wird bei 14 Verben der Bewegungsrichtung und des Verweilens (aller, arriver, demeurer, descendre, entrer, monter, mourir, naître, partir, rester, retourner, sortir, tomber, venir) sowie bei allen reflexiven Verben (siehe Seite 123) verwendet.

▶ Plus-que-parfait mit **«avoir»**:

Beispiele

Beispiel: voir:

J'**avais vu**	nous **avions vu**
tu **avais vu**	vous **aviez vu**
il/elle **avait vu**	ils/elles **avaient vu**

▶ Plus-que-parfait mit **«être»**:

Beispiel: aller:

je **étais allé**	nous **étions allés**
tu **étais allé**	vous **étiez allés**
il/elle **était allé(e)**	ils/elles **étaient allé(e)s**

(Zum Gebrauch der Hilfsverben «avoir» und «être» siehe Seite 119 f.)
(Zur Veränderlichkeit des Partizips Perfekt siehe Seite 134 ff.)

Le passé antérieur

Das Passé antérieur

Das Passé antérieur setzt sich zusammen aus:

Bildung

▶ dem Hilfsverb «avoir» oder «être» im Passé simple.

▶ und dem Partizip Perfekt.

Die meisten französischen Verben bilden ihre zusammengesetzten Zeiten mit «avoir». Das Hilfsverb «être» wird bei 14 Verben der Bewegungsrichtung und des Verweilens (aller, arriver, demeurer, descendre, entrer, monter, mourir, naître, partir, rester, retourner, sortir, tomber, venir) sowie bei allen reflexiven Verben (siehe Seite 123) verwendet.

▶ Passé antérieur mit «avoir»:

Beispiel: voir:

j'**eus vu**	nous **eûtes vu**
tu **eus vu**	vous **eûtes vu**
il/elle **eut vu**	ils/elles **eurent vu**

▶ Passé antérieur mit «être»:

Beispiel: aller:

je **fus allé**	nous **fûmes allés**
tu **fus allé**	vous **fûtes allés**
il/elle **fut allé(e)**	ils/elles **furent allé(e)s**

(Zum Gebrauch der Hilfsverben «avoir» und «être» siehe Seite 119 f.)
(Zur Veränderlichkeit des Partizips Perfekt siehe Seite 134 ff.)

Exercices
Übungen

I. *Quels sont les verbes au plus-que-parfait?*
    Welches sind die Verben im Plusquamperfekt?
    Il avait dormi deux heures de plus parce que son maître ne l'avait pas
    réveillé, et il se sentait de très bonne humeur. Que faire?

II. *Employez le plus-que-parfait.*
    Verwenden Sie das Plusquamperfekt
    Paul rentre, le soir. Il dit:

1. Quand je suis arrivé,

ma mère m'...	attendre
ma mère ...	préparer le repas
ma mère ...	mettre la table

2. Ma mère m'a raconté

ce qu'elle ... pendant toute la journée.	faire
qu'elle ... au marché.	être
qu'elle ... par la voisine.	être invitée
qu'elle ... deux heures chez elle.	passer

3. Ensuite j'ai lu la lettre

qui ...	arriver
que mon ami ...	écrire
que j'... depuis longtemps.	attendre

Le futur composé / le futur proche

Die „unmittelbare" Zukunft

Im Deutschen gibt es *zwei* Zeiten der *Zukunft,* im Französischen sind es *vier.* Folgende Zeiten entsprechen einander in etwa im Gebrauch:

Gebrauch

Im Deutschen	Im Französischen
–	Futur composé
Futur I	Futur simple
Futur II	Futur antérieur
–	Conditionnel

Vergleich mit dem Deutschen

Die Übersicht zeigt, dass es im Deutschen keine Entsprechung für das **futur composé** (oder wie man auch sagt: **futur proche**) gibt.

Das Futur composé verdeutlicht, dass ein Vorgang
▶ **bald** geschehen wird.
▶ **mit Sicherheit** geschehen wird.
Um auszudrücken, dass ein Vorgang *bald* geschehen wird, benutzt man im Deutschen das Präsens oder das Futur I und setzt „bald", „gleich" oder „sofort" hinzu. – Um auszudrücken, dass ein Vorgang *mit Sicherheit* geschehen wird, verwendet man im Deutschen das Präsens oder das Futur I und setzt „bestimmt" oder „sicher" hinzu.

Beispiel: Sandrine **va téléphoner.**
⎰ Sandrine wird *gleich* telefonieren.
⎱ Sandrine wird *bestimmt* telefonieren.

Die Formen der unmittelbaren Zukunft
▶ Wie der französische Name **futur composé** sagt, ist diese Zeit aus *zwei Wörtern zusammengesetzt:* aus «aller» und dem Infinitiv des Verbs.

Bildung

Beispiel: téléphoner:

je **vais téléphoner**	nous **allons téléphoner**
tu **vas téléphoner**	vous **allez téléphoner**
il/elle **va téléphoner**	ils/elles **vont téléphoner**

▶ Es gibt *keine* unregelmäßigen Formen.

▶ Das Futur composé ist im Französischen so beliebt, dass es *auch eine Vergangenheitsform* gibt:
Beispiel: elle **allait téléphoner**
(sie wollte gleich telefonieren)

159

Exercices
Übungen

I. *Cherchez le futur composé.*
Suchen Sie die unmittelbare Zukunft.
Le garçon de bureau lui annonça qu'on l'avait déjà demandé au téléphone.
– On n'a pas dit de nom, mais on va rappeler.

(Simenon: Le Commissaire Maigret – L'écluse No 1)

II. *Formez le futur composé.*
Bilden Sie die unmittelbare Zukunft.
1. voir: tu ...
2. venir: il ...
3. prendre: on ...
4. arriver: ils ...
5. parler: nous ...
6. comprendre: vous ...
7. partir: je ...
8. Tu téléphones tout de suite? Oui, je ...
9. Tu lui demandes la permission? Oui, je ... la permission.
10. Tu m'accompagnes chez Sandrine? Oui, je ... chez Sandrine.

Le futur simple
Das Futur I / die Zukunft I

Um die Zukunft auszudrücken gebrauchen wir im Deutschen entweder das Präsens oder das Futur I.
Beispiel: Morgen *besuche* ich Sandrine. – Präsens
Morgen *werde* ich Sandrine *besuchen*. – Futur I mit „werden"
Im Französischen verwendet man das *futur simple*.
Beispiel: Demain, j'**irai** voir Sandrine.
(Morgen werde ich Sandrine besuchen.)
Je lui **dirai** de venir à la fête.
(Ich werde ihr sagen, dass sie zum Fest kommen soll.)

Die regelmäßigen Formen des Futur I

Vorbemerkung:

Es mag den Leser dieser Grammatik verwundern, dass sich die Fachleute nicht darüber einigen können, wie die Formen des Futur simple zu erklären sind.

▶ Die einen sagen: Die Formen des Futur simple setzen sich zusammen aus

    a) dem *Infinitiv*

    b) und den *Endungen* «**-ai**», «**-as**», «**-a**», «**-ons**», «**-ez**», «**-ont**»

▶ Die anderen sagen: Die Formen des Futur simple setzen sich zusammen aus

    a) der *3. Person Singular Präsens*

    b) und den *Endungen* «**-rai**», «**-ras**», «**-ra**», «**-rons**», «**-rez**», «**-ront**»

Bildung

Das Ergebnis ist auf jeden Fall dasselbe.

Beispiel-formen

Beispiel 1: parler:

je parle**rai**	nous parle**rons**
tu parle**ras**	vous parle**rez**
il/elle parle**ra**	ils/elles parle**ront**

Beispiel 2: finir:

je fini**rai**	nous fini**rons**
tu fini**ras**	vous fini**rez**
il/elle fini**ra**	ils/elles **fini**ront

(Die unregelmäßigen Formen des Futur simple: siehe die Übersicht auf Seite 188 ff.)

Piège
Stolperstein

Deutsch Sprechende sollten beachten, dass im Französischen das Futur simple eine „einfache" Zeit ist: Sie besteht aus Stamm und Endung. Im Deutschen ist dagegen das Futur I eine „zusammengesetzte" Zeit: Sie besteht aus dem Hilfsverb „werden" und dem Infinitiv. Dieser Unterschied führt bei Übersetzungen vom Deutschen ins Französische häufig zu Fehlern.

Beispiel:

Französisch (ein Wort):	**Deutsch** (zwei Wörter):
il **viendra**	er *wird kommen*
elle **verra**	sie *wird sehen*

Exercices
Übungen

I. *Cherchez les verbes au futur composé et au futur simple.*
Suchen Sie die Verben in der unmittelbaren Zukunft und im Futur I.
(On parle à un garçon à la fin des vacances:)
– Tu as devant toi, reprit[1] mon père, une année qui comptera[2] dans ta vie:
n'oublies pas qu'en juillet prochain, tu vas te présenter à l'examen, pour
entrer au lycée au mois d'octobre suivant!
– Tu sais que c'est très important! dit ma mère. Tu dis toujours que tu veux
être millionnaire. Si tu n'entres pas au lycée, tu ne le seras jamais!
– Et puis, au lycée, dit l'oncle, tu apprendras le latin, et je te promets[3] que
ça va te passionner[4]! Moi, du latin, j'en faisais même pendant les vacances,
pour le plaisir!
Ces vacances étaient finies, et je sentis mon menton[5] qui tremblait[6].
– J'espère que tu ne vas pas pleurer! dit mon père.

---

1 fortfahren 2 zählen 3 versprechen   *(Pagnol: Le château de ma mère)*
4 begeistern 5 Kinn 6 zittern

II. *Formez le futur simple.*
Bilden Sie das Futur I.

1. faire: je ...	**7.** venir: ils ...
2. dire: tu ...	**8.** acheter: elles ...
3. aller: il ...	**9.** courir: je ...
4. voir: elle ...	**10.** être: tu ...
5. savoir: nous ...	**11.** pouvoir: il ...
6. vouloir: vous ...	**12.** recevoir: elle ...

III. *Traduisez, en employant le futur simple.*
Übersetzen Sie und verwenden Sie dabei das Futur I.

1. Ich werde losfahren: ...	partir
2. Du wirst bleiben: ...	rester
3. Sie wird telefonieren: ...	téléphoner
4. Wir werden uns beeilen: ...	se dépêcher
5. Wann wird er zurückkommen? Quand ...?	revenir

IV. Complétez le texte par des verbes au futur simple.
Vervollständigen Sie den Text durch Verben im Futur I.

Je demandai:

– Nous ..., même s'il pleut?	partir
– Nous avons neuf jours de vacances! dit mon père.	
Et même s'il pleut, nous ...	partir
– Et si c'est le tonnerre[1]? dit Paul.	
– Il n'y a jamais de tonnerre en hiver.	
– Pourquoi?	
Mon père répondit catégoriquement:	
– Parce que. Mais naturellements, si la pluie est trop	
forte, nous ... le lendemain matin.	attendre
– Et si c'est une pluie ordinaire?	
– Alors, dit mon père, on se ... bien minces[2], on ...	faire, marcher
vite, en fermant les yeux, et nous ... entre les	passer
gouttes[3]!	

---

1 Gewitter   2 klein   3 Tropfen   *(Pagnol: Le château de ma mère)*

Le futur antérieur

Das Futur II / die Zukunft II

Der Gebrauch des Futur antérieur

▶ Das Futur antérieur/Futur II wird im Französischen und im Deutschen selten gebraucht. Es drückt aus, dass etwas zu einem zukünftigen Zeitpunkt abgeschlossen sein wird.

ZUKUNFT ——— **Futur simple** —————————————————————

Il rentrera à la maison.
(Er wird nach Hause kommen.)   **Futur antérieur**
                                            Elle **aura préparé** le repas.
                                            (Sie wird das Essen
                                            vorbereitet haben.)

GEGENWART ——————————————————————————————————————

Beispiel: Quand M. Dubois rentrera à la maison, Mme Dubois **aura préparé** le repas.
(Wenn Herr Dubois nach Hause kommt, wird Frau Dubois das Essen bereits vorbereitet haben.)

Die Formen des Futur antérieur

Bildung

▶ Das Futur antérieur setzt sich zusammen aus
a) dem *Futur* des Hilfsverbs «avoir» oder «être»
b) und dem *Partizip Perfekt*
Die meisten französischen Verben bilden ihre zusammengesetzten Zeiten mit «avoir». Das Hilfsverb «être» wird bei 14 Verben der Bewegungsrichtung und des Verweilens (aller, arriver, demeurer, descendre, entrer, monter, mourir, naître, partir, rester, retourner, sortir, tomber, venir) sowie bei allen reflexiven Verben (siehe Seite 123) verwendet.

Beispiele

▶ Futur antérieur mit **«avoir»**:

Beispiel: croire:

j'**aurai cru**	nous **aurons cru**
tu **auras cru**	vous **aurez cru**
il/elle **aura cru**	ils/elles **auront cru**

▶ Futur antérieur mit «être»:

Beispiel: partir:

je **serai parti**	nous **serons partis**
tu **seras parti**	vous **serez partis**
il/elle **sera parti(e)**	ils/elles **seront parti(e)s**

(Zum Gebrauch der Hilfsverben «avoir» und «être» siehe Seite 119 f.)
(Zur Veränderlichkeit des Partizips Perfekt siehe Seite 134 ff.)

Le conditionnel

Das Konditional / die bedingte Möglichkeit

Gebrauch als Zeit

Der Gebrauch des Konditionals:

▶ Das Conditionnel wird als *Zeit* verwendet: Es drückt das Futur von der Vergangenheit aus gesehen aus. Bei diesem Gebrauch wird es **futur du passé** genannt.

164

Das Verb
Das Konditional

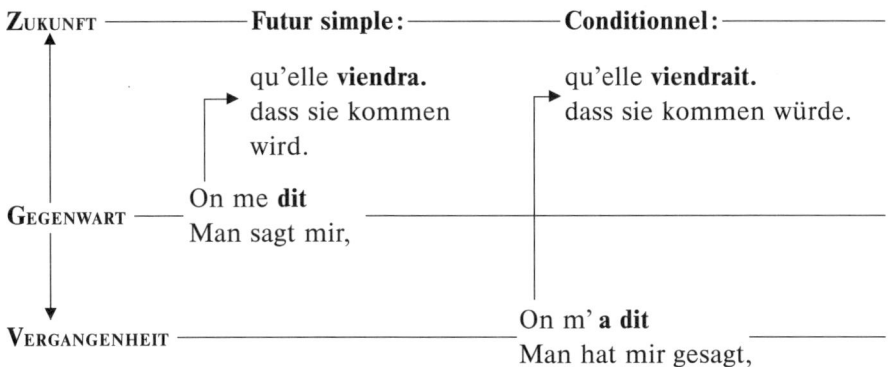

ZUKUNFT ─────── **Futur simple:** ─────── **Conditionnel:** ───────

qu'elle **viendra.**
dass sie kommen
wird.

qu'elle **viendrait.**
dass sie kommen würde.

GEGENWART ─── On me **dit**
Man sagt mir,

VERGANGENHEIT ───────── On m' **a dit**
Man hat mir gesagt,

Beispiel: On m'a dit que Sandrine **viendrait** ce soir.
(Man hat mir gesagt, dass Sandrine heute Abend kommen würde.)
Je croyais qu'elle ne **viendrait** pas.
(Ich glaubte, dass sie nicht kommen würde.)

▶ Das Conditionnel wird außerdem als *Modus* gebraucht. Es drückt aus:

Gebrauch als Modus

a) den *Wunsch*

    Beispiel: J'**aimerais** voyager.   Je **voudrais** un kilo de bananes.
                (Ich würde gern reisen.) (Ich hätte gern ein Kilo Bananen.)

b) die *Möglichkeit,* die *Vermutung*

    Beispiel: Où est-elle? **Aurait**-elle **oublié** l'heure?
                (Wo ist sie? Sollte sie den Termin vergessen haben?)
                Je **pourrais** inviter une autre.
                (Ich könnte eine andere einladen.)

c) die *höfliche Frage*

    Beispiel: **Pourriez**-vous me dire, monsieur, où est la station de métro?
                (Würden Sie mir wohl sagen, mein Herr, wo die U-Bahn-
                Station ist?)

(Zum Gebrauch des Conditionnel im Nebensatz («si»-Satz) siehe Seite 237 f.)

Die Formen des Konditional

Formen

▶ Das Conditionnel wird gebildet wie das Futur (siehe dazu Seite 160 f.),
jedoch mit den Imparfait-Endungen: «-ais», «-ais», «-ait», «-ions», «-iez»,
«-aient» (siehe Seite 150). Diese Endungen sind für alle Verbgruppen gleich.

    Beispiel: parler:

               je parler**ais**   nous parler**ions**
               tu parler**ais**   vous parler**iez**
               il/elle parler**ait**   ils/elles parler**aient**

▶ Es gibt auch eine Vergangenheitsform, le **conditionnel passé**. Es wird gebildet mit

a) dem Conditionnel des Hilfsverbs «avoir» oder «être» (siehe Übersicht Seite 121 f.)

b) und dem Partizip Perfekt (siehe Seite 133).

▶ Conditionnel passé mit «avoir»:

Beispiel: parler:

j'**aurais parlé**	nous **aurions parlé**
tu **aurais parlé**	vous **auriez parlé**
il/elle **aurait parlé**	ils/elles **auraient parlé**

▶ Conditionnel passé mit «être».

Beispiel: venir:

je **serais venu**	nous **serions venus**
tu **serais venu**	vous **seriez venus**
il/elle **serait venu(e)**	ils/elles **seraient venu(e)s**

(Zum Gebrauch der Hilfsverben «avoir» und «être» siehe Seite 119 f.)
(Zur Veränderlichkeit des Partizips Perfekt siehe Seite 134 ff.)

Exercices

Übungen

I. *Formez le futur simple et le conditionnel.*
Bilden Sie das Futur I und das Konditional.

Infinitiv:	Futur simple:	Conditionnel:
1. rester:	je …	je …
2. venir:	tu …	tu …
3. sortir:	il …	il …
4. travailler:	elle …	elle …
5. donner:	nous …	nous …
6. parler:	vous …	vous …
7. aller:	ils …	ils …
8. passer:	elles …	elles …
9. croire:	on …	on …

II. *Cherchez les verbes au conditionnel et expliquez l'emploi.*
Suchen Sie die Verben im Konditional und erklären Sie den Gebrauch.

L'un d'eux, un grand garçon à la mine ouverte, vint dans la direction de Maigret qui l'arrêta.

– Pardon. Je voudrais vous poser une question.

Das Verb
Das Konditional

– Allô! c'est vous, commissaire? Ici, Ducrau. Est-ce que vous accepteriez de venir me voir tout de suite? Je me dérangerais bien, mais ce ne serait pas la même chose. Allô! Je ne suis pas à Charenton. Je suis au bureau, 33, quai des Célestins. Vous venez? Merci!

(Simenon: Le Commissaire Maigret – L'écluse No 1)

Lili savait tout; le temps qu'il ferait, les sources[1] cachées . . .

_____

1 *Quellen*

(Pagnol: Le château de ma mère)

III. *Complétez les textes par des verbes au conditionnel.*
Vervollständigen Sie die Texte durch Verben im Konditional.

Robinson s'était longtemps demandé comment il . . . l'Indien[1]. Il ne voulait pas lui donner un nom chrétien aussi longtemps qu'il ne . . . pas baptisé[2]. Il décida finalement de lui donner le nom du jour où il l'avait recueilli[3]. C'est ainsi que le second habitant de l'île s'appela Vendredi[4].	appeler être

_____

1 *Indianer* 2 *getauft* 3 *aufgenommen* 4 *Freitag*

Robinson sentit une grande tristesse l'envahir[1]. Dans quelques minutes, dans une heure au plus, le soleil . . . et . . . la vie et la joie à toute l'île. En attendant, Robinson décida d'aller regarder Vendredi dormir dans son hamac[2]. Il ne le . . . pas, mais sa présence le . . .	se lever, rendre réveiller réconforter[3]

_____

1 *erfüllen* 2 *Hängematte* 3 *aufmuntern*

(Michel Tournier: Vendredi ou la vie sauvage)

Conclusion sur l'emploi des temps du verbe

Gebrauch der Zeiten (Zusammenfassung)

Beim Gebrauch der Zeiten muss man zwischen **geschriebener** und **gesprochener Sprache** unterscheiden.

Code écrit

Geschriebene Sprache

Textaufgaben

▶ Wer Französisch lernt, muss – früher oder später – selbstständig französische Texte verfassen. Ab dem 4. Lernjahr in der Schule zum Beispiel stehen bei Klassenarbeiten und Klausuren *Textaufgaben* im Vordergrund: Inhaltsangaben, Textanalysen, Textvergleiche, Erörterungen. Bei diesen Textaufgaben entspricht der Gebrauch der Zeiten im Französischen dem im Deutschen: Inhaltsangaben usw. werden im **Präsens/présent** geschrieben – auch dann, wenn die Textvorlage in der Vergangenheit steht.

Beispiel:

Textvorlage: Une grenouille **vit** un bœuf
Qui lui **sembla** de belle taille ...
(Ein Frosch sah einen Ochsen,
Der ihm von schöner Statur erschien ...)

(La Fontaine)

Inhaltsangabe: Dans sa fable, La Fontaine nous **présente** une grenouille qui **voit** un bœuf. Elle l'**admire** ...
(In seiner Fabel stellt uns La Fontaine einen Frosch vor, der einen Ochsen sieht. Er bewundert ihn ...)

Berichte

▶ Daneben kommt es vor, dass *Berichte* geschrieben werden sollen, zum Beispiel über Ereignisse, die die Lernenden wirklich erlebt haben. Im Bericht ist die wichtigste Zeit das **Perfekt/passé composé.**

Beispiel: Nous **avons fait** une excursion au Mont Saint-Michel. L'autocar **est parti** à 7 heures, et nous **sommes arrivés** à 10 heures ...
(Wir haben einen Ausflug zum Mont Saint-Michel gemacht. Der Autobus ist um 7 Uhr abgefahren und wir sind um 10 Uhr angekommen.)

Im Passé composé wird berichtet, was alles passiert ist, ein Ereignis nach dem anderen.

Neben dem *Passé composé* werden *weitere Zeiten* verwendet:

a) Das **imparfait** drückt Zustände aus:

Beispiel: Notre autocar **était** confortable, et le conducteur, M. Dubois, **était** un homme sympathique.

(Unser Autobus war komfortabel und der Fahrer, Herr Dubois, war ein sympathischer Mann.)

b) Das **plus-que-parfait** drückt aus, dass Ereignisse noch weiter in der Vergangenheit liegen.

Beispiel: Le Mont Saint-Michel **avait été,** au Moyen Age, une abbaye bénédictine.

(Der Mont Saint-Michel ist im Mittelalter eine Benediktinerabtei gewesen.)

► In der französischen *Literatur,* in Kurzgeschichten, Novellen und Romanen, sind die wichtigsten Zeiten das **imparfait** und das **passé simple.** *Literatur*

a) Das **imparfait** beschreibt länger andauernde Zustände. Es wird verwendet, wenn man die Frage stellen kann: „Was war?" (siehe Seite 149).

Beispiel: Maître Corbeau, sur un arbre perché, **tenait** en son bec un fromage.

(Meister Rabe, auf einem Baum sitzend, hielt in seinem Schnabel einen Käse.) *(La Fontaine)*

b) Das **passé simple** erzählt Vorgänge. Es wird immer dann gebraucht, wenn man die Frage stellen kann: „Was geschah nun?" (siehe Seite 149).

Beispiel: Maître Renard, par l'odeur alléché, lui **tint** à peu près ce langage ...

(Meister Fuchs, von dem Geruch angelockt, hielt ihm etwa folgende Rede ...) *(La Fontaine)*

Neben *Imparfait* und *Passé simple* werden noch *weitere Zeiten* verwendet.

a) Das **plus-que-parfait** drückt in der Literatur Zustände aus, die noch weiter in der Vergangenheit liegen als die beschriebenen und lange andauern.

Beispiel: Le renard, qui **avait vu** le corbeau ...

(Der Fuchs, der den Raben gesehen hatte ...)

b) Das **passé antérieur** stellt in der Literatur Vorgänge dar, die noch weiter in der Vergangenheit liegen als die beschriebenen und kurz sind.

Beispiel: Le renard qui, par l'odeur, **fut alléché** ...

(Der Fuchs, der von dem Geruch angelockt worden war ...)

c) Das **conditionnel** drückt in der Literatur Vorgänge oder Zustände aus, die in der Zukunft liegen.

Beispiel: Le Corbeau, honteux et confus, jura, mais un peu tard, qu'on ne l'y **prendrait** plus.

(Der Rabe, beschämt und verwirrt, schwor, wenn auch ein bisschen spät, dass man ihn nicht mehr hereinlegen würde.)

(La Fontaine)

Beachte: In der *direkten Rede* wird in der Literatur das **présent** gebraucht (wie im Deutschen).

▶ Gelegentlich wird in der Literatur **statt imparfait/passé simple** das **présent** verwendet, etwa, wenn die Erzählung besonders lebendig wirken soll:

Beispiel: A ces mots le Corbeau ne **se sent** pas de joie;
et, pour montrer sa belle voix,
il **ouvre** un large bec, **laisse** tomber sa proie.

(Bei diesen Worten weiß sich der Rabe vor Freude nicht zu fassen, und um seine schöne Stimme zu zeigen öffnet er einen großen Schnabel, lässt seine Beute fallen.)   *(La Fontaine)*

Code oral
Gesprochene Sprache

Gesprochene Sprache

▶ Beim *Sprechen* ist die wichtigste Zeit das **présent.**

Beispiel: Bonjour, monsieur, comment **allez**-vous?
Je **vais** bien, merci. Que **faites**-vous ...

Vergangen-heit

▶ Wenn man über etwas sprechen will, das in der *Vergangenheit* geschehen ist, gebraucht man

a) das **passé composé.**

Beispiel: Où **avez**-vous **été** pendant les vacances?
(Wo waren Sie in den Ferien?)
J'**ai été** chez ma grand-mère, à Nice.
(Ich war bei meiner Großmutter, in Nizza.)

b) das **passé récent,** wenn die Ereignisse gerade passiert sind, das heißt, wenn sie in der *unmittelbaren Vergangenheit* liegen.

Beispiel: Je **viens de téléphoner** à Sandrine.
(Ich habe gerade mit Sandrine telefoniert.)

Zukunft

▶ Wenn man über etwas *Zukünftiges* sprechen will, gebraucht man

a) das **futur.**

Beispiel: Sandrine m'a dit qu'elle **viendra** nous voir ce soir. Elle nous **montrera** ses photos.
(Sandrine hat mir gesagt, dass sie uns heute Abend besuchen will. Sie wird uns ihre Fotos zeigen.)

b) das **futur proche,** wenn man ausdrücken will, dass etwas in der *nahen Zukunft* geschieht und/oder *mit Sicherheit* geschehen wird.

Beispiel: Je **vais téléphoner** à ma mère pour lui dire que je reviendrai une heure plus tard.
(Ich werde gleich mit meiner Mutter telefonieren um ihr zu sagen, dass ich eine Stunde später zurückkommen werde.)

Im Deutschen steht statt des Futurs meist das Präsens.

Schéma de l'emploi des temps du verbe
Übersicht über die Zeitenfolge

Übersicht

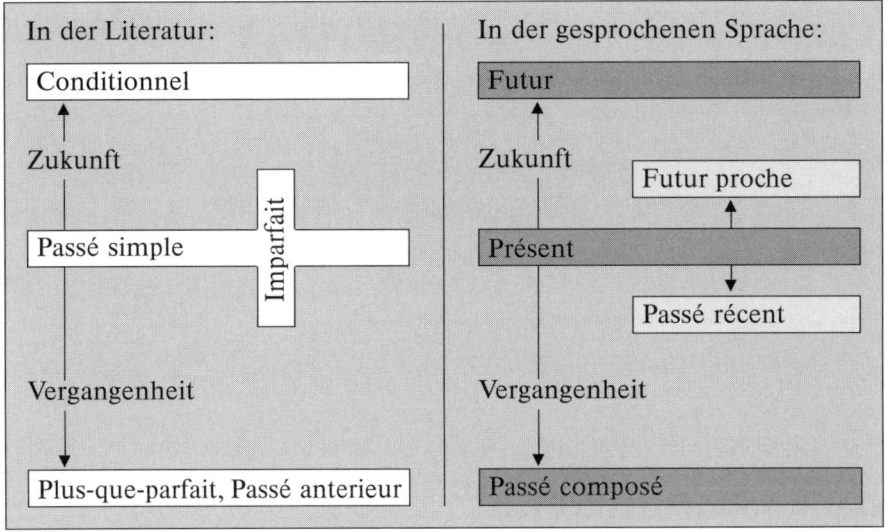

(Zur Zeitenfolge in der indirekten Rede siehe Seite 244 f.)

Le subjonctif
Der Konjunktiv / die Möglichkeitsform

Im Deutschen unterscheidet man in allen Zeiten zwischen **Indikativ** (Wirklichkeitsform) und **Konjunktiv** (Möglichkeitsform):

Vergleich mit dem Deutschen

Indikativ	Konjunktiv
er hat	er habe
sie weiß Bescheid	sie wisse Bescheid
wir hatten Zeit	wir hätten Zeit
es war möglich	es wäre möglich
er ist gekommen	er sei gekommen

Der Konjunktiv wird im Deutschen verwendet

▶ in der indirekten Rede.

Beispiel: – Sie sagte mir, sie *wisse* Bescheid.

▶ im Nebensatz mit „als ob".

Beispiel: – Das Kind schreit, als ob es Angst *hätte*.

▶ im irrealen „Wenn"-Satz.

Beispiel: – Wenn ich Zeit *hätte* ...

Auch das Französische unterscheidet in allen Zeiten zwischen **indicatif** und **subjonctif.** Die Regeln für die Verwendung des Subjonctif entsprechen jedoch *nicht* denen für den deutschen Konjunktiv!

Im Folgenden werden zunächst die Formen des Subjonctif aufgelistet, dann wird der Gebrauch dargestellt.

Le présent du subjonctif
Der Konjunktiv Präsens

Bildung

Die Formen des Présent du subjonctif setzen sich zusammen aus

▶ a) dem Stamm der 3. Person Plural Präsens

▶ b) und den Endungen «**-e**», «**-es**», «**-e**», «**-ions**», «**-iez**», «**-ent**».

Diese Endungen sind für alle Verbgruppen gleich.

Beispiele

Beispiel 1:	**parler:** ils parlent	→	que je parle (dass ich spreche)
	que je parle	→	que nous parlions
	que tu parles		que vous parliez
	qu'il/qu'elle parle		qu'ils/qu'elles parlent
Beispiel 2:	**finir:** ils finissent	→	que je finisse (dass ich aufhöre)
	que je finisse		que nous finissions
	que tu finisses		que vous finissiez
	qu'il/qu'elle finisse		qu'ils/qu'elles finissent
Beispiel 3:	**dire:** ils disent	→	que je dise (dass ich sage)
	que je dise		que nous disions
	que tu dises		que vous disiez
	qu'il/qu'elle dise		qu'ils/qu'elles disent

(Die unregelmäßigen Formen des Présent du subjonctif siehe Tabelle Seite 188 ff.)

Le subjonctif passé

Der Konjunktiv Perfekt

Der Subjonctif passé setzt sich zusammen

▶ a) aus dem Hilfsverb «avoir» oder «être» im *Présent du subjonctif*

b) und dem *Partizip Perfekt*

Die meisten französischen Verben bilden ihre zusammengesetzten Zeiten mit «avoir». Das Hilfsverb «être» wird bei 14 Verben der Bewegungsrichtung und des Verweilens (aller, arriver, demeurer, descendre, entrer, monter, mourir, naître, partir, rester, retourner, sortir, tomber, venir) sowie bei allen reflexiven Verben (siehe Seite 123) verwendet.

▶ Subjonctif passé mit **«avoir»**:

Beispiel: voir → que j'aie vu (dass ich gesehen habe)

que j'**aie vu**	que nous **ayons vu**
que tu **aies vu**	que vous **ayez vu**
qu'il/qu'elle **ait vu**	qu'ils/qu'elles **aient vu**

▶ Subjonctif passé mit **«être»**:

Beispiel: aller → que je sois allé (dass ich gegangen sei)

que je **sois allé**	que nous **soyons allés**
que tu **sois allé**	que vous **soyez allés**
qu'il/qu'elle **soit allé(e)**	qu'ils/qu'elles **soient allé(e)s**

(Zum Gebrauch der Hilfsverben «avoir» und «être» siehe Seite 119 f.)

(Zur Veränderlichkeit des Partizips Perfekt siehe Seite 134 ff.)

L'imparfait du subjonctif

Der Konjunktiv Imperfekt

Das Imparfait du subjonctif kommt heutzutage nur noch in der gehobenen Sprache (zum Beispiel in der Literatur) vor. Auch dort findet fast nur die *3. Person* Verwendung. Diese Form des Subjonctifs gebraucht man, wenn das übergeordnete Verb in der Vergangenheit steht. Statt des Imparfait du subjonctif verwendet man außerhalb der Literatur

▶ bei *Gleichzeitigkeit* den Subjonctif du présent.

Beispiel: Je ne croyais pas que Brigitte **vienne.**

(Ich glaubte nicht, dass Brigitte noch käme.)

▶ bei *Nachzeitigkeit* den Subjonctif passé.

Beispiel: Je ne croyais pas que Brigitte **ait reçu** l'invitation.

(Ich glaubte nicht, dass Brigitte die Einladung bekommen hatte.)

Das Imparfait du subjonctif wird mit folgenden Endungen gebildet:

▶ bei den Verben auf «-er» mit **«-asse»**, **«-asses»**, **«-ât»**, **«-assions»**, **«-assiez»**, **«-assent»**

▶ bei den anderen Verben mit **«-isse»**, **«-isses»**, **«-ît»**, **«-issions»**, **«-issiez»**, **«-issent»**

Beispiel 1:	**parler** → que je parl**asse** (dass ich spreche)	
	que je parl**asse**	que nous parl**assions**
	que tu parl**asses**	que vous parl**assiez**
	qu'il/qu'elle parl**ât**	qu'ils/qu'elles parl**assent**

Beispiel 2:	**attendre** → que j'attend**isse** (dass ich wartete)	
	que j'attend**isse**	que nous attend**issions**
	que tu attend**isses**	que vous attend**issiez**
	qu'il/qu'elle attend**ît**	qu'ils/qu'elles attend**issent**

L'emploi du subjonctif
Der Gebrauch des Konjunktivs

Es gibt acht Regeln dafür, wann der Subjonctif *automatisch* gebraucht werden muss.

▶ **Regel 1:**

a) Der Subjonctif steht immer nach folgenden Konjunktionen: *avant que* (bevor), *jusqu'à ce que* (bis), *pour que/afin que* (damit), *bien que/quoique* (obwohl), *à condition que* (unter der Bedingung, dass), *pourvu que* (vorausgesetzt, dass), *sans que* (ohne dass).

Beispiel: Je reste encore **quoiqu**'il **soit** déjà tard.
(Ich bleibe noch, obwohl es schon spät ist.)
J'attends **jusqu'à ce que** Sandrine **vienne**.
(Ich warte, bis Sandrine kommt.)

b) Der Subjonctif steht außerdem nach «de sorte que/de manière que» (damit), jedoch nicht, wenn diese beiden Konjunktionen „sodass" bedeuten.

▶ **Regel 2:**

Der Subjonctif steht im **«que»-Satz** nach Verben und Ausdrücken des **Gefühls.** Diese Verben werden auch „Verben der persönlichen Stellungnahme" oder „Verben des subjektiven Empfindens" genannt (siehe dazu auch Seite 178).

Häufige Verben und Ausdrücke des Gefühls sind:

admirer	–	bewundern
aimer	–	lieben
apprécier	–	schätzen

avoir honte	–	sich schämen
avoir peur	–	Angst haben
craindre	–	fürchten
s'étonner	–	erstaunt sein
s'indigner	–	sich entrüsten
s'inquiéter	–	sich beunruhigen
se moquer	–	sich lustig machen
se plaindre	–	sich beklagen
redouter	–	befürchten
regretter	–	bedauern
se réjouir	–	sich freuen
trouver bon, drôle	–	gut, komisch finden
cela m'étonne	–	es wundert mich
cela me plaît	–	es gefällt mir
cela me surprend	–	es überrascht mich
être charmé	–	entzückt sein
être content	–	zufrieden sein
être déçu	–	enttäuscht sein
être désolé	–	betrübt sein
être étonné	–	erstaunt sein
être fâché	–	ärgerlich sein
être fier	–	stolz sein
être furieux	–	wütend sein
être heureux	–	glücklich sein
être mécontent	–	unzufrieden sein
être ravi	–	entzückt sein
être satisfait	–	zufrieden sein
être stupéfait	–	verblüfft sein
être surpris	–	überrascht sein
être triste	–	traurig sein
il est dommage	–	es ist schade
il est étonnant	–	es ist erstaunlich

Beispiel: Je **suis triste** que Sandrine ne **soit** pas venue.
(Ich bin traurig, dass Sandrine nicht gekommen ist.)
J'**ai peur** qu'il y **ait eu** un accident.
(Ich habe Angst, dass ein Unfall passiert ist.)

▶ **Regel 3:**
Der Subjonctif steht im **«que»-Satz** nach **Verben** und **Ausdrücken** des **Wollens**. Diese Verben werden auch „Verben der Willensäußerung" genannt (siehe dazu auch Seite 178).

Verben des Wollens

Häufige Verben und Ausdrücke des Wollens:

accepter	–	zustimmen
aimer mieux	–	bevorzugen
approuver	–	billigen
attendre	–	erwarten
avoir envie	–	Lust haben
consentir	–	zustimmen
défendre	–	verbieten
demander	–	verlangen
désirer	–	wünschen
empêcher	–	verhindern
être d'accord	–	einverstanden sein
éviter	–	vermeiden
exiger	–	fordern
interdire	–	verbieten
ordonner	–	anordnen
permettre	–	erlauben
préférer	–	vorziehen
prier	–	bitten
proposer	–	vorschlagen
refuser	–	zurückweisen
souhaiter	–	wünschen
supporter	–	zulassen
tâcher	–	versuchen
tolérer	–	zulassen
vouloir	–	wollen
il convient	–	es ist angemessen
il est bon	–	es ist gut
il est important	–	es ist wichtig
il est indispensable	–	es ist notwendig
il est nécessaire	–	es ist unverzichtbar
il faut	–	es ist nötig
il est utile	–	es ist nützlich
il suffit	–	es reicht
il vaut mieux	–	es wäre besser

Beispiel: Brigitte **veut** que Sandrine **aille** avec elle chez Alain.
(Brigitte will, dass Sandrine mit ihr zu Alain geht.)
Mais Sandrine **n'est pas d'accord** qu'elles **aillent** chez Alain.
(Aber Sandrine ist nicht einverstanden, dass sie zu Alain gehen.)

▶ **Regel 4:**
Der Subjonctif steht im «**que**»-Satz nach **Verben** und Ausdrücken der **Unge-**
wissheit (siehe dazu auch Seite 178).

Verben der
Ungewissheit

Häufige Verben der Ungewissheit:

contester	–	bestreiten
douter	–	zweifeln
ne pas douter	–	nicht zweifeln
il arrive	–	es kommt vor
il est douteux	–	es ist zweifelhaft
il n'est pas douteux	–	es ist nicht zweifelhaft
il se peut	–	es kann sein
il est (im) possible	–	es ist (un)möglich
il est probable	–	es ist wahrscheinlich
il n'est pas	–	es ist nicht
certain,	–	gewiss,
sûr,	–	sicher,
vrai	–	wahr

Beispiel: Je **doute** que Brigitte **vienne** encore.
(Ich zweifle, dass Brigitte noch kommt.)

▶ **Regel 5:**
Der Subjonctif steht im «**que**»-Satz nach Verben des **Sagens und Denkens,**
wenn sie **verneint** oder **fragend** gebraucht sind (siehe dazu auch Seite 179).
Beispiel: Je **ne crois pas** que Brigitte **vienne** encore.
(Ich glaube nicht, dass Brigitte noch kommt.)
Crois-tu qu'elle **vienne** encore?
(Glaubst du, dass sie noch kommt?)

Verben des
Sagens und
Denkens

▶ **Regel 6:**
Der Subjonctif steht im **Relativsatz** (siehe dazu Seite 230 ff.) *nach einem*
Superlativ (siehe dazu Seite 103 ff.).
Beispiel: C'est **la plus belle** fille que je **connaisse.**
(Das ist das hübscheste Mädchen, das ich kenne.)

Relativsatz

▶ **Regel 7:**
Der Subjonctif steht nach *qui que* (wer auch immer), *quoi que* (was auch
immer), *quel que* (welcher Art auch immer).
Beispiel: **Quel qu'**il **soit,** il sera invité.
(Wer es auch sei, er wird eingeladen.)

qui que ...

► **Regel 8:**

Der Subjonctif steht in *Ausrufen,* die einen **Wunsch** ausdrücken.

Beispiel: **Vive** la république, **vive** la France!

(Es lebe die Republik, es lebe Frankreich!)

Pièges
Stolpersteine

Im Zusammenhang mit dem Subjonctif entstehen sehr viele Fehler in Klassenarbeiten und Klausuren: Schüler übersehen oft, dass nach bestimmten Konjunktionen und nach gewissen Verben im **«que»-Satz** der Subjonctif stehen **muss**. Daher der Rat: Beim Durchlesen eines selbstverfassten französischen Textes immer an die Möglichkeit denken, dass ein Subjonctif gebraucht werden muss!

Es gibt noch einige weitere Stolpersteine:

► **Zu Regel 2:**

Das Verb «espérer» (hoffen) ist *kein* Verb des Gefühls. Nach «espérer» steht daher im «que»-Satz das *Futur* oder das *Präsens.*

Beispiel: J'**espère** que Sandrine **viendra** encore.

(Ich hoffe, dass Sandrine noch kommt.)

► **Zu Regel 3:**

Das Verb «décider» (entscheiden, beschließen) ist *kein* Verb des Wollens. Nach «décider» steht daher im «que»-Satz das *Futur.*

Beispiel: Sandrine **a décidé** qu'elle ne **viendra** plus chez Alain.

(Sandrine hat beschlossen, dass sie nicht mehr zu Alain geht.)

► **Zu Regel 4:**

Nach «il semble que» steht der Subjonctif *nur,* wenn eine *Ungewissheit* ausgedrückt werden soll.

Beispiel: Il **semble** que le voyage **a été** intéressant.

(Es scheint, dass die Reise interessant war.

Das ist ziemlich sicher.)

Il **semble** que le voyage **ait été** intéressant.

(Das ist nicht sicher, das ist ungewiss.)

▶ **Zu Regel 5**

Der Deutsch Sprechende ist gewöhnt, dass nach Verben des Sagens und Denkens in der indirekten Rede der Konjunktiv steht. Im Französischen ist das *nicht* so. Im Französischen steht nur dann der Subjonctif, wenn die Verben des Sagens und Denkens verneint oder fragend gebraucht werden.

Beispiel: Brigitte **a raconté** que le voyage a été intéressant.

(Brigitte erzählte, dass die Reise interessant gewesen sei.)

Je **ne crois pas** qu'elle **ait** raison.

(Ich glaube nicht, dass sie Recht hat.)

Indirekte Rede

Exercices
Übungen

Übungen

I. *Formez le subjonctif.*
   Bilden Sie den Subjonctif.
   1. aller: il faut que j'…
   2. boire: il faut que tu … ton lait
   3. être: il faut qu'elle … sage
   4. faire: il faut que Pierre … ses devoirs
   5. savoir: il faut que vous … la vérité
   6. tenir: il faut que tu … tes promesses
   7. venir: il faut que nous … tous à la réunion
   8. voir: il faut que vous … les dégâts[1]
   9. finir: il faut que vous … la discussion
   10. dire: il faut que tu lui … tout
   11. avoir: il faut que vous … patience

---
1 Schäden

II. *Formez le subjonctif.*
   Bilden Sie den Subjonctif.
   1. ils finissent   –   que je …
   2. ils pensent   –   que vous …
   3. ils disent   –   que je …
   4. ils prennent   –   qu'elle …
   5. ils arrivent   –   que tu …
   6. ils croient   –   qu'il …
   7. ils mettent   –   qu'elle …
   8. ils partent   –   que je …
   9. ils sortent   –   qu'elle …
   10. ils travaillent   –   que nous …

Employez le subjonctif «vienne» et expliquez pourquoi.
   **Verwenden Sie den Subjonctif «vienne» und erklären Sie,
   warum das sein muss.**
   1. Mon père ne veut pas qu'Alain ... tous les jours chez nous.
   2. Mais ma mère est d'accord qu'il ... aujourd'hui.
   3. Ma sœur est surprise qu'il ... aujourd'hui.
   4. J'attends jusqu'à ce qu'il ...
   5. Je lui ai téléphoné afin qu'il ... plus tôt.
   6. Je regrette qu'il ne ... pas plus tôt.
   7. Sylvie a préparé un bon repas avant qu'il ...
   8. Elle est heureuse qu'Alain ... enfin.

IV. *Cherchez les conjonctions qui demandent le subjonctif
   et ajoutez «sait» ou «sache».*
   **Suchen Sie die Konjunktionen, die den Subjonctif verlangen,
   und ergänzen Sie «sait» oder «sache».**
   1. ... parce qu'il ... la vérité.
   2. ... pour qu'il ... la vérité.
   3. ... à condition qu'il ... la vérité.
   4. ... pourvu qu'il ... la vérité.
   5. ... avant qu'il ... la vérité.
   6. ... depuis qu'il ... la vérité.
   7. ... sans qu'il ... la vérité.
   8. ... jusqu'à ce qu'il ... la vérité.

**Übungen im
Kontext**

V. *Expliquez l'emploi des verbes au subjonctif.*
   Erklären Sie den Gebrauch der Verben im Subjonctif.
   – Moi, dis-je, je sais bien qu'il faut que j'aille en classe, et même ça me fait
   plaisir d'y aller.
   – A la bonne heure! dit l'oncle Jules en se levant.
   – Tu deviens raisonnable! dit mon père.

   (Pagnol: Le château de ma mère)

   Parmi les animaux de l'île, les plus utiles seraient à coup sûr[1] les chèvres[2] et
   les chevreaux[3] qui s'y trouvaient en grand nombre, pourvu qu'il parvienne
   à les domestiquer[4].

   ———
   1 sicherlich 2 Ziegen 3 Zicklein 4 zähmen   *(Michel Tournier: Vendredi ou la vie sauvage)*

VI. *Complétez les textes.*

Vervollständigen Sie die Texte.

- Il faudrait repartir le dimanche après-midi.
- Pourquoi pas le lundi matin?
- Parce qu'il faut que je ... (être) à l'école à huit heures précises, tu le sais bien.

(Pagnol: Le château de ma mère)

Maigret sonna à deux ou trois reprises. Dès[1] la seconde, il entendit du bruit à l'intérieur, mais cinq minutes s'écoulèrent[2] avant que la porte ... (s'ouvrir).
- M. Ducrau, s'il vous plaît?
- C'est ici. Entrez.

---
1 von ... an   2 vergehen

- Eh bien, Mélie?
- Mme Berthe fait répondre qu'elle ne ... (pouvoir) pas descendre. Ducrau aspirait[1] bruyamment[2] sa soupe.
- Va lui répéter, toi, que je veux qu'elle ... (descendre), malade ou non. Compris?

---
1 schlürfen   2 laut   *(Simenon: Le Commissaire Maigret – L'écluse No 1)*

La voix passive

Das Passiv / die Leideform

Leideform bedeutet, dass das Subjekt des Satzes nicht aktiv ist, sondern etwas erleidet.

Aktiv	Passiv
Der Hund beißt Peter. (Der Hund ist aktiv.) Der Arzt impft Peter gegen Tollwut. (Der Arzt tut etwas.)	Peter wird vom Hund gebissen. (Peter erleidet etwas.) Peter wird gegen Tollwut geimpft. (Peter erleidet etwas.)

Vergleich Aktiv/Passiv

Auch im Französischen gibt es ein Passiv:

Aktiv	Passiv
La voix active Le chien **mord** Pierre. Le médecin **vaccine** Pierre contre la rage.	**La voix passive** Pierre **est mordu** par le chien. Pierre **est vacciné** contre la rage.

Die Formen des Passivs

▶ Die Formen des Passivs setzen sich zusammen aus

a) dem Hilfsverb «être»

b) und dem Partizip Perfekt

Beispiel: mordre → je suis mordu (ich werde gebissen)

je **suis mordu**	nous **sommes mordus**
tu **es mordu**	vous **êtes mordus**
il/elle **est mordu(e)**	ils/elles **sont mordu(e)s**

(Zur Veränderlichkeit des Partizips Perfekt siehe Seite 134 ff.)

▶ Das Passiv gibt es in allen Zeiten und im Subjonctif:

a) Imparfait (ich wurde gebissen):

j'**étais mordu**

tu **étais mordu**

il/elle **était mordu(e)** . . .

b) Passé composé (ich bin gebissen worden):

j'**ai été mordu**

tu **as été mordu**

il/elle **a été mordu(e)** . . .

c) Subjonctif (dass ich gebissen werde):

que je **sois mordu**

que tu **sois mordu**

qu'il/qu'elle **soit mordu(e)** . . .

L'emploi de «par» et de «de»
Der Gebrauch von «par» und von «de»

An das Verb im Passiv wird das Objekt mit «par» oder «de» angeschlossen.

▶ «Par» drückt einen *Vorgang* aus.

Beispiel: Le chat a été écrasé **par** un camion.

(Die Katze ist von einem Lkw überfahren worden.)

Le cambrioleur a été surpris **par** le propriétaire.

(Der Dieb ist vom Eigentümer überrascht worden.)

▶ «De» drückt einen *Zustand* aus.

Beispiel: La ville est entourée **de** remparts.

(Die Stadt ist von Verteidigungsanlagen umgeben.)

Le texte est accompagné **de** notes.

(Der Text ist mit Anmerkungen versehen.)

Piège
Stolperstein

⚠️

▶ Im Deutschen kann ein Satz im Passiv *ohne Subjekt* gebildet werden.
Beispiel: In dieser Show wird viel gelacht.

▶ Im Französischen ist das *nicht* möglich! Franzosen gebrauchen stattdessen die Formulierung mit «on» („man").
Beispiel: Dans cette émission de variété, **on** rit beaucoup.
(In dieser Show wird viel gelacht.)
En France, **on** boit beaucoup de vin.
(In Frankreich wird viel Wein getrunken.)

L'impératif
Der Imperativ / die Befehlsform

▶ Die deutsche Bezeichnung **Befehlsform** gibt an, wofür man den Imperativ benutzt: um einen Befehl oder eine Aufforderung auszudrücken. Das tut zum Beispiel der Lehrer in der Schule. Er sagt zu seinen Schülerinnen und Schülern: Passt auf! Komm her! Schreib! Lies den Satz! *Gebrauch*

▶ Auch im Französischen gibt es den Imperativ.
Beispiel: **Faites** attention. **Viens** ici. **Écris. Lis** la phrase.

▶ Der Imperativ wird mit folgenden Endungen gebildet: *Bildung*
a) bei den Verben auf «-er» mit «**-e**», «**-ons**» und «**-ez**».
Beispiel: parler
parl**e**   parl**ons** (lasst uns sprechen)   parl**ez**
b) bei den Verben auf «-ir» mit «**-is**», «**-issions**» und «**-issez**».
Beispiel: finir
fin**is**   fin**issons** (lasst uns aufhören)   fin**issez**
c) bei den anderen Verben mit «**-s**», «**-ons**» und «**-ez**».
Beispiel: répondre
répond**s**   répond**ons** (lasst uns antworten)   répond**ez**
▶ Die Form auf «-ez» wird auch zum Ausdruck der Höflichkeit gebraucht.
Beispiel: Parl**ez**!   Attend**ez**, monsieur.
(Sprechen Sie!) (Warten Sie, mein Herr.)

Beachte: Bei den reflexiven Verben steht beim bejahten Imperativ das Reflexiv-pronomen hinter dem Verb, beim verneinten Imperativ vor dem Verb:

Beispiel: **Bejahter Imperativ:** **Verneinter Imperativ:**

Dépêche-toi.   Ne t'inquiète pas.
(Beeil dich!)   (Beunruhige dich nicht!)
Dépêchons-nous.   Ne nous inquiétons pas.
(Beeilen wir uns!)   (Beunruhigen wir uns nicht!)

Die unregelmäßigen Formen des Imperativs

aller (gehen)	**va, allons, allez**	**ABER:** Vas-y.
avoir (haben)	**aie, ayons ayez**	
être (sein)	**sois, soyons, soyez**	
savoir (wissen)	**sache, sachons, sachez**	
vouloir (wollen)	**veuille, veuillons, veuillez**	

Piège
Stolperstein

▶ Beim Gebrauch der 2. Person Singular des Imperativs werden viele Fehler gemacht. Die Verben auf **«-er»** haben hier *kein* «-s» – im Gegensatz zu den anderen Verben und im Gegensatz zur 2. Person Singular Präsens.

Beispiel: **Infinitiv:**   **Präsens:**   **Imperativ ohne «-s»:**

écouter   tu écoutes   écoute △
regarder   tu regardes   regarde △
arriver   tu arrives   arrive △

ABER: **Imperativ mit «-s»:**
Beispiel: entendre   entends
voir   vois
venir   viens

Exercices
Übungen

I. *Employez les impératifs.*
   Verwenden Sie die Imperative.
1. Tu écoutes? . . . *écoute - toi ?*
2. Tu regardes? . . . *regarde - toi*
3. Tu entends? . . . *entends - toi*
4. Tu me donnes le livre? . . .-moi le livre. *donne - moi*
5. Tu restes encore ici? . . . encore ici. *reste - toi*
6. Tu manges la banane? . . . la banane. *mange - toi*
7. Tu bois un café? . . . un café. *bois toi*
8. Voilà ton professeur. Tu lui dis bonjour? . . .-lui bonjour. *dis*

II. *Employez les impératifs.*
   Verwenden Sie die Imperative.
1. Tu me donnes le journal?
   Mais . . .-moi le journal. *donne*
2. Tu ne veux pas rester ici?
   Mais . . . ici. *reste rester*
3. Tu ne manges pas les carottes?
   Mais . . . les carottes. *mange*
4. Tu n'es pas gentil.
   . . . gentil. *ne sois pas*
5. Tu sais la vérité? Non?
   Eh bien . . . la vérité. *sache*

III. *Complétez le texte par les impératifs.*
   Ergänzen Sie den Text mit den Imperativen.
   (Un monsieur parle au commissaire:)
   – . . . (boire) votre verre. . . . (prendre) un cigare.
   . . .-en (mettre) quelques-uns en poche. Mais si! . . . (faire) votre métier . . .

   (Simenon: Le Commissaire Maigret – L'écluse Nº 1)

boyez . prennez
- metten faites

Schéma des formes régulières des verbes à la voix active

Übersicht über die regelmäßigen Verbformen im Aktiv

Der Infinitiv/l'infinitif		(siehe auch Seite 130)
parler	choisir	vendre

Das Partizip Präsens/le participe présent		(siehe auch Seite 131 f.)
parlant	choisissant *	vendant
	* Stammerweiterung durch «-iss-»	

Das Partizip Perfekt/le participe passé		(siehe auch Seite 133 ff.)
parlé,e	choisi,e	vendu,e

Das Präsens/le présent (siehe auch Seite 142 ff.)

je	parle	je	choisis	je	vends
tu	parles	tu	choisis	tu	vends
il	parle	il	choisit	il	vend
nous	parlons	nous	choisissons *	nous	vendons
vous	parlez	vous	choisissez *	vous	vendez
ils	parlent	ils	choisissent *	ils	vendent

*Stammerweiterung durch «-iss-»

Das Perfekt/le passé composé (siehe auch Seite 153 ff.)

j'	ai	parlé	j'	ai	choisii	j'	ai	vendu
tu	as	parlé	tu	as	choisi	tu	as	vendu
il	a	parlé	il	a	choisi	il	a	vendu
nous	avons	parlé	nous	avons	choisi	nous	avons	vendu
vous	avez	parlé	vous	avez	choisi	vous	avez	vendu
ils	ont	parlé	ils	ont	choisi	ils	ont	vendu

Das Imperfekt/l'imparfait (siehe auch Seite 148 f.)

je	parlais	je	choisissais	je	vendais
tu	parlais	tu	choisissais	tu	vendais
il	parlait	il	choisissait	il	vendait
nous	parlions	nous	choisissions	nous	vendions
vous	parliez	vous	choisissiez	vous	vendiez
ils	parlaient	ils	choisissaient	ils	vendaient

Das Passé simple/le passé simple (siehe auch Seite 151 ff.)

je	parlai	je	choisis	je	vendis
tu	parlas	tu	choisis	tu	vendis
il	parla	il	choisit	il	vendit
nous	parlâmes	nous	choisîmes	nous	vendîmes
vous	parlâtes	vous	choisîtes	vous	vendîtes
ils	parlèrent	ils	choisirent	ils	vendirent

Das Plusquamperfekt/le plus-que-parfait (siehe auch Seite 156)

j'	avais	parlé	j'	avais	choisi	j'	avais	vendu
tu	avais	parlé	tu	avais	choisi	tu	avais	vendu
il	avait	parlé	il	avait	choisi	il	avait	vendu
nous	avions	parlé	nous	avions	choisi	nous	avions	vendu
vous	aviez	parlé	vous	aviez	choisi	vous	aviez	vendu
ils	avaient	parlé	ils	avaient	choisi	ils	avaient	vendu

Das Verb

Regelmäßige Verbformen im Aktiv

Das Passé antérieur/le passé antérieur (siehe auch Seite 157)

j'	eus	parlé	j'	eus	choisi	j'	eus	vendu
tu	eus	parlé	tu	eus	choisi	tu	eus	vendu
il	eut	parlé	il	eut	choisi	il	eut	vendu
nous	eûmes	parlé	nous	eûmes	choisi	nous	eûmes	vendu
vous	eûtes	parlé	vous	eûtes	choisi	vous	eûtes	vendu
ils	eurent	parlé	ils	eurent	choisi	ils	eurent	vendu

Das Futur I/le futur simple (siehe auch Seite 160 ff.)

je	parlerai	je	choisirai	je	vendrai
tu	parleras	tu	choisiras	tu	vendras
il	parlera	il	choisira	il	vendra
nous	parlerons	nous	choisirons	nous	vendrons
vous	parlerez	vous	choisirez	vous	vendrez
ils	parleront	ils	choisiront	ils	vendront

Das Futur II/le futur antérieur (siehe auch Seite 163)

j'	aurai	parlé	j'	aurai	choisi	j'	aurai	vendu
tu	auras	parlé	tu	auras	choisi	tu	auras	vendu
il	aura	parlé	il	aura	choisi	il	aura	vendu
nous	aurons	parlé	nous	aurons	choisi	nous	aurons	vendu
vous	aurez	parlé	vous	aurez	choisi	vous	aurez	vendu
ils	auront	parlé	ils	auront	choisi	ils	auront	vendu

Das Konditional/le conditionnel (siehe auch Seite 164 f.)

je	parlerais	je	choisirais	je	vendrais
tu	parlerais	tu	choisirais	tu	vendrais
il	parlerait	il	choisirait	il	vendrait
nous	parlerions	nous	choisirions	nous	vendrions
vous	parleriez	vous	choisiriez	vous	vendriez
ils	parleraient	ils	choisiraient	ils	vendraient

Das Konditional II/le conditionnel passé (siehe auch Seite 166)

j'	aurais	parlé	j'	aurais	choisi	j'	aurais	vendu
tu	aurais	parlé	tu	aurais	choisi	tu	aurais	vendu
il	aurait	parlé	il	aurait	choisi	il	aurait	vendu
nous	aurions	parlé	nous	aurions	choisi	nous	aurions	vendu
vous	auriez	parlé	vous	auriez	choisi	vous	auriez	vendu
ils	auraient	parlé	ils	auraient	choisi	ils	auraient	vendu

Der Konjunktiv Präsens/le subjonctif présent (siehe auch Seite 172 f.)

que je	parle	que je	choisisse	que je	vende
que tu	parles	que tu	choisisses	que tu	vendes
qu'il	parle	qu'il	choisisse	qu'il	vende
que nous	parlions	que nous	choisissions	que nous	vendions
que vous	parliez	que vous	choisissiez	que vous	vendiez
qu'ils	parlent	qu'ils	choisissent	qu'ils	vendent

Der Konjunktiv Imperfekt/le subjonctif imparfait (siehe auch Seite 173)

que je	parlasse	que je	choisisse	que je	vendisse
que tu	parlasses	que tu	choisisses	que tu	vendisses
qu'il	parlât	qu'il	choisît	qu'il	vendit
que nous	parlassions	que nous	choisissions	que nous	vendissions
que vous	parlassiez	que vous	choisissiez	que vous	vendissiez
qu'ils	parlassent	qu'ils	choisissent	qu'ils	vendissent

Der Imperativ/l'impératif (siehe auch Seite 183)

parle	choisis	vends
parlons	choisissons *	vendons
parlez	choisissez *	vendez

* Stammerweiterung durch «-iss-»

Schéma des formes irrégulières des verbes à la voix active

Übersicht über die unregelmäßigen Verbformen im Aktiv

Infinitiv	Präsens	Passé simple	Futur I	Partizip Perfekt	Subjonctif
acheter (einkaufen)	j'achète nous achetons	j'achetai	j'achèterai	acheté	que j'achète
aller (gehen)	je vais tu vas il va nous allons vous allez ils vont	j'allai	j'irai	allé	que j'aille
appeler (rufen)	j'appelle nous appelons ils appellent	j'appelai	j'appellerai	appelé	que j'appelle
boire (trinken)	je bois nous buvons ils boivent	je bus	je boirai	bu	que je boive
commencer (anfangen)	je commence nous commençons ils commencent	je commençai	je commencerai	commencé	que je commence
conduire (führen)	je conduis nous conduisons ils conduisent	je conduisis	je conduirai	conduit	que je conduise
connaître (kennen)	je connais il connaît nous connaissons ils connaissent	je connus	je connaîtrai	connu	que je connaisse
construire (bauen)	je construis nous construisons ils construisent	je construisis	je construirai	construit	que je construise
courir (laufen)	je cours nous courons ils courent	je courus	je courrai	couru	que je coure
croire (glauben)	je crois nous croyons ils croient	je crus	je croirai	cru	que je croie
devoir (müssen)	je dois nous devons ils doivent	je dus	je devrai	dû, due	que de doive
dire (sagen)	je dis nous disons vous dites ils disent	je dis	je dirai	dit	que je dise

Unregelmäßige Verbformen im Aktiv

Infinitiv	Präsens	Passé simple	Futur I	Partizip Perfekt	Subjonctif
dormir (schlafen)	je dors nous dormons ils dorment	je dormis	je dormirai	dormi	que je dorme
écrire (schreiben)	j'écris nous écrivons ils écrivent	j'écrivis	j'écrirai	écrit	que j'écrive
employer (verwenden)	j'emploie nous employons ils emploient	j'employai	j'emploierai	employé	que j'emploie
espérer (hoffen)	j'espère nous espérons ils espèrent	j'espérai	j'espérerai	espéré	que j'espère
essayer (versuchen)	j'essaie nous essayons ils essaient	j'essayai	essayerai	essayé	que j'essaye
faire (machen)	je fais nous faisons vous faites ils font	je fis	je ferai	fait	que je fasse
falloir (nötig sein)	il faut	il fallut	il faudra	fallu	qu'il faille
fuir (fliehen)	je fuis nous fuyons ils fuient	je fuis	je fuirai	fui	que je fuie
jeter (werfen)	je jette nous jetons ils jettent	je jetai	je jetterai	jeté	que je jette
lire (lesen)	je lis nous lisons ils lisent	je lus	je lirai	lu	que je lise
manger (essen)	je mange nous mangeons ils mangent	je mangai il mangea	je mangerai	mangé	que je mange
mettre (setzen)	je mets nous mettons ils mettent	je mis	je mettrai	mis	que je mette
mourir (sterben)	je meurs nous mourons ils meurent	je mourus	je mourrai	mort	que je meure
naître (geboren werden)	je nais il naît nous naissons ils naissent	je naquis	je naîtrai	né	que je naisse
ouvrir (öffnen)	j'ouvre nous ouvrons ils ouvrent	j'ouvris	j'ouvrirai	ouvert	que j'ouvre
paraître (erscheinen)	je parais nous paraissons ils paraissent	je parus	je paraîtrai	paru	que je paraisse

Infinitiv	Präsens	Passé simple	Futur I	Partizip Perfekt	Subjonctif
partir (weggehen)	je pars nous partons ils partent	je partis	je partirai	parti	que je parte
payer (zahlen)	je paye/paie nous payons ils payent/paient	je payai	je payerai je paierai	payé	que je paye
plaindre (beklagen)	je plains nous plaignons ils plaignent	je plaignis	je plaindrai	plaint	que je plaigne
plaire (gefallen)	je plais il plaît nous plaisons ils plaisent	je plus	je plairai	plu	que je plaise
pleuvoir (regnen)	il pleut	il plut	il pleuvra	plu	qu'il pleuve
pouvoir (können)	je peux il peut nous pouvons ils peuvent	je pus	je pourrai	pu	que je puisse
prendre (nehmen)	je prends nous prenons ils prennent	je pris	je prendrai	pris	que je prenne
recevoir (erhalten)	je reçois nous recevons ils reçoivent	je reçus	je recevrai	reçu	que je reçoive
rire (lachen)	je ris nous rions ils rient	je ris	je rirai	ri	que je rie
savoir (wissen)	je sais nous savons ils savent	je sus	je saurai	su	que je sache
servir (dienen)	je sers nous servons ils servent	je servis	je servirai	servi	que je serve
suffire (ausreichen)	je suffis nous suffisons ils suffisent	je suffis	je suffirai	suffi	que je suffise
suivre (folgen)	je suis nous suivons ils suivent	je suivis	je suivrai	suivi	que je suive
taire (schweigen)	je tais nous taisons ils taisent	je tus	je tairai	tu	que je taise
tenir (halten)	je tiens nous tenons ils tiennent	je tins	je tiendrai	tenu	que je tienne
valoir (wert sein)	je vaux il vaut nous valons ils valent	je valus	je vaudrai	valu	que je vaille que nons valions

Das Verb
Unregelmäßige Verbformen im Aktiv

Infinitiv	Präsens	Passé simple	Futur I	Partizip Perfekt	Subjonctif
vendre (verkaufen)	je vends nous vendons ils vendent	je vendis	je vendrai	vendu	que je vende
venir (kommen)	je viens nous venons ils viennent	je vins	je viendrai	venu	que je vienne
vivre (leben)	je vis nous vivons ils vivent	je vécus	je vivrai	vécu	que je vive
voir (sehen)	je vois nous voyons ils voient	je vis	je verrai	vu	que je voie
vouloir (wollen)	je veux nous voulons ils veulent	je voulus	je voudrai	voulu	que je veuille

La préposition

Die Präposition/
das Verhältniswort

Funktion

Präpositionen (Verhältniswörter) sind kurze, unveränderliche Wörter, die eine Bezeichnung zwischen anderen Wörtern (oder auch Wortgruppen) herstellen. Sie werden sehr häufig gebraucht und ihre richtige Verwendung ist schwierig. Wer Englisch gelernt hat, der hat auch die Erfahrung gemacht, welche Probleme die Präpositionen bereiten und wie viele Fehler in Klassenarbeiten und Klausuren durch falsche Präpositionen entstehen.

Französische Präpositionen sind

► de, à, en, pour, dans (in), avec (mit), par (durch), sur (auf), après (nach), chez (bei), sans (ohne), jusque (bis), avant (vor), pendant (während), sous (unter), vers (nach), derrière (hinter), depuis (seit), contre (gegen), selon (gemäß), malgré (trotz), excepté (außer), entre (zwischen), parmi (zwischen), hors (ausgenommen), sauf (außer) . . .

► Neben den einfachen Präpositionen, den *prépositions simples*, gibt es auch präpositionale Ausdrücke (**locutions prépositives**):
à travers (durch), d'après (gemäß), au-dessus de (oberhalb), au-dessous de (unterhalb), au-delà de (jenseits), grâce à (dank), près de (nahe), loin de (fern), vis-à-vis (gegenüber), en face de (gegenüber), quant à (was anbelangt), en dépit de (trotz) . . .

Fehler-quellen

Der Gebrauch der Präpositionen
Häufig entstehen Fehler im Zusammenhang mit Präpositionen,

► weil beim Gebrauch einzelner Präpositionen *Besonderheiten* zu beachten sind. So steht zum Beispiel zwischen «avant» und dem Infinitiv «de».
Beispiel: avant de partir
(vor dem Losfahren)

► weil es Unterschiede im Gebrauch der französischen und der entsprechenden deutschen Präpositionen gibt.
Beispiel: **avant** le départ   **devant** la gare
(*vor* der Abfahrt)   (*vor* dem Bahnhof)

► weil die Präpositionen für die Verbanschlüsse gebraucht werden. Als Verbanschlüsse bezeichnet man die Objekte und die Infinitive, die dem Prädikat folgen (siehe Seite 124 ff. und Seite 127 ff.).

Beispiel: Je pense **à mon ami.**

(Ich denke an meinen Freund.)

Das Objekt «mon ami» wird mit der Präposition «à» an das Verb angeschlossen.

Je l'invite **à venir passer** le dimanche chez moi.

(Ich lade ihn ein den Sonntag bei mir zu verbringen.)

Der Infinitiv «venir» wird mit der Präposition «à» an das Verb angeschlossen.

Particularités: «à/de», «afin/avant», «avant/devant»
Besonderheiten: «à/de», «afin/avant», «avant/devant»

▶ **à/de + Artikel**

Besonder-heiten

Die Präpositionen «à» und «de» werden mit den Artikeln «le» und «les» zusammengezogen (siehe auch Seite 46 f).

a) à + le → au

Beispiel: Mentir **au** professeur. (à + le professeur)

à/de + Artikel

(Dein Professor belügen.)

à – les → aux

Beispiel: Mentir **aux** professeurs. (à + les professeurs)

(Die Professoren belügen.)

b) de + le → du

Beispiel: Parler **du** livre. (de + le livre)

(Über das Buch sprechen.)

de + les → des

Beispiel: Parler **des** livres. (de + les livres)

(Über die Bücher sprechen.)

Beachte: «à» und «la», «de» und «la» werden *nicht* zusammengezogen.

▶ **afin/avant + Infinitiv**

afin de / avant de

Wenn «afin» und «avant» vor einem Infinitiv gebraucht werden, steht jeweils zwischen der Präposition und dem Infinitiv «de».

Beispiel: avant le repas

avant **de** manger ⎫ vor der Mahlzeit

▶ **avant/devant**

avant / devant

«Avant» und «devant» sind ins Deutsche zu übersetzen mit „vor".

«Avant» bezeichnet ein *zeitliches* Verhältnis, «devant» ein *räumliches* Verhältnis.

Beispiel: Quitter le cinéma **avant la fin** du film.

(Das Kino vor dem Ende des Films verlassen.)

Attendre son ami **devant le cinéma.**

(Seinen Freund vor dem Kino erwarten.)

▶ Wiederholung der Präpositionen «**à**», «**de**» und «**en**»

Wenn *mehrere Beziehungswörter* vorhanden sind, werden die Präpositionen «à», «de» und «en» *vor jedem Beziehungswort wiederholt.* Im Deutschen reicht es aus, wenn die Präposition vor dem ersten Beziehungswort steht.

Beispiel: Ils parlent **de** la politique et **de** la situation sociale des ouvriers.
(Sie sprechen über Politik und die soziale Lage der Arbeiter.)
Je pense **à** Sandrine et **à** Brigitte.
(Ich denke an Sandrine und Brigitte.)

Pièges
Stolpersteine

Sehr häufig werden bei zwei Präpositionen *Rechtschreibfehler* gemacht.

▶ bei **à/a**

a) «**à**» ist eine *Präposition:*

| **Beispiel:** | **à** Paris | aller **à** la gare |
| | (in Paris) | (zum Bahnhof gehen) |

b) «**a**» ist eine Form des Hilfsverbs «*avoir*»:

| **Beispiel:** | il **a** faim | elle **a** des yeux bleus |
| | (er hat Hunger) | (sie hat blaue Augen) |

▶ bei **sur/sûr**

a) «**sur**» ist eine *Präposition* und bedeutet „auf".

| **Beispiel:** | **sur** le pont d'Avignon | presser **sur** le bouton |
| | (auf der Brücke von Avignon) | (auf den Knopf drücken) |

b) «**sûr**», «**sûre**» ist ein *Adjektiv* und bedeutet „sicher".

| **Beispiel:** | un lieu **sûr** | j'en suis **sûr** |
| | (ein sicherer Ort) | (ich bin dessen sicher) |

Exercices
Übungen

I. *Employez «avant» ou «devant».*
Verwenden Sie «avant» oder «devant»

1. . . . une heure
2. . . . le départ
3. . . . le musée
4. . . . la porte
5. . . . le petit déjeuner

6. ... la table
7. C'était un peu ... neuf heures, le lendemain, que Maigret arriva à la Police judiciaire.
8. Maigret était sur le trottoir d'en face, ... l'éventaire[1] de la fleuriste.

1 Auslagen   (Simenon: Le Commissaire Maigret – L'écluse No 1)

II. Traduisez. (Attention à la répétition des prépositions!)
Übersetzen Sie. (Achten Sie auf die Wiederholung der Präpositionen!)
1. Ich frage Sandrine und Brigitte.
2. Ich interessiere mich für Sport und Fischfang[1].
3. Ich brauche[2] ein Wörterbuch und eine Grammatik.
4. Alain hat seinen Vater und seine Mutter belogen[3].
5. Wir haben über Politik und die aktuelle Situation gesprochen.
6. Ich erinnere[4] mich an Frau Dupont und ihre Tochter.
7. Ich muss mit Onkel Marcel und Tante Jacqueline telefonieren.
8. Ich habe eine Reise nach Arles und Marseille gemacht.

1 la pêche   2 avoir besoin de   3 mentir   3 se souvenir

III. Employez «a» ou «à».
Gebrauchen Sie «a» oder «à».
1. Brigitte ... posé la question ... Mme Dubois.
2. Mais elle n'... pas répondu ... la question.
3. Sylvie ... dit ... sa mère qu'elle ... mal ... la tête.
4. Cette voiture fait ... peu près 200 ... l'heure.
5. Brigitte: Alain m'... attendue ... la gare, ... Marseille.

IV. Employez «sur» ou «sûr».
Gebrauchen Sie «sur» oder «sûr».
1. Bien ..., je viendrai ce soir!
2. Prenez votre parapluie, c'est plus ...
3. J'en suis ..., il ne pleuvra pas.
4. Monter ... un bateau.
5. S'asseoir ... une chaise.
6. Réfléchir ... un problème.
7. Avoir le goût[1] ...

1 Geschmack

La conjonction

Die Konjunktion / das Bindewort

Funktion

Die deutsche Bezeichnung **Bindewort** deutet an, welche Aufgabe diese Wörter im Satz haben: Sie verbinden Satzteile oder Sätze.

Beispiel: Pro *oder* contra. Ich lese ein Buch *und* du hörst Radio.

▶ Es gibt zwei Arten von Konjunktionen, je nachdem, welche Satzteile oder Sätze durch sie verbunden werden:
a) die nebenordnenden Konjunktionen/les conjonctions de coordination
b) die unterordnenden Konjunktionen/les conjonctions de subordination

Les conjonctions de coordination

Die nebenordnenden Konjunktionen

Die beiden am häufigsten gebrauchten nebenordnenden Konjunktionen sind **et** (und) und **ou** (oder). Sie *verbinden Wörter, Satzteile* (Satzglieder) oder *Sätze,* die von gleicher Art, das heißt „nebengeordnet" sind.

Nebenordnende Konjunktionen

Übersicht

et Sandrine **et** Brigitte	und Sandrine und Brigitte
non seulement ... mais encore Elle a dansé **non seulement** avec Alain **mais encore** avec Luc.	nicht nur ... sondern auch Sie hat nicht nur mit Alain getanzt, sondern auch mit Luc.
de plus Cette jeune fille est belle et **de plus** intelligente	außerdem Dieses junge Mädchen ist schön und außerdem intelligent.
ou être pour **ou** contre	oder dafür oder dagegen sein

ou bien ... ou bien **Ou bien** tu te dépêches **ou bien** tu resteras ici.	entweder ... oder Entweder du beeilst dich oder du bleibst hier.
d'une part ... d'autre part **d'un côté ... d'autre côté** **D'une part** ce voyage sera magnifique, **d'autre part** il coûte très cher.	einerseits ... andererseits Einerseits wird diese Reise großartig sein, andererseits kostet sie sehr viel.
mais Il fait beau temps, **mais** il fait froid.	aber Es ist schönes Wetter, aber es ist kalt.
cependant **pourtant** ... c'est **cependant** une erreur.	jedoch ... das ist jedoch ein Irrtum.
au contraire Elle n'était pas sérieuse, **au contraire** elle riait toujours.	im Gegenteil Sie war nicht ernsthaft, im Gegenteil, sie lachte immer.
quand même ... c'était **quand même** amusant.	trotzdem ... es war trotzdem lustig.
car Ferme la fenêtre, **car** il y a un courant d'air.	denn Mach das Fenster zu, denn hier zieht es.
c'est pourquoi **aussi** Le livre est amusant, **c'est** **pourquoi** je l'ai lu avec plaisir.	deshalb Das Buch ist lustig, deshalb habe ich es mit Vergnügen gelesen.
donc **par conséquent** Brigitte est malade, **par** **conséquent** elle reste au lit.	folglich Brigitte ist krank, folglich bleibt sie im Bett.
c'est-à-dire Brigitte ne fume pas beaucoup, **c'est-à-dire**, elle fume deux cigarettes par jour.	das heißt Brigitte raucht nicht viel, das heißt sie raucht zwei Zigaretten am Tag.

Stolperstein

Häufig entstehen Fehler durch das Wort «aussi».

▶ «Aussi» am Anfang eines Hauptsatzes ist eine *Konjunktion* und bedeutet „deshalb".

    Beispiel: Albert n'est pas sympathique, **aussi** n'a-t-il pas d'amis.
                (Albert ist nicht sympathisch, *deshalb* hat er keine Freunde.)
                Cet hôtel est luxueux; **aussi** le prix des chambres est-il très élevé.
                (Dieses Hotel ist komfortabel, *deshalb* ist der Preis für die Zimmer sehr hoch.)

▶ «Aussi» mitten im Satz ist ein **Adverb** und bedeutet „auch".

    Beispiel: Il y a des chambres avec salle de bains et **aussi** avec balcon et vue sur la mer.
                (Es gibt Zimmer mit Badezimmer und *auch* mit Balkon und Seeblick.)
                Tu as fait **aussi** un voyage en Espagne?
                (Hast du *auch* eine Reise nach Spanien gemacht?)

Les conjonctions de subordination
Die unterordnenden Konjunktionen

Position

Unterordnende Konjunktionen *stehen am Anfang* eines Nebensatzes (oder wie man auch sagt: Gliedsatzes) und verbinden ihn mit dem übergeordneten Satz, also dem Hauptsatz. Die am häufigsten gebrauchte unterordnende Konjunktion ist «que» (dass).

Nach ihrer Bedeutung lassen sich die unterordnenden Konjunktionen in *sechs Gruppen* zusammenfassen:

6 Gruppen

Konjunktionen ohne eigene Bedeutung

que	dass
Je veux **qu'** on parte tout de suite.	Ich will, dass wir sofort aufbrechen.
sans que	ohne dass
Alain parle du film **sans qu'**il l'ait vu jusqu'à la fin.	Alain spricht über den Film, ohne dass er ihn bis zum Ende gesehen hat.

Die Konjunktion
Die unterordnenden Konjunktionen

Konjunktionen, die die Zeit ausdrücken

Zeit

quand **Quand** le chat n'est pas là, les souris dansent.	als, wenn Wenn die Katze nicht da ist, tanzen die Mäuse.
au moment où J'étais à la fenêtre **au** **moment où** l'accident a eu lieu.	im Augenblick, als Ich war am Fenster im Augenblick, als der Unfall sich ereignete.
pendant que Brigitte fait ses devoirs **pendant que** son frère joue.	während Brigitte machte ihre Hausarbeiten, während ihr Bruder spielt.
depuis que **Depuis que** Sylvie est au lycée, elle travaille beaucoup.	seitdem Seitdem Sylvia auf dem Gymnasium ist, arbeitet sie viel.
avant que Dépêche-toi **avant qu'**il ne soit trop tard.	bevor Beeile dich, bevor es zu spät ist.
après que Le voleur s'est enfui **après** **que** la police fut venue.	nachdem Der Dieb ist entflohen, nachdem die Polizei gekommen war.
jusqu'à ce que Restez-ici **jusqu'à ce que** je revienne.	bis Bleibt hier, bis ich wiederkomme.

Konjunktionen, die den Grund ausdrücken:

Grund

parce que Nous n'allons pas nous promener **parce qu'**il commence à pleuvoir.	weil Wir gehen nicht spazieren, weil es anfängt zu regnen.
comme **Comme** la voiture est en panne, il faut prendre le métro.	da Da das Auto kaputt ist, müssen wir mit der U-Bahn fahren.
puisque **Puisque** Sylvie est sportive, elle aime l'alpinisme.	da ja Da Sylvia ja sportlich ist, mag sie Bergsteigen.

Konjunktionen, die den Zweck oder die Folge ausdrücken:

pour que, afin que Il faut un peu de bonne volonté **pour que** tout s'arrange.	damit Man muss ein wenig guten Willen zeigen, damit alles in Ordnung geht.
de sorte que, de manière que Mme Dubois a préparé un bon repas, **de sorte que** tous les invités soient contents.	1. damit; 2. sodass (Folge) Frau Dubois hat ein gutes Essen gemacht, damit alle Gäste zufrieden sind.

Konjunktionen, die die Einräumung oder den Gegensatz ausdrücken:

quoique, bien que Elle ne se plaint pas **quoiqu'** elle souffre beaucoup.	obwohl Sie beklagt sich nicht, obwohl sie sehr leidet.
tandis que Brigitte fait ses devoirs **tandis que** son petit frère joue.	wohingegen Brigitte macht ihre Hausarbeiten, wohingegen ihr kleiner Bruder spielt.

Konjunktionen, die die Bedingung ausdrücken:

si[1] **Si** j'étais vous, je ne le ferais pas.	wenn Wenn ich an Ihrer Stelle wäre, würde ich das nicht tun.
à condition que, pourvu que Je ferai un voyage à Paris **à condition que** cela ne soit pas trop cher.	unter der Bedingung, dass Ich würde eine Reise nach Paris machen, wenn das nicht zu teuer wäre.

---

[1] *Einzelheiten zum «si»-Satz siehe Seite 237 f.*

▶ Es sei an dieser Stelle darauf hingewiesen, dass folgende Konjunktionen *automatisch* den *Subjonctif* verlangen:

sans que

avant que

jusqu'à ce que

pour que, afin que

de sorte que, de manière que (in der Bedeutung „damit")

quoique, bien que

à condition que, pourvu que

Beachte: In Angleichung an «avant que» findet man zwar heutzutage auch nach «après que» oft den Subjonctif. Allerdings gilt das streng genommen immer noch als falsch.

Pièges
Stolpersteine

Viele Fehler entstehen in Klassenarbeiten und Klausuren, wenn Schülerinnen und Schüler Präpositionen und Konjunktionen verwechseln.

▶ „Während" kann im Deutschen Präposition *und* Konjunktion sein:

Beispiel: **Präposition:**	**Konjunktion:**
Während meines Aufenthalts in Paris . . .	*Während* ich in Paris war . . .

▶ Auch „bis" kann im Deutschen Präposition *und* Konjunktion sein:

Beispiel: **Präposition:**	**Konjunktion:**
Bis zu seiner Ankunft . . .	*Bis* er ankommt . . .

Im Französischen werden Präposition und Konjunktion *immer* unterschieden.

Beachte: Eine subordinierende Konjunktion leitet einen Nebensatz (Gliedsatz) ein und ist immer mit «que» verbunden.

Beispiel: **Präposition:**	**Konjunktion:**
Pendant mon séjour à Paris . . .	**Pendant que** j'étais à Paris . . .
Jusqu'à son arrivée . . .	**Jusqu'à ce qu'**il arrive . . .
Ebenso:	*Ebenso:*
après	après que
avant	avant que
depuis	depuis que
pour	pour que
sans	sans que

Exercices
Übungen

I. *Ajoutez les conjonctions.*
Ergänzen Sie die Konjunktionen.

1. . . . j'aurai fini mes devoirs, je sortirai avec toi.	als
2. Ecoutez . . . je réponde.	bevor
3. Je te dirai au revoir . . . tu partes.	bevor
4. Je tremble . . . j'ai froid.	weil
5. J'aime Alain . . . il est gentil.	weil
6. Il s'en alla discrètement . . . on s'en aperçut.	ohne dass
7. Je t'écris . . . tu viennes à ma fête.	damit
8. Nous sortons . . . il pleuve.	obwohl
9. Il est mon ami . . . je le connais.	seitdem

10. Elle a parlé distinctement . . . on l'a bien entendue.   sodass

11. Alain regardait la télévision . . .

> . . . sa mère était absente.   während

> . . . le téléphone sonna.   als

> . . . il y avait une émission intéressante.   weil

> . . . il fût déjà tard.   obwohl

II. *Traduisez.*
Übersetzen Sie.

1. Bis heute . . .

2. Bis sie kommt . . .

3. Bis 13 Uhr . . .

4. Bis der Film anfängt . . .

5. Bis alles fertig war . . .

6. Bis zum Wochenende . . .

7. Vom Anfang bis zum Ende.

III. *Traduisez.*
Übersetzen Sie.

1. Während der Sendung . . .

2. Während ich wartete . . .

3. Während das Essen serviert wurde . . .

4. Während einer Stunde . . .

5. Während ich spazieren ging . . .

6. Während der Ferien . . .

7. Während ich in Bordeaux war . . .

8. Während dieser ganzen Zeit . . .

Les interjections

Die Interjektionen / die Ausrufewörter

Interjektionen werden nur beim Sprechen oder in geschriebenen Dialogen gebraucht. Sie drücken die Gefühle des Sprechenden direkt aus und geben daher dem Gespräch spontane Lebhaftigkeit.

Funktion

Interjektionen können sein:
▶ einfache Schreie.
   Beispiel: ah! oh! hum! euh! eh eh!
▶ Lautnachahmungen.
   Beispiel: vlan! crac! pif-paf! cocorico! meuh! teuf-teuf!
▶ Nomen, Adjektive, Verben, Adverbien, die als Interjektionen gebraucht werden.
   Beispiel: diable! ciel! peste! silence! attention! vache!
                  bon! parfait! mince! chic!
                  tiens! allons! voyons! soit! suffit!
                  assez! vite! eh bien! debout!
▶ mehrere Wörter:
   Beispiel: Juste ciel! grands dieux! tout doux! ça suffit!
▶ Schimpfwörter:
   Beispiel: merde! parbleu! dame!
▶ Fremdwörter:
   Beispiel: bravo! hourrah! stop! O.K.!

Beispiele

Les éléments
de la proposition
Die Satzteile

Je nach ihrer *Funktion im Satz* vertreten die Wörter verschiedene Satzteile. Die Satzteile des Französischen entsprechen denen des Deutschen, jedoch weichen die Bezeichnungen etwas voneinander ab.

Die wichtigsten Satzteile sind:
▶ **Das Subjekt/der Satzgegenstand/le sujet**
  Beispiel: **Sylvie** fait un voyage.
          (Sylvia macht eine Reise.)
▶ **Das Prädikat/die Satzaussage/le verbe**
  Beispiel: Sylvie **fait** un voyage.
          (Sylvia macht eine Reise.)
▶ **Das Prädikativum/die prädikative Ergänzung/l'attribut**
  Beispiel: Elle est **heureuse.**
          (Sie ist glücklich.)
▶ **Das direkte Objekt/le complément d'objet direct**
  Beispiel: Elle achète **un parasol**
          (Sie kauft einen Sonnenschirm.)
▶ **Das indirekte Objekt/le complément d'objet indirect**
  Beispiel: Elle téléphone **à sa mère.**
          (Sie telefoniert mit ihrer Mutter.)
  Beachte: Das direkte Objekt ist *direkt,* das heißt *ohne Präposition* mit dem *Verb* verbunden (siehe Seite 58).
  Das indirekte Objekt ist *indirekt,* das heißt *durch die Präposition «à»* mit dem *Verb* verbunden (siehe Seite 58).
▶ **Das Attribut[1]/die Beifügung/l'épithète/le complément du nom**
  Beispiel: Elle a de **belles** lunettes **de soleil.**
          (Sie hat eine hübsche Sonnenbrille.)

---

1 Das französische **attribut** *bezeichnet den Satzteil, der auf Deutsch* **Prädikativum** *genannt wird. – Das deutsche* **Attribut** *bezeichnet den Satzteil, der auf Französisch* **épithète** *oder* **complément du nom** *genannt wird.*

Beachte: Das *Epithète* ist ein Adjektiv als Attribut – in dem Beispiel: «belles». Das *Complément du nom* ist ein Nomen als Attribut – in dem Beispiel: «de soleil».

▶ **Die adverbiale Bestimmung/die Umstandsbestimmung/le complément circon-
stanciel**

Beispiel: **Aujourd'hui,** elle reste **à la plage.**

(Heute bleibt sie am Strand.)

L'accord du verbe au sujet

Die Angleichung des Verbs an das Subjekt

Im Französischen (wie im Deutschen) richtet sich das Verb nach seinem Subjekt. Die Verbindung hängt davon ab, ob das Subjekt in der 1., 2. oder 3. Person Singular oder Plural steht. *Grundregel*

Beispiel: elle = 3. Person Singular → **elle** fait un voyage

nous = 1. Person Plural → **nous** faisons un voyage

Von dieser Grundregel gibt es zwei Ausnahmen: *Ausnahmen*

▶ Ist «ce» (= es/das) Subjekt, können sowohl «est» als auch «sont» folgen, obwohl es von «ce» keine Pluralform gibt (ebenso wie im Deutschen).

Beispiel: **C'est** mon ami. **Ce sont** mes amis. (Nicht: Ces)

(Es ist mein Freund.) (Es sind meine Freunde.)

Ce sont les timbres que j'ai achetés.

(Das sind die Briefmarken, die ich gekauft habe.)

▶ Wenn sich ein Relativsatz auf ein Personalpronomen bezieht, richtet sich das Verb des Relativsatzes nach diesem Personalpronomen.

Beispiel: C'est toi qui l'as dit? Oui, c'est moi qui l'ai dit.

(Warst du es, der es (Ja, ich war es, der es

gesagt hat? gesagt hat.)

Exercice

Übung

Complétez les phrases.

Vervollständigen Sie die Sätze.

1. C'est vous qui ... vu l'accident?
2. Oui, c'est moi qui ... tout vu.
3. Moi qui ... attendu longtemps, j'ai perdu patience.
4. Je t'ai vu enfin, toi qui ... été si longtemps en retard.
5. C'est vous qui ... chargé de l'enquête[1]? Je suppose que vous avez déjà votre idée sur cette histoire? Non?

---

1 Untersuchung

L'ordre des mots

Die Wortstellung

▶ Wie im Englischen gibt es auch im Französischen eine **feste Wortstellung:** Zunächst steht das Subjekt, an zweiter Stelle folgt das Prädikat.

Beispiel:	**Subjekt:**	**Prädikat:**	**Objekt:**
	L'exception	confirme	la règle.
	(Die Ausnahme	bestätigt	die Regel)

▶ Von dieser Regel weicht das Französische jedoch in vier Fällen ab, indem es das Prädikat voranstellt und das Subjekt folgen lässt. Diese Umkehrung nennt man **Inversion;** sie findet sich:

1. wenn *in* oder *nach* der direkten Rede der *Sprecher* genannt wird.

   Beispiel: – Tu as vu Patrick avec Stéphanie? **demande Brigitte** à son amie.

   („Hast du Patrick mit Stephanie gesehen?" fragt Brigitte ihre Freundin.)

   – Oui, je les ai vus, **répond Sandrine.**

   („Ja, ich habe sie gesehen", antwortet Sandrine.)

2. wenn ein Satz mit «aussi» (daher), «à peine» (kaum), «peut-être» (vielleicht), «sans doute» (sicherlich) *eingeleitet* wird.

   Beispiel: Tu t'es trompé; aussi **est-ce** ta faute.

   (Du hast dich geirrt; daher ist es dein Fehler.)

   Peut-être **viendra-t-il** demain.

   (Vielleicht kommt er morgen.)

3. eventuell in *Hauptsätzen,* deren Subjekt ein Nomen ist und die mit einer adverbialen Bestimmung (siehe Seite 208) eingeleitet werden und kein Objekt haben.

Beispiel: Un moment après **arrive la police.**
(Einen Augenblick später kommt die Polizei.)
Dans le désordre **s'enfuit le voleur.**
(In dem Durcheinander entkommt der Dieb.)

4. in der *Frage* (siehe Seite 213 ff.).

La mise en relief
Die Hervorhebung

Im Französischen werden die Wörter auf der letzten Silbe betont, im französischen Satz stehen die Wörter, auf die es dem Sprecher ankommt und die den größten Mitteilungswert haben, am Ende.

Das führt manchmal zu Schwierigkeiten: Normalerweise steht das Subjekt vorn. Was geschieht nun, wenn es der Satzteil mit dem größten Mitteilungswert ist und deshalb am Ende stehen müsste?

Die Franzosen behelfen sich in diesem Fall mit den **tournures de mise en relief** (Formulierungen zur Hervorhebung). Die wichtigsten werden im Folgenden vorgestellt:

▶ «C'est ... qui ...»

Mit dieser Formulierung kommt das Subjekt zwar nicht ans Satzende, aber zumindest doch vor einer Sprechpause im Satz, die durch das Komma angezeigt wird.

Beispiel 1: In dem Satz *«Brigitte a vu Patrick avec Stéphanie.»* soll «Brigitte» als wichtiger Satzteil hervorgehoben werden:
C'est Brigitte qui a vu Patrick avec Stéphanie.

Beispiel 2: In dem Satz *«Je les ai vus.»* soll «Je» als wichtiger Satzteil hervorgehoben werden:
C'est moi qui les ai vus.

Beachte:
a) In dieser Formulierung ist statt «je» das unverbundene Personalpronomen «moi» zu verwenden (siehe dazu Seite 54).
b) Mit der Formulierung «c'est ... qui/que ...» können auch andere Satzteile hervorgehoben werden:
Beispiel: **C'est Patrick** qu'elle a vu.
(Patrick ist Objekt in dem Satz «Elle a vu Patrick.»)
C'est au mois de juillet que Sylvie fait son voyage.
(«Au mois de juillet» ist adverbiale Bestimmung.)

Besonders wichtige Satzteile

Wichtiges Subjekt

C'est ... qui

▶ «Ce qui ... c'est/ce sont ...»

Mit dieser Formulierung setzt man das *Subjekt,* das besonders wichtig erscheint, an das *Satzende.*

Beispiel: In dem Satz «*Ces lunettes de soleil plaisent beaucoup à Sylvie.*» sollen «les lunettes de soleil» als wichtiger Satzteil hervorgehoben werden:

Ce qui plaît beaucoup à Sylvie, **ce sont ces lunettes de soleil.**

▶ **Wiederholung des Subjekts durch ein Pronomen**

Mit dieser Hilfskonstruktion kommt das *Subjekt* an das *Satzende* oder vor eine *Sprechpause* im Satz, die durch ein Komma angezeigt wird.

Beispiel: In dem Satz «*Sylvie est heureuse à la plage.*» soll «Sylvie» hervorgehoben werden:

Sylvie, elle est heureuse à la plage.

Oder:

Elle est heureuse à la plage, **Sylvie.**

Le complément circonstanciel
Die adverbiale Bestimmung

Stellung der Adverbien im Satz:

Die adverbiale Bestimmung (siehe auch Seite 109) unterliegt in Bezug auf die Wortstellung keiner besonderen Regel. Man kann sie **sowohl an den Satzanfang** als auch ans **Satzende** stellen oder sie ebenso **mitten im Satz** unterbringen.

Beispiel: **Aujourd'hui,** Sylvie est à la plage.

Sylvie est **aujourd'hui** à la plage.

Sylvie est à la plage, **aujourd'hui.**

Man wählt die Stellung nach der Wichtigkeit der adverbialen Bestimmung.

▶ Am *Satzende* steht sie dann, wenn sie *sehr wichtig* ist.

Beispiel: Sylvie est à la plage, **aujourd'hui** comme toujours.

▶ Wenn die adverbiale Bestimmung *mitten im Satz* untergebracht wird, besitzt sie hingegen nur *geringen Mitteilungswert.* Die Aussage erscheint nicht sehr wichtig.

▶ Die adverbiale Bestimmung, die am *Satzanfang* steht – sie wird im Französischen üblicherweise immer durch ein Komma abgetrennt –, ist von *relativer Wichtigkeit.*

Exercices
Übungen

I. *Expliquez l'ordre des mots dans la phrase*
«Aussi Robinson fut-il bien étonné...».
Erklären Sie die Wortstellung in dem Satz
«Aussi Robinson fut-il bien étonné...»
Il n'y avait pas un bruit, et aucun animal ne se montrait. Aussi Robinson fut-il bien étonné en apercevant à une centaine de pas[1] la silhouette d'un bouc sauvage[2], qui paraissait l'observer.

_____
1 Schritte 2 wild   (Michel Tournier: Vendredi ou la vie sauvage)

II. *Soulignez les tournures de mise en relief.*
Unterstreichen Sie die Formulierungen zur Hervorhebung.
– Vous me comprenez? Je ne suis pas plus bête que vous. Dans cette histoire, c'est moi qui paie! C'est moi qui ai été attaqué! C'est moi qui vous ai fait venir!

(Simenon: Le Commissaire Maigret – L'écluse No 1)

(Le petit prince parle aux roses:)
– Vous êtes belles, mais vous êtes vides, leur dit-il encore. On ne peut pas mourir pour vous. Bien sûr, ma rose à moi, un passant ordinaire croirait qu'elle vous ressemble. Mais à elle seule elle est plus importante que vous toutes, puisque c'est elle que j'ai arrosée[1]. Puisque c'est elle que j'ai mise sous globe. Puisque c'est elle que j'ai abritée[2] par le paravent. Puisque c'est elle dont j'ai tué les chenilles[3] (sauf[4] les deux ou trois pour les papillons). Puisque c'est elle que j'ai écouté se plaindre, ou se vanter[5], ou même quelquefois se taire. Puisque c'est ma rose.

_____
1 begießen 2 schützen 3 Raupen   (Saint-Exupéry: Le Petit Prince)
4 außer 5 prahlen

III. *Traduisez, employez «c'est... qui».*
Übersetzen Sie, verwenden Sie «c'est... qui».
1. *Er* will es wissen.
2. *Brigitte* hat telefoniert.
3. *Ich* komme später.
4. *Wir* bringen die Getränke[1] mit.
5. *Meine Mutter* hat den Brief geschrieben.
6. *Mein Vater* war nicht einverstanden[2].

_____
1 les boissons 2 être d'accord

IV. *Transformez les phrases. Employez «ce qui ... c'est/ce sont».*

Formen Sie die Sätze um, verwenden Sie «ce qui ... c'est/ce sont».

Brigitte est invitée chez les Dubois. Elle admire l'appartement.

1. *Le salon* me plaît beaucoup.
2. *Le tapis* est précieux.
3. *Les rideaux* vont bien avec le tapis.
4. *Les fauteuils* sont magnifiques.
5. *La pendule* date du XIXᵉ siècle.

L'interrogation
Der Fragesatz

Es gibt zwei Arten von Fragesätzen: solche, auf die der Fragende die Antwort „ja/nein" erwartet (man nennt sie **Entscheidungsfragen**), und solche, auf die der Fragende eine Auskunft erwartet (man nennt sie **Ergänzungsfragen**). Die Ergänzungsfragen werden immer durch ein Frageworte eingeleitet.

Einteilung der Frage-sätze

▶ *Entscheidungsfragen:*

Beispiel:	Sylvie est en vacances?	Oui.
	(Ist Sylvia in Ferien?)	(Ja.)
	Est-elle seule?	Non.
	(Ist sie allein?)	(Nein.)

▶ *Ergänzungsfragen:*

Beispiel:	Avec qui est-elle en vacances?	Avec ses parents.
	(Mit wem ist sie in Ferien?)	(Mit ihren Eltern.)
	Combien de temps restera-t-elle?	Une semaine.
	(Wie lange wird sie bleiben?)	(Eine Woche.)

L'interrogation introduite par un mot interrogatif
Die Frage mit Fragewort (Ergänzungsfrage)

Eine Ergänzungsfrage wird durch ein Fragewort eingeleitet. Ein Fragewort kann sein:

Fragewörter

▶ ein Fragepronomen/*pronom interrogatif*
▶ ein Frageadjektiv/*adjectif interrogatif*
▶ ein Frageadverb/*adverbe interrogatif*

Les pronoms interrogatifs

Die Fragepronomen

qui, que,
quoi

Die Fragepronomen «qui», «que» und «quoi»

▶ a) «Qui» fragt nach dem *Subjekt.*

   Beispiel: **Qui** fait un voyage?

   (*Wer* macht eine Reise?)

   b) «Qui» fragt außerdem nach dem *Objekt,* wenn eine *Person* gemeint ist.

   Beispiel: **Qui** cherchez-vous, monsieur?

   (*Wen* suchen Sie, mein Herr?)

▶ «Que» fragt nach dem *Objekt,* wenn nicht eine Person, sondern eine *Sache,* ein *Begriff* usw. gemeint ist.

   Beispiel: **Que** cherchez-vous, monsieur?

   (*Was* suchen Sie, mein Herr?)

▶ Wenn vor dem Fragepronomen eine *Präposition* steht (zum Beispiel: «à», «de», «avec» . . .), steht

a. «qui», wenn nach einer *Person* gefragt wird.

   Beispiel: **A qui** avez-vous téléphoné?   **De qui** avez-vous parlé?

   (*Mit wem* haben Sie telefoniert?)   (*Von wem* haben Sie
   gesprochen?)

b. «quoi», wenn nach einer *Sache,* einem *Begriff* usw. gefragt wird.

   Beispiel: **De quoi** avez-vous parlé?   **A quoi** penses-tu?

   (*Worüber* haben Sie gesprochen?)   (*Woran* denkst du?)

L'adjectif interrogatif

Das Frageadjektiv

Die Formen des Frageadjektivs

quel . . .

	männlich	weiblich
Singular	quel	quelle
Plural	quels	quelles

▶ Das Frageadjektiv steht entweder vor einem Nomen oder prädikativ vor «être».

   Beispiel: **Quelle valise** cherchez-vous, madame?

   (Welchen Koffer suchen Sie, Madame?)

   Quelle est votre valise, madame?

   (Welcher ist Ihr Koffer, Madame?)

Les adverbes interrogatifs
Die Frageadverbien

▶ Die wichtigsten Frageadverbien sind: où (wo, wohin), quand (wann), pourquoi (warum), comment (wie), combien (wie viel).

Beispiel: **Où** Sylvie passe-t-elle ses vacances? **Quand** reviendra-t-elle?
(Wo verbringt Sylvia ihre Ferien?)   (Wann kommt sie zurück?)

où, quand ...

La formation d'une interrogation
Die Bildung eines Fragesatzes

Um eine Frage zu formulieren gibt es im Französischen drei Möglichkeiten:
▶ die Intonationsfrage
▶ die Frage mit Inversion
▶ die Frage mit «est-ce que»

L'interrogation marquée par l'intonation
Die Intonationsfrage

Die **Intonationsfrage** ist die einfachste Frageform. Sie wird vor allem beim Sprechen gebraucht. Man verwendet einen Aussagesatz und zeigt durch das Heben der Stimme an (Intonation), dass eine Frage gemeint ist.

Beispiel: Sylvie est en vacances? (Sylvia ist in den Ferien?)
Depuis quand elle est en Espagne? ⌉   (Seit wann ist sie
Elle est en Espagne depuis quand? ⌋   in Spanien?)

Intonations-frage

Beachte: Wenn das Fragewort am Ende des Fragesatzes steht, wirkt das umgangssprachlich. Beim Schreiben darf man eine Frage nicht so formulieren.

Umgangs-sprache

L'interrogation marquée par l'inversion
Die Frage mit Inversion

▶ Diese Frageform wird überwiegend beim Schreiben verwendet. Unter **Inversion** versteht man die *Umstellung* von *Subjekt* und *Prädikat,* sodass zunächst das Prädikat steht und dann das Subjekt folgt (siehe auch Seite 206).

Beispiel: Est-elle en Espagne?   Quand **reviendra-t-elle?**

(Ist sie in Spanien?)   (Wann wird sie zurückkommen?)

▶ Das «-t-» wird immer zwischen der Verbform auf «-a» oder «-e» und den Pronomen «il» und «elle» eingeschoben, um die Aussprache zu erleichtern.

Beim Gebrauch der Inversionsfrage sind noch zwei Zusatzregeln zu beachten:

▶ Wenn das Subjekt ein Nomen (Substantiv) oder ein Name ist, wird es *vorangestellt;* die Inversion erfolgt dann durch Prädikat und Pronomen.

Beispiel: Intonationsfrage: Inversionsfrage:

Sylvie a téléphoné?   Sylvie, **a-t-elle** téléphoné?

(Sylvia hat telefoniert?)   (Hat Sylvia telefoniert?)

Le voyage a été agréable?   **Le voyage, a-t-il** été agréable?

(Die Reise war angenehm?)   (War die Reise angenehm?)

▶ Wenn das Subjekt der Frage «qui» ist, dann ist die Inversion nicht möglich:

Beispiel: **Qui est** en Espagne?   **Qui a** téléphoné?

(Wer ist in Spanien?)   (Wer hat telefoniert?)

Beachte: Wenn das Prädikat ein reflexives Verb in einer zusammengesetzten Zeit steht, so bleibt das Reflexivpronomen vor der Form von «être». Das Personalpronomen, das Subjekt ist, wird zwischen die Form von «être» und das Partizip Perfekt gestellt.

Beispiel: T'es-tu lavé?   Se **sont-ils souvenus?**

(Hast du dich gewaschen?)   (Haben sie sich erinnert?)

(Zur Bildung der zusammengesetzten Zeiten der reflexiven Verben siehe Seite 123.)

L'interrogation marquée par «est-ce que»
Die Frage mit «est-ce que»

▶ Die Frage mit «est-ce que» kann man beim Schreiben und beim Sprechen verwenden. Sie wird jedoch viel seltener gebraucht als die Intonations- und die Inversionsfrage. Die Bildung der Frage mit «est-ce que» ist einfach: Zunächst steht das Fragewort (wenn vorhanden, dann kommt «est-ce que», schließlich folgt der Fragesatz ohne Inversion.

Beispiel: Depuis quand | est-ce que | Sylvie est en Espagne?

Ohne einleitendes Fragewort:

– | Est-ce que | Sylvie a téléphoné?

▶ *Beachte:* Wenn nach dem Subjekt gefragt werden soll, steht

▶ «qui est-ce que», wenn das Subjekt eine *Person* ist.

Beispiel: **Qui est-ce qui** a téléphoné?

(Wer hat telefoniert?)

(Einfacher: Qui a téléphoné?)

▶ «qu'est-ce qui», wenn das Subjekt eine *Sache* ist.

Beispiel: **Qu'est-ce qui** s'est passé?

(Was ist passiert?)

▶ «qu'est-ce qu'il», wenn das Subjekt *unpersönlich* ist.

Beispiel: **Qu'est-ce qu'il** faut faire?

(Was muss gemacht werden?)

*Frage nach
dem Subjekt*

L'interrogation indirecte

Die indirekte Frage

*Indirekte
Frage*

▶ Im Deutschen unterscheidet man zwischen **direkten** und **indirekten** Fragen.

Beispiel:

Direkte Entscheidungsfrage:	Indirekte Entscheidungsfrage:
Ist Sylvia in Ferien?	Die Freundin telefoniert und fragt, ob Sylvia in Ferien ist.
Direkte Ergänzungsfrage:	Indirekte Ergänzungsfrage:
Wann wird Sylvia zurückkommen?	Die Freundin fragt, wann Sylvia zurückkommen wird.

▶ Auch im Französischen gibt es diese Unterscheidung. Wie im Deutschen hat die indirekte Frage kein Fragezeichen und keine Inversion. Indirekte Entscheidungsfragen werden mit «si» (= ob) eingeleitet. «Si» wird vor «il/ ils» apostrophiert: «s'».

Beispiel:

Indirekte Entscheidungsfrage:	Indirekte Ergänzungsfrage:
Une amie téléphone et demande **si** Sylvie est en vacances.	Elle demande quand Sylvie rentrera.
Mme Dubois demande **si** Claudine a téléphoné. (Frau Dubois fragt, ob Claudine telefoniert hat.)	Mme Dubois demande ce qui s'est passé. (Frau Dubois fragt, was passiert ist.)

Piège
Stolperstein

▶ Die Umformulierung einer direkten Frage mit «est-ce que» zu einer indirekten Frage führt häufig zu Fehlern.

Direkte Frage:	Indirekte Frage:
Qu'est-ce qui … ?	ce qui
Qu'est-ce que … ?	ce que

▶ Alle vier Formen sind im Deutschen mit „was" zu übersetzen.

Beispiel:

Direkte Frage:	Indirekte Frage:
Qu'est-ce qui ne te plaît pas? (*Was* gefällt dir nicht?)	On me demande **ce qui** ne me plaît pas. (Man fragt mich, *was* mir nicht gefällt.)
Qu'est-ce qu'elle a dit? (*Was* hat sie gesagt?)	Mme Dubois demande **ce qu**'elle a dit. (Frau Dubois fragt, *was* sie gesagt hat.)

Exercices
Übungen

I. *Analysez les interrogations (intonation, inversion, «est-ce que»).*
Analysieren Sie die Fragen (Intonation, Inversion, «est-ce que»).

- Quel âge tu as?
- Neuf ans.
- Moi, j'ai huit ans, dit-il. Tu mets des pièges[1]?
- Non. Je ne saurais[2] pas.
- Si tu veux, je t'apprendrai.
- Oh oui! dis-je avec enthousiasme.

---

1 Fallen   2 könnte

- Qu'est-ce qu'elle dit?
- Elle dit, répondit l'oncle, que les vacances sont finies!

Et il se versa paisiblement[1] un verre de vin.
Je demandai, d'une voix étranglée[2]:

- C'est fini quand?

---

1 friedlich   2 mit erstickter Stimme   (*Pagnol: Le château de ma mère*)

- Et qu'est-ce qu'il raconte?
- Toujours rien.
- Il a bien mangé? De bon appétit?

Qu'est-ce qu'il a pris pour commencer?

(Zazie, une fillette, pleure.)
- Alors, mon enfant, on a un gros chagrin[1]? . . . C'est si grave que ça? . . .
Allons, voyons, disait le type d'un ton encourageant[2], qu'est-ce qu'il y a?
Tes parents te battent? Tu as perdu quelque chose et tu as peur qu'ils te
grondent[3]?

---

1 Kummer   2 aufmunternd   3 beschimpfen   *(Queneau: Zazie dans le métro)*

Et voici qu'un enfant se tenait devant Robinson.
- Qui es-tu? Qu'est-ce que tu fais là? lui demanda-t-il.
- Je suis le mousse[1] du «Whitebird», répondit l'enfant.
- Et Vendredi? As-tu vu Vendredi? insista Robinson.

---

1 Schiffsjunge   *(Michel Tournier: Vendredi ou la vie sauvage)*

II. *Formez les interrogations.*
Bilden Sie die Fragen.
1. Macht Sandrine eine Reise nach Spanien?
   a) Intonation: . . .   b) Inversion: . . .   c) Est-ce que: . . .
2. Wann wird sie losfahren?
   a) Intonation: . . .   b) Inversion: . . .   c) Est-ce que: . . .
3. Wieviel kostet die Reise?
   a) Intonation: . . .   b) Inversion: . . .   c) Est-ce que: . . .
4. Hat sie ein Hotelzimmer reserviert?
   a) Intonation: . . .   b) Inversion: . . .   c) Est-ce que: . . .
5. Wird sie die ganzen Ferien in Spanien bleiben?
   a) Intonation: . . .   b) Inversion: . . .   c) Est-ce que: . . .

III. *Cherchez les interrogations indirectes.*
Suchen Sie die indirekten Fragen.
- Jouons franc jeu et dites-moi d'abord qui soupçonnez[1] d'être coupable.
- Coupable de quoi?

---

1 verdächtigen

– Je suis confus de vous déranger à ce moment. Je voudrais savoir si, pendant la soirée, personne n'est venu à bord. Emile Ducrau, par exemple.
– Oui.

Maigret ne s'y attendait pas le moins de monde et il se demanda si elle avait bien compris sa question.

– Vous êtes sûre que Ducrau est venu ici soir de l'attentat?
– Oui

*(Simenon: Le Commissaire Maigret – L'écluse N*o *1)*

– J'ai envoyé un beau bouquet[1] de roses à Mme la directrice.

– Ho ho! dit-il, surpris . . . Je ne sais pas si ce geste ne paraîtra pas . . . trop familier[2] . . . Ou peut-être trop prétentieux[3] . . . Evidemment[4], elle a l'air très sympathique . . . Mais je me demande comment elle va prendre la chose . . .

---

1 Strauß 2 vertraulich 3 anmaßend 4 offensichtlich

(Pagnol: Le château de ma mère)

Weitere Übungen

IV. *Formez des interrogations indirectes.*

Bilden Sie indirekte Fragen.

Patrick a parlé à Sandrine. Il lui a demandé:

1. Tu as été en Espagne?
2. Dans quelle ville?
3. Le temps a été beau?
4. Qu'est-ce que tu as fait?
5. Tu as fait des excursions?
6. Tu as fait le voyage avec tes parents ou seule?
7. Tu as fait du camping?

V. *Formez des interrogations indirectes.*

Bilden Sie indirekte Fragen.

Inès a demandé à Sandrine:

1. Tu aimes le sport?
2. Tu fais la cuisine?
3. Où est-ce que tu habites?
4. Tu me donnes ton adresse?
5. Tu as été plusieurs fois en Espagne?
6. Tu as des frères et des sœurs?
7. Combien de frères?

VI. *Formez des interrogations indirectes.*

Bilden Sie indirekte Fragen.

Le téléphone a sonné. Brigitte l'a entendu trop tard.

1. Qui a téléphoné? Je me demande ...
2. Est-ce Sandrine? Je me demande ...
3. Qu'est-ce qu'elle veut? Je me demande ...
4. Est-ce Patrick? Je me demande ...
5. Qu'est-ce qu'il a voulu me dire? Je me demande ...
6. Est-ce que je vais lui téléphoner? Je me demande ...

La négation
Die Verneinung

Adverbes de négation
Verneinungsadverbien

ne ... pas

▶ Die am häufigsten gebrauchte Form der Verneinung im Französischen ist die mit **ne ... pas** (nicht). «ne» steht *vor* der *finiten Verbform,* «pas» *dahinter.* *Beachte:* Vor Verben, die mit Vokal oder stummem H beginnen, wird «ne» apostrophiert zu «n'».

Beispiel: Sylvie est là?   Elle a écrit?
            Non, elle **n'**est **pas** là.   Non, elle **n'** a **pas** écrit.
            (Nein, sie ist nicht da.)   (Nein, sie hat nicht geschrieben.)

Verneinter Infinitiv

a) Wenn ein Infinitiv verneint wird, steht »ne pas« vor dem Infinitiv.
   Beispiel: Dépêche-toi pour **ne pas être** trop tard.
               (Beeil dich um nicht zu spät zu sein.)

Reflexibles Verb

b) Wird ein reflexives Verb verneint, steht «ne» vor dem Reflexivpronomen, «pas» hinter der finiten Verbform.
   Beispiel: Je **ne** m'étonne **pas**.   Je **ne** me suis **pas** étonné.
               (Ich wundere mich nicht.)   (Ich habe mich nicht gewundert.)

Weitere Negationen

▶ Weitere **Adverbes de négation** sind:
   a) **ne ... plus – nicht mehr**
      Beispiel: Je **n'** ai **plus** faim.
                          (Ich habe keinen Hunger mehr.)
   b) **ne ... jamais – niemals**
      Beispiel: Je **ne** suis **jamais** allé à Nice.
                          (Ich war niemals in Nizza.)
      Beachte: «Jamais» kann auch an den Satzanfang gestellt werden.
      Beispiel: **Jamais** je ne suis allé à Nice.
   c) **ne ... guère – kaum**
      Beispiel: Brigitte? Je **ne** la connais **guère**.
                          (Brigitte? Ich kenne sie kaum.)
   d) **ne ... point – überhaupt nicht**
      Beispiel: Je **n'**ai **point** envie de venir.
                          (Ich habe überhaupt keine Lust zu kommen.)
      Beachte: Statt «ne ... point» sagt man heute üblicherweise «ne ... pas du tout».

Pronoms de négation

Verneinungspronomen

▶ Die Verneinungspronomen sind **ne ... personne** (niemand) und **ne ... rien** (nichts). Beide Verneinungspronomen können *Subjekt* oder *Objekt* sein.

    a) Wenn sie *Subjekt* sind, stehen «personne ne ...» und «rien ne ...» vor dem finiten Verb:

    Beispiel: **Personne n'**est venu.   **Rien ne** s'est passé.

                  (Niemand ist gekommen.)   (Nichts ist passiert.)

    b) Wenn sie *Objekt* sind, steht «ne» *vor dem Verb*, «personne» und «rien» *dahinter:*

    Beispiel: Je **ne** vois **personne.**   Je **ne** vois **rien.**

                  (Ich sehe niemanden.)   (Ich sehe nichts.)

                  Je **n'**ai parlé à **personne.**   Je **n'**en ai **rien** dit.

                  (Ich habe mit niemandem   (Ich habe davon nichts

                  gesprochen.)   gesagt.)

ne ... personne
ne ... rien

▶ Beim Subjekt oder beim Objekt steht **«aucun/aucune».**

    a) Beim Subjekt:

    Beispiel: **Aucune** erreur n'est possible.

                  (Kein Irrtum ist möglich.)

    b) Beim Objekt:

    Beispiel: Il n'a commis **aucune** faute.

                  (Er hat keinen Fehler gemacht.)

aucun

Négation sans «ne»

Verneinung ohne «ne»

Das «ne» wird in zwei Fällen weggelassen:

▶ gelegentlich beim nachlässigen Sprechen.

    Beispiel: C'est pas trop cher.   J'aime pas ça.

                  (Das ist nicht zu teuer.) (Ich mag das nicht.)

▶ in korrektem Französisch in kurzen Sätzen ohne Verb, zum Beispiel in kurzen Antworten und Ausrufen.

    Beispiel: Tu as vu quelqu'un?   Tu as été en Espagne?

                  Non, personne.   Non, jamais.

                  (Nein, niemanden.)   (Nein, niemals.)

ne ...

Stolperstein

In Klassenarbeiten und Klausuren werden häufig «ne pas» und «non pas» verwechselt.

▶ «Ne pas» steht vor einem Infinitiv.

Beispiel: Je voudrais **ne pas sortir** ce soir.

(Ich möchte heute Abend nicht ausgehen.)

▶ «Non pas» steht, wenn von zwei Satzteilen einer verneint wird.

Beispiel: Elle aimerais aller **au cinéma** et **non pas au théâtre.**

(Sie würde gern ins Kino und nicht ins Theater gehen.)

Elle y va **avec Alain** et **non pas avec Patrick.**

(Sie geht dahin mit Alain und nicht mit Patrick.)

Beachte: Statt »non pas» steht in gehobener Sprache nur «non», in der Umgangssprache nur «pas».

Exercices

Übungen

I. *Expliquez les négations.*

Erklären Sie die Verneinungen.

– Lundi matin, tu seras à l'école!

Je criais, d'une voix aiguë[1]:

– Non! non! je ne partirai pas! Non! Je ne veux pas y aller! Je n'irai[2] pas! Non! je n'irai pas!

Si l'on veut me forcer[3] à retourner en ville, je me laisserai mourir de faim. D'ailleurs, j'ai déjà commencé: je n'ai rien mangé ce matin.

Cette révélation[4] troubla Lili.

– Rien du tout?

– Rien.

– J'ai des pommes, dit-il.

– Non. Je n'en veux pas. Je ne veux rien.

Ce refus[5] était si farouche[6] qu'il n'insista[7] pas.

---

1 mit scharfer Stimme   2 «irai» = futur du verbe «aller».   3 zwingen
4 Offenbarung   5 Weigerung   6 heftig   7 bestehen

Je savais que nous devions partir dans six jours, mais je m'étais toujours efforcé[1] de ne pas imaginer ce départ.

---

1 sich bemühen

Die Verneinung
Verneinung ohne «ne»

Ces huit jours de Noël filèrent[1] comme un rêve[2]. Mais rien ne fut pareil aux grandes vacances: nous étions dans un autre pays.

---

1 vergehen   2 Traum   *(Pagnol: Le château de ma mère)*

Il essayait de retrouver le fil[1] de ses idées et le regard qu'il laissait peser sur Maigret semblait ne pas le voir.

---

1 Faden   *(Simenon: Le Commissaire Maigret – L'écluse N° 1)*

II. Donnez des réponses négatives.   **Geben Sie verneinende Antworten.**   *Weitere Übungen*

1. Tu as bien dormi?
   Non, . . .
2. Tu as faim?
   Non, . . .
3. Tu veux manger quelque chose?
   Non, . . .
4. Tu vas à la plage?
   Non, . . .
5. Tu as soif?
   Non, . . .
6. Tu veux boire quelque chose?
   Non, . . .
7. Tu veux lire le journal?
   Non, . . .
   Alors, tu es malade. Reste au lit.

III. Donnez des réponses négatives.   **Geben Sie verneinende Antworten.**

1. Il y a encore quelque chose à faire?
   Non, . . .
2. Quelqu'un est venu?
   Non, . . .
3. Quelques visiteurs sont venus?
   Non, . . .
4. Quelqu'un m'a demandé?
   Non, . . .
5. Tu attends, quelque chose?
   Non, . . .
6. Mange quelque chose, avant de partir?
   Non, . . .
7. Il y a quelque chose à craindre?
   Non, . . .
8. Tu auras des difficultés?
   Non, . . .

La restriction
Die Einschränkung

nur

Die Einschränkung wird im Deutschen durch „nur" ausgedrückt.
Beispiel: *Nur* Alain hat uns geholfen.
Sandrine arbeitet *nur* am Vormittag.

Im Französischen gibt es drei Übersetzungsmöglichkeiten für „nur":
▶ «seul» (Einschränkung des Subjekts)
▶ «seulement» ⎤ (Einschränkung des Prädikats, des Objekts und der
▶ «ne ... que» ⎦ adverbialen Bestimmung)

La restriction du sujet
Die Einschränkung des Subjekts

seul

▶ Die Einschränkung des Subjekts geschieht durch «seul», das wie ein Adjektiv verändert wird.

Die Formen von «seul»

	männlich	weiblich
Singular	seul	seule
Plural	seuls	seules

Position

▶ »Seul« kann vor oder hinter einem Nomen stehen, aber nur hinter einem Pronomen.
Beispiel: **Alain, seul** nous a aidés. ⎤
Seul Alain nous a aideś. ⎦ Nur Alain hat uns geholfen.
Lui seul nous a aidés.
(Nur er hat uns geholfen.)

Beachte: Statt mit «seul» kann das Subjekt auch mit «il n'y a que» + Relativsatz eingeschränkt erden.
Beispiel: **Il n'y a qu'Alain** qui nous ait aidés.

La restriction du verbe

Die Einschränkung des Prädikats

▶ Das Prädikat wird durch «seulement» eingeschränkt.

Beispiel: Elle **s'amuse seulement.**

(Sie amüsiert sich nur.)

▶ Das Prädikat kann auch durch «ne faire que» eingeschränkt werden.

Beispiel: Elle **ne fait que** s'amuser.

seulement

La restriction du complément d'objet et du complément circonstanciel

Die Einschränkung des Objekts und der adverbialen Bestimmung

▶ Das Objekt und die adverbiale Bestimmung werden durch «ne . . . que» oder «seulement» eingeschränkt.

Beispiel: Sandrine **n'a** invité **que Brigitte.** ⎱ Sandrine hat nur
Sandrine a **seulement** invité **Brigitte.** ⎰ Brigitte eingeladen.
Brigitte est chez Sandrine **seulement une fois par semaine.**
Brigitte **n'**est chez Sandrine **qu'une fois par semaine.**
(Brigitte ist nur einmal in der Woche bei Sandrine.)

ne . . . que
seulement

▶ In Sätzen ohne Verb kann nur «seulement» gebraucht werden:

Beispiel: **Seulement** une fois par semaine.
Nur einmal in der Woche.

Besonder-heit

Exercices

Übungen

I. *Traduisez.*
   Übersetzen Sie.

1. Nur er ist gekommen.
2. Nur Brigitte war krank.
3. Nur der Zufall[1] hat mir geholfen.
4. Nur Gott ist groß.
5. Nur das Resultat zählt[2].
6. Nur ich kannte ihn sehr gut.

---

1 le hasard   2 compter

II. *Soulignez les restrictions.*
   Unterstreichen Sie die Einschränkungen.
   (Le renard[1] parle au petit prince:)
   – Tu n'es encore pour moi qu'un petit garçon tout semblable[2] à cent mille petits garçons. Et je n'ai pas besoin de toi. Et tu n'as pas besoin de moi non plus. Je ne suis pour toi qu'un renard semblable à cent mille renards.

---

1 Fuchs   2 ähnlich

   – Adieu, dit le renard. Voici mon secret. Il est très simple: on ne voit bien qu'avec le cœur. L'essentiel est invisible pour les yeux.

(Saint-Exupéry: Le Petit Prince)

   Certes Vendredi faisait de son mieux. Mais dès qu'il avait un moment de liberté, il ne faisait que des bêtises[1].

---

1 Dummheiten   *(Michel Tournier: Vendredi ou la vie sauvage)*

III. *Traduisez*
   Übersetzen Sie.

1. Ich habe nur einen Fehler gemacht.
2. Ich denke nur an Sylvie.
3. Das ist nur eine Möglichkeit, es gibt andere.
4. Ich habe ihn nur einmal gesehen.
5. Ich habe leider nur wenig Zeit.
6. Nur heute bin ich hier.
7. Wir waren nur drei Personen.
8. Sylvia ist nur eine Viertelstunde geblieben.

La comparaison
Der Vergleich

▶ Der Vergleich wird im Deutschen mit „als" oder „wie" ausgedrückt.

Vergleichs-
wörter

Beispiel: Das T-Shirt von Brigitte ist *so* schön *wie* das von Sandrine.

Das T-Shirt von Sylvia ist schöner *als* das von Sandrine.

▶ Auch im Französischen drücken zwei Wörter den Vergleich aus: «que» und «comme». Die Regeln für ihre Anwendung entsprechen aber nicht den deutschen.

Im Französischen ist es wichtig, ob dem Vergleich ein **hinweisendes Wort (corrélatif)** vorausgeht. Auch im Deutschen kann dem Vergleich ein hinweisendes Wort vorausgehen.

Beispiel: Son t-shirt est **si** joli **que** le mien.

(Ihr T-Shirt ist so hübsch wie meins.)

Les comparaisons avec corrélatif
Die Vergleiche mit hinweisendem Wort

Hinweisende Wörter können sein: *plus* (mehr), *moins* (weniger), *aussi/si* (so), *le même* (derselbe), *un autre* (ein anderer), *mieux* (besser), *autant* (so viel) ...

▶ Wenn ein hinweisendes Wort vorangeht, ist das Vergleichswort «que».

que

Beispiel: Le t-shirt de Sylvie est **plus** joli **que** celui de Sandrine.

Sandrine dit: «Sylvie avec sont t-shirt est **plus** jolie **que** moi.»

Beachte: Bezieht sich der Vergleich auf eine Person, so wird das unverbundene Personalpronomen verwendet – in dem Beispiel «moi».

▶ «Aussi» kann nur einem Adjektiv oder einem Adverb vorangehen.

aussi

Beispiel: Le t-shirt de Brigitte ist **aussi** joli **que** celui de Sandrine.

▶ «Autant» kann nur zusammen mit einem Verb oder einem Nomen verwendet werden.

autant

Beispiel: Brigitte **s'amuse autant que** Sandrine.

(Brigitte amüsiert sich genauso wie Sandrine.)

▶ In verneinten Sätzen kann statt «aussi» und «autant» nur «si» oder «tant» stehen.

Beispiel: Le t-shirt de Sandrine n'est **pas si** joli **que** celui de Brigitte.
Sylvie ne s'amuse **pas tant que** Brigitte.
(Sylvia amüsiert sich nicht so gut wie Brigitte.)

Les comparaisons sans corrélatif
Die Vergleiche ohne hinweisendes Wort

Wenn kein hinweisendes Wort vorangeht, ist das Vergleichswort immer «comme».

Beispiel: Brigitte aime s'habiller **comme** Marilyn Monroe.
(Brigitte zieht sich gern an wie Marilyn Monroe.)
Elle est blonde **comme** cette vedette de cinéma.
(Sie ist blond wie dieser Filmstar.)

Exercices

Übungen

I. *Employez «que» ou «comme».*
Verwenden Sie «que» oder «comme».

1. Ce roman est plus intéressant . . . l'autre.
2. Brigitte a lu un autre roman . . . Sandrine.
3. Alain a parlé . . . un idiot.
4. Il est rusé . . . un renard.
5. Cette voiture roule aussi vite . . . l'autre.
6. Rapide . . . l'éclair.
7. Brigitte travaille autant . . . son amie.
8. Tout s'est passé . . . je l'avais prédit[1].
9. Ils me regardaient . . . on regarde un sauvage[2].
10. J'ai fait moins de fautes . . . les autres.

---

1 vorhergesagt   2 Wilden

II. *Complétez les textes par «comme» ou «que».*

Ergänzen Sie die Texte durch «comme» oder «que».

Je vis des larmes[1] dans ses yeux, tandis que sa bouche faisait une petite grimace. Mon père s'avança:

– Allons, dit-il, tu ne vas pas pleurer ... un bébé devant tous ces gens qui vous regardent!

---

1 Tränen

Je rencontre souvent le grand-père, c'est lui qui soigne ces beaux pruniers[1]. Il est sourd[2] ... un pot, mais il est bien gentil.

---

1 Pflaumenbäume   2 taub   *(Pagnol: Le château de ma mère)*

La proposition relative
Der Relativsatz

Funktion

Relativsätze sind Nebensätze, die mit einem Relativpronomen (siehe Seite 74 ff.) eingeleitet werden, meist mit «qui» oder «que».

Relativsätze sind im Französischen sehr beliebt; sie werden deshalb sehr häufig gebraucht, viel häufiger als im Deutschen oder im Englischen.

L'antecédent de la relative
Das Beziehungswort des Relativsatzes

qui, que

▶ Um Relativsätze richtig gebrauchen zu können muss man sich klarmachen, dass die beiden häufigsten Relativpronomen «qui» und «que» weder Geschlecht noch Zahl unterscheiden.

Beispiel: **Le père qui** a téléphoné …

La mère qui a téléphoné …

Les parents qui ont téléphoné …

▶ Es kann also leicht zu Verwechslungen kommen, wenn nicht deutlich ausgedrückt wird, auf *welches Wort* sich der Relativsatz *bezieht*.

Beispiel: Le père de mon amie **qui** a téléphoné …

Wer hat telefoniert? Der Vater oder meine Freundin? Im Deutschen kann man das durch das Relativpronomen ausdrücken, im Französischen nicht:

Beispiel: Der Vater meiner Freundin, **der** telefoniert hat …

… der Vater meiner Freundin, **die** telefoniert hat …

Damit Missverständnisse vermieden werden, muss im Französischen *der Relativsatz seinem Beziehungswort unmittelbar folgen.*

L'ordre des mots dans la relative

Die Wortstellung im Relativsatz

▶ Im Relativsatz steht – wie auch sonst in den meisten Fällen – erst das Subjekt, dann folgt das Prädikat, danach kommt das Objekt.

Beispiel: Sandrine qui a écrit une lettre ...

                                    Subjekt Prädikat   Objekt

▶ Im Relativsatz ist die Umstellung von Subjekt und Prädikat (Inversion; siehe Seite 206 und 214.) möglich, wenn der Relativsatz mit «que» eingeleitet wird und das Subjekt ein Nomen ist.

Beispiel: Voici la lettre que m'a écrite Sandrine.

                                      Prädikat   Subjekt

Richtig ist auch: que Sandrine m'a écrite.

Le subjonctif dans la relative

Der Subjonctif im Relativsatz

Der Subjonctif (siehe Seite 171 ff.) steht im Relativsatz

▶ nach *Superlativen* und superlativischen Ausdrücken.

Beispiel: C'est **le meilleur** roman que Simenon **ait** écrit.

                  (Das ist der beste Roman, den Simenon geschrieben hat.)

▶ nach *Verneinung*.

Beispiel: Elle **n'a rien trouvé** qui lui **plaise**

                  (Sie hat nichts gefunden, was ihr gefällt.)

▶ zum Ausdrücken des *Wunsches*.

Beispiel: Nous cherchons un hôtel qui ne **soit** pas trop cher.

                  (Wir suchen ein Hotel, das nicht zu teuer sein soll.)

La relative elliptique

Der verkürzte Relativsatz

Verkürzung

▶ Relativsätze mit «être» kann man verkürzen: Das Relativpronomen und die Form von «être» werden weggelassen.

1. Beispiel: Cet hôtel **qui est situé face à la mer** possède un restaurant.
(Dieses Hotel, das zum Meer hin liegt, besitzt ein Restaurant.)
Verkürzung des Relativsatzes:
Cet hôtel **situé face à la mer** possède un restaurant.
Der verkürzte Relativsatz kann auch vorangestellt werden:
Situé face à la mer, cet hôtel possède un restaurant.
2. Beispiel: Sylvie **qui est fatiguée après le long voyage,** se repose.
(Sylvia, die nach der langen Reise müde ist, ruht sich aus.)
Verkürzung des Relativsatzes:
Sylvie, **fatiquée après le long voyage,** se repose.
Voranstellen des verkürzten Relativsatzes.:
Fatiguée après le long voyage, Sylvie se repose.
Dieser verkürzte Relativsatz kann auch erst später folgen:
Sylvie se repose, **fatiguée après le long voyage.**

Exercices

Übungen

Übungen im Kontext

Soulignez les propositions relatives elliptiques.
Unterstreichen Sie die verkürzten Relativsätze.
– On t'a écrit une lettre! Il y a un timbre[1] dessus!
Sur la table, près de mon assiette, une enveloppe[2] jaune portait mon nom, tracé[3] en lettres[4] inégales sur une ligne retombante.
– Je parie[5], dit mon père, que ce sont des nouvelles de ton ami Lili!

---

1 Briefmarke 2 Briefumschlag 3 geschrieben   (Pagnol: Le château de ma mère)
4 Buchstaben 5 wetten

Un clochard dormait, étendu de tout son long sur les pierres du quai, un journal déployé[1] sur la tête.

---

1 aufgefaltet   (Simenon: Le Commissaire Maigret – L'écluse N° 1)

Robinson Crusoé, né à York, le 19 décembre 1737, est nommé gouverneur de l'île de Speranza, située dans l'océan Pacifique, entre les îles Juan Fernandez et la côte orientale[1] du Chili.

---

1 Westküste

Enfin l'Indien[1] eut l'idée de fabriquer pour Robinson et lui une pirogue[2], semblable à celles de son pays.

---

1 Indianer   2 Piroge (eine Art Paddelboot)

Puis ils firent pour la première fois le tour de l'île par mer, accompagnés de loin par Tenn qui galopait en aboyant le long du rivage.

(Michel Tournier: Vendredi ou la vie sauvage)

Ils firent[1] peut-être quatre cent mètres en silence, les yeux fixés sur le pont d'Austerlitz qui dressait ses ferrailles[2] dans un véritable feu d'artifice où l'on devinait[3], noyée de bleu et de rose, l'architecture de Notre-Dame.

---

1 hier: gehen   2 Eisenstangen   3 erahnen   *(Simenon: Le Commissaire Maigret – L'écluse N° 1)*

Les circonstancielles
Die Adverbialsätze

Übersicht

Die wichtigsten Adverbialsätze sind:
▶ Temporalsätze/circonstancielles de temps
▶ Kausalsätze/circonstancielles de cause
▶ Konditionalsätze/circonstancielles de condition
▶ Konsekutivsätze/circonstancielles de conséquence
▶ Finalsätze/circonstancielles de but
▶ Konzessivsätze/circonstancielles de concession

Die Adverbialsätze werden mit einer unterordnenden Konjunktion (siehe dazu Seite 198 ff.) eingeleitet. Diese Sätze muss man beherrschen um seine Gedanken darlegen und um Textaufgaben – zum Beispiel als Klassenarbeiten und Klausuren – erfolgreich bearbeiten zu können.

Hinweis zum Gebrauch

Wer sich um eine gute französische Ausdrucksweise bemüht, sollte beim Schreiben immer bedenken, dass *zu viele* Adverbialsätze im Französischen schnell schwerfällig wirken. Französische Schüler lernen im Unterricht, wie man die schwerfälligen Adverbialsätze durch elegantere Stilmittel ersetzen kann. Deshalb wird auch in dieser Grammatik jeweils auf elegantere Ersatzmöglichkeiten für die Adverbialsätze hingewiesen.

La circonstancielle de temps
Der Temporalsatz

Funktion

Temporalsätze drücken *Zeitverhältnisse* aus: die Gleichzeitigkeit, die Vorzeitigkeit und die Nachzeitigkeit.

Konjunktionen

Die satzeinleitenden Konjunktionen sind:
▶ Konjunktionen, die den *Indikativ* verlangen:
quand (als, wenn), au moment où (als), pendant que (während), depuis que (seitdem).

▶ Konjunktionen, die den *Subjonctif* verlangen:
avant que (bevor), jusqu'à ce que (bis), après que (nachdem).

Beispiel: **Quand** tu **auras** lu ce roman, tu me le donneras.
(Wenn du den Roman gelesen hast, kannst du ihn mir geben.)
Pendant qu 'il **pleut,** nous restons à la maison.
(Während es regnet, bleiben wir zu Hause.)
J'attends **jusqu'à ce que** mon ami **revienne.**
(Ich warte, bis mein Freund zurückkommt.)

Einen (schwerfälligen) Temporalsatz kann man zum Beispiel ersetzen durch

Ersatzmöglichkeiten

▶ eine adverbiale Bestimmung.

Beispiel: J'attendais **jusqu'à son arrivée** (jusqu'à ce qu'il arrive).
(Ich wartete bis zu seiner Ankunft.)

▶ einen Infinitiv.

Beispiel: Il faut tout préparer avant **de partir** (avant qu'on parte).
(Man muss vor dem Weggehen alles vorbereiten.)

▶ Ein Temporalsatz, der die Gleichzeitigkeit ausdrückt, kann durch ein Gérondif (siehe Seite 140 f.) ersetzt werden. In diesem Fall muss aber das Subjekt des Temporalsatzes mit dem des Hauptsatzes übereinstimmen.

Gérondif

Beispiel: Je rêvais **en dormant** (pendant que je dormais).
(Ich träumte während des Schlafens.)

La circonstancielle de cause

Der Kausalsatz

Kausalsätze geben den Grund für etwas an.

Funktion

Die satzeinleitenden Konjunktionen sind parce que (weil), comme (da), puisque (da ja; *bekannter Grund*). Alle drei Konjunktionen verlangen den *Indikativ*.

Konjunktionen

Beispiel: Pourquoi pleures-tu? **Parce que** je **souffre.**
(Warum weinst du? Weil ich leide.)
Je ne peux pas acheter la voiture **parce que** je n' **ai** pas assez d'argent.
(Ich kann das Auto nicht kaufen, weil ich nicht genug Geld habe.)
Puisqu' il **fait** beau, sortons.
(Weil das Wetter gut ist, lasst uns hinausgehen.)

Einen (schwerfälligen) Kausalsatz kann man zum Beispiel ersetzen durch
▶ eine *adverbiale Bestimmung.*

Beispiel: Je grelotte **à cause du froid** (parce que j'ai froid).
(Ich zittere vor Kälte.)

▶ ein *Partizip Perfekt.*

Beispiel: **Epuisée** par l'effort, elle s'assit un moment.
(parce qu'elle était épuisée par l'effort)
(Erschöpft durch diese Anstrengung setzte sie sich einen
Augenblick.)

▶ ein *Gérondif.*

Beispiel: Il a provoqué un accident **en roulant** trop vite.
(parce qu'il roulait trop vite)
(Er hat einen Unfall verursacht, weil er zu schnell fuhr.)

La circonstancielle de condition

Der Konditionalsatz

Der Konditionalsatz gibt die **Bedingung** für etwas an.

Die satzeinleitenden Konjunktionen sind:
▶ Konjunktionen, die den *Indikativ* verlangen:
si (wenn), au cas où (im Fall, dass)
▶ Konjunktionen, die den *Subjonctif* verlangen:
à condition que (unter der Bedingung, dass), pourvu que (vorausgesetzt,
dass)

Einen (schwerfälligen) Konditionalsatz kann man zum Beispiel ersetzen durch
▶ eine *adverbiale Bestimmung.*

Beispiel: **En cas de besoin,** appelle-moi.
(Si tu as besoin)
(Wenn nötig, ruf mich.)

▶ einen *Infinitiv,*

Beispiel: Il échouera, à moins **de travailler**
(s'il ne travaille pas)
(Er wird scheitern, wenn er nicht arbeitet.)

▶ ein *Partizip Perfekt*.

Beispiel: Le tyran **tué,** la liberté reviendrait.

(si le tyran était tué)

(Wenn der Tyrann tot wäre, käme die Freiheit zurück.)

La proposition avec «si»

Der «si»-Satz

▶ Beim **«si»-Satz** muss zunächst ermittelt werden, ob er eine **reale** oder eine **irreale Bedingung** ausdrückt. Real ist eine Bedingung, wenn sie sich tatsächlich ohne Schwierigkeiten erfüllen lässt. Irreal ist eine Bedingung, wenn sie der Wirklichkeit nicht entspricht.

real / irreal

Beispiel: **Reale Bedingungen:**

Si tu veux ...

(Wenn du willst ...)

S'il fait beau ...

(Wenn das Wetter gut ist ...)

Si je ne me trompe pas ...

(Wenn ich mich nicht

irre ...)

Irreale Bedingungen:

Si j'étais vous ...

(Wenn ich an Ihrer Stelle wäre ...)

Si j'avais plus d'argent ...

(Wenn ich mehr Geld hätte ...)

S'il m'avait écouté ...

(Wenn er auf mich gehört

hätte ...)

▶ Der **reale «si»-Satz** steht immer im **Präsens,** der dazugehörige **Hauptsatz im Präsens oder im Futur** (je nach dem Sinn).

Realer si-Satz

Beispiel: Si tu **veux,** je t'**accompagnerai.**

(Wenn du willst, kann ich dich begleiten.)

S'il **fait** beau, nous **irons** à la plage.

(Wenn das Wetter gut ist, gehen wir zum Strand.)

▶ a) Der **irreale «si»-Satz,** der sich auf die **Gegenwart** bezieht, steht **im Imparfait,** der dazugehörige **Hauptsatz im Conditionnel**

Irrealer si-Satz

Beispiel: Si j'**étais** vous, j'**agirais** autrement.

(Wenn ich Sie wäre, würde ich anders handeln.)

Si j'**avais** plus d'argent, j'**achèterais** une moto.

(Wenn ich mehr Geld hätte, würde ich mir ein Motorrad kaufen.)

b) Der **irreale «si»-Satz,** der sich auf die **Vergangenheit** bezieht, steht **im Plusquamperfekt,** der dazugehörige **Hauptsatz im Conditionnel.**

Beispiel: S'il m'**avait écouté,** il **serait** maintenant plus heureux.

(Wenn er auf mich gehört hätte, wäre er jetzt glücklicher.)

Si tu **avais été** à Nice, tu **aurais vu** le carnaval.

(Wenn du in Nizza gewesen wärst, hättest du den Karneval gesehen.)

«si»-Satz		Hauptsatz
Real	Präsens	Präsens / Futur
Irreal	Imparfait	Conditionnel
	Plus-que-parfait	Conditionnel

La circonstancielle de conséquence
Der Konsekutivsatz

Der Konsekutivsatz drückt die **Folge von etwas** aus.

Funktion

Die satzeinleitenden Konjunktionen sind:

▶ de sorte que
de manière que
de façon que   } sodass
si bien que

Konjunktionen

▶ Diese Konjunktionen werden immer mit dem Indikativ verwendet.
  Beispiel: Elle s'est dépêchée **de sorte que** tout **était** prêt à l'heure.
  (Sie hat sich beeilt, sodass alles rechtzeitig fertig war.)
  Elle fut surprise, **si bien qu**'elle **garda** le silence.
  (Sie war überrascht, sodass sie nichts sagen konnte.)

Einen (schwerfälligen) Konsekutivsatz kann man zum Beispiel ersetzen durch
▶ einen Infinitiv.
  Beispiel: Elle chante **à ravir.**
  (de sorte que tout le monde est ravi)
  (Sie singt entzückend.)
▶ zwei Hauptsätze, die mit donc (folglich) oder aussi (daher) verbunden sind.
  Beispiel: Elle s'est dépêchée, **donc** elle est prête à l'heure.
  (de sorte qu'elle est prête à l'heure)
  (Sie hat sich beeilt, folglich war sie rechtzeitig fertig.)

Ersatzmöglichkeiten

La circonstancielle de but
Der Finalsatz

Der Finalsatz drückt den **Zweck,** die **Absicht** aus.

Funktion

Die satzeinleitenden Konjunktionen sind: pour que, afin que, de sorte que
(bedeuten alle „damit").
Diese Konjunktionen werden immer mit dem *Subjonctif* verwendet.

Konjunktionen

Beispiel: Je te le dis **pour que** tu **saches** la vérité.

(Ich sage es dir, damit du die Wahrheit weißt.)

Elle fait tout ce qu'elle peut **de sorte que** tout le monde **soit** content.

(Sie tut alles, was sie kann, damit alle zufrieden sind.)

Einen (schwerfälligen) Finalsatz kann man zum Beispiel ersetzen durch

▶ eine adverbiale Bestimmung.

Beispiel: Nous luttons **pour la liberté.**

(pour que la liberté règne)

(Wir kämpfen für die Freiheit.)

▶ den Infinitiv mit «pour», «afin de».

Beispiel: Il fait tout **pour réussir.**

(pour qu'il réussisse)

(Er tut alles um Erfolg zu haben.)

La circonstancielle de concession

Der Konzessivsatz

Der Konzessivsatz drückt die **Einräumung** aus.

Die satzeinleitenden Konjunktionen sind: quoique, bien que (beide bedeuten „obwohl").

Beide Konjunktionen verlangen den *Subjonctif.*

Beispiel: Elle ne pleure pas **quoiqu**'elle **souffre** beaucoup.

(Sie weint nicht, obwohl sie sehr leidet.)

Einen (schwerfälligen) Konzessivsatz kann man zum Beispiel ersetzen durch

▶ eine *adverbiale Bestimmung,* eingeleitet durch «malgré», «en dépit de».

Beispiel: Nous sortons **malgré la pluie.**

(quoiqu'il pleuve)

(Wir gehen trotz des Regens aus.)

▶ den *Gérondif.*

Beispiel: Mon frère réussit bien, **en travaillant** peu.

(bien qu'il travaille peu)

(Mein Bruder hat Erfolg, obwohl er wenig arbeitet.)

Die Adverbialsätze
Der Konzessivsatz

▶ *zwei Hauptsätze,* die durch «mais» verbunden sind.

Beispiel: Il fait mauvais temps, **mais** nous allons à la plage.

(bien qu'il fasse mauvais temps)

(Es ist schlechtes Wetter, aber wir gehen doch an den Strand.)

Exercices
Übungen

I. Remplacez les propositions soulignées par des gérondifs.
Ersetzen Sie die unterstrichenen Sätze durch Gérondifs.

1. Mon père lit le journal quand il mange.
   Mon père lit le journal . . .
2. Il est parti quand il a salué ma mère.
   Il est parti . . .
3. Ma sœur est heureuse.
   Elle fait ses devoirs, et en même temps elle chante.
   Elle fait ses devoirs . . .
4. M. Dubois entre, et en même temps il retire son chapeau.
   M. Dubois entre . . .
5. Maman rêve quand elle se promène.
   Maman rêve . . .

II. Traduisez.
Übersetzen Sie.

Sylvie est heureuse . . .

1. weil sie in Ferien ist.
2. weil das Wetter gut ist.
3. weil sie gut geschlafen hat.
4. weil sie einen Ausflug machen wird.
5. weil ihr Freund einen Brief geschrieben hat.

III. *Analysez les propositions commençant avec «si»
(condition réelle ou condition irréelle?).*

**Analysieren Sie die Nebensätze, die mit «si» anfangen
(reale oder irreale Bedingung?).**

– Si tu me jures[1] de ne jamais en parler à personne, je vais te faie voir quelque chose. Mais il faut que tu jures croix[2] de bois[3], croix de fer[4]. C'était un serment[5] solennel[6], qui n'était exigé[7] que dans les grandes occasions. Je me levai, j'étendis[8] la main droite, et je prononçai d'une voix claire la formule:

Croix de bois, croix de fer,
Si je mens[9], je vais en enfer[10].

---

*1 schwören 2 Kreuz 3 Holz 4 Eisen 5 Schwur 6 feierlich
7 fordern 8 hochhalten 9 lügen 10 Hölle*

Une petite brise fraîche, qui venait de la mer, poussait lentement de sombres nuages[1]. L'oncle regarda le ciel, et décréta[2]:
– Il ne pleuvra pas et ce temps est parfait pour la chasse[3]!
Lili me fit un clin d'œil[4], et me dit à voix basse:
– S'il fallait qu'il boive tout ce qui va tomber, il pisserait[5] jusqu'à la Noël!
Cette expression me parut admirable.

---

*1 düstere Wolken 2 feststellen 3 Jagd
4 Augenzwinkern 5 pissen*

– Voyons, mon garçon, voyons! Tu as eu deux très grands mois de vacances ...
– Ce qui est déjà abusif[1]! interrompit l'oncle. Si tu étais président de la République, tu n'en aurais pas eu autant[2]!
Cet ingénieux[3] argument ne me toucha guère[4], car j'avais décidé de n'aspirer[5] à ces hautes fonctions qu'après mon service militaire.

---

1 übertrieben 2 so lange 3 scharfsinnig   *(Pagnol: Le château de ma mère)*
4 kaum 5 streben

IV. *Traduisez.*

Übersetzen Sie.

Sandrine pense:
S'il pleut demain ...

1. ... bleibe ich im Hotel.

2. ... lese ich einen Roman.

3. ... gehe ich nicht zum Strand.

4. ... gehe ich ins Museum.

Si j'avais plus d'argent . . .

5. . . . würde ich mir eine Handtasche kaufen.

6. . . . würde ich ins Restaurant essen gehen.

7. . . . würde ich mir ein Auto mieten.

8. . . . würde ich viele Ausflüge machen.

V. *Traduisez.*

   Übersetzen Sie.

1. Wenn Sie einverstanden sind, unterschreiben Sie hier.

2. Wenn du weiter gut arbeitest, hast du Chancen erfolgreich zu sein.

3. Wenn ihr Sylvie besuchen geht, wird sie sich freuen.

4. Wenn sie nicht da ist, kommt später wieder.

5. Wenn ich Brigitte gesehen hätte, hätte ich ihr guten Tag gesagt.

6. Wenn wir dieses schöne Haus gemietet hätten, wären wir zufrieden.

VI. *Traduisez.*

   Übersetzen Sie.

   Wir gehen spazieren . . .

1. . . . obwohl es regnet.

2. . . . obwohl es schon spät ist.

3. . . . obwohl ich müde bin.

4. . . . obwohl ich keine Lust habe.

5. . . . obwohl mir die Füße weh tun.

Le discours direct et le discours indirect

Die direkte und die indirekte Rede

▶ Man unterscheidet im Französischen (wie im Deutschen) die **direkte** und die **indirekte Rede.**

   Beispiel: Sylvie raconte:
   – J'ai été en Espagne ...
   (Sylvia erzählt: „Ich war in Spanien ...“)

Gedanken-strich

▶ Im Deutschen steht die direkte Rede immer in Anführungszeichen. Im Französischen kann *statt Anführungszeichen* auch nur ein *Gedankenstrich* am Anfang der direkten Rede stehen.

Indirekte Rede

▶ Sylvias Worte können auch in indirekter Rede wiedergegeben werden:

   Beispiel: Sylvie raconte qu'elle a été en Espagne.
   (Sylvia erzählt, dass sie in Spanien war.)

Bei der Umformung der direkten in die indirekte Rede sind einige Regeln zu beachten. (Zur indirekten Frage siehe Seite 215 ff.)

Changement de temps entre discours direct et discours indirect

Zeitenwechsel zwischen direkter und indirekter Rede

Zeiten-wechsel

▶ Wenn der Satz, der den Sprecher bezeichnet, im Präsens steht, bleiben die Zeiten der direkten Rede in der indirekten Rede erhalten. (Keine Schwierigkeiten!)

   Beispiel:

Direkte Rede:	**Indirekte Rede:**
Elle raconte: J'ai été en Espagne ...	Elle raconte qu'elle a été en Espagne.

▶ Wenn der Satz, der den Sprecher bezeichnet, in der *Vergangenheit* steht, *ändern* sich die Zeiten in der *indirekten Rede:*

Direkte Rede:		Indirekte Rede:
Präsens	→	Imparfait
Passé composé	→	Plus-que-parfait
Futur	→	Conditionnel

Beispiel: Elle **racontait: J'ai été** en Espagne. (Passé composé)

Elle **racontait** qu'elle **avait été** en Espagne. (Plus-que-parfait)

Elle **racontait:** J'irai en Espagne l'année suivante. (Futur)

Elle **racontait qu** 'elle **irait** en Espagne l'année suivante. (Conditionnel)

Les pronoms dans le discours indirect

Die Pronomen in der indirekten Rede

▶ Ähnlich wie im Deutschen werden auch im Französischen die Pronomen verändert, wenn die direkte Rede in die indirekte umgewandelt wird.

Direkte Rede:		Indirekte Rede:
je	→	il, elle
me	→	le, la, lui/se
mon, ma, mes	→	son, sa, ses

Beispiel: Elle raconte: **J'**ai été en Espagne ...

Elle raconte qu'**elle** a été en Espagne ...

Elles racontent: **Nous** y étions avec nos parents.

Elles racontent qu'**elles** y étaient avec leurs parents.

Piège

Stolperstein

Im Zusammenhang mit der indirekten Rede gibt es in französischen Klassenarbeiten und Klausuren immer wieder einen Fehler: Das einleitende «que» wird ausgelassen.

Das ist im Französischen im Gegensatz zum Deutschen und Englischen nicht möglich!

Deutsch:

Sylvia sagt, △ sie sei in Spanien gewesen.

Englisch:

She said △ she had been in Spain.

Französisch:

Elle dit **qu** 'elle a été en Espagne.

Exercices

Übungen

I. *Transformez le discours direct en discours indirect.*
  Formen Sie die direkte Rede in die indirekte Rede um.
 1. Sylvie raconte: J'ai été sur la Côte d'Azur.
 2. Sylvie dit: J'ai voyagé avec mes parents.
 3. Sylvie dit: L'hôtel était confortable.
 4. Sylvie raconte: J'ai été tous les jours sur la plage.
 5. Sylvie dit: J'ai fait la connaissance de beaucoup de jeunes.
 6. Sylvie ajoute: Je me suis bien amusée.

II. *Transformez le discours direct en discours indirect.*
  Formen Sie die direkte Rede in die indirekte Rede um.
  Ses parents disent:
 1. Le séjour sur la Côte d'Azur a été agréable.
 2. Nous nous sommes bien reposés.
 3. Nous avons fait des excursions.
 4. Nous avons pris de belles photos.
 5. On reviendra l'année prochaine.

Les signes de ponctuation
Die Satzzeichen

Auf die Zeichensetzung legt man im Französischen großen Wert, um die eigenen Gedanken möglichst klar gegliedert auszudrücken und um dem Leser das Verständnis eines Textes, soweit es geht, zu erleichtern.

La virgule
Das Komma

Der Gebrauch des Kommas

Anwendung

▶ Es gibt zwar im Französischen *keine festen Kommaregeln,* die man mühsam lernen müsste, aber dafür werden um etwa *25 Prozent mehr Kommas* gesetzt als im Deutschen, geschweige denn im Englischen. Das kann man feststellen, wenn man französische Texte und ihre deutsche Übersetzung miteinander vergleicht.

▶ Das Komma deutet an, wo beim Lesen eine Pause gemacht werden sollte. Vor dem Komma stehen die wichtigen Satzteile, die der Sprecher oder Schreiber besonders hervorheben möchte, weil sie eine wesentliche Mitteilung enthalten.
Abweichend vom Deutschen setzt man je ein Komma *vor* und *hinter adverbiale Bestimmungen.* Die satzeinleitende adverbiale Bestimmung wird üblicherweise durch Komma abgetrennt.

Beispiel: *Tous les matins,* **vers quatre heures,** mon père ouvrait la porte de ma chambre, et chuchotait: «Veux-tu venir?»
(Jeden Morgen gegen vier Uhr öffnete mein Vater die Tür meines Zimmers und flüsterte: „Willst du kommen?")

▶ Es steht aber kein Komma vor «que»-Sätzen (zum Beispiel: indirekte Rede) und vor Infinitivsätzen.

Beispiel: Nous sortions **sans faire de bruit**
(Wir gingen hinaus ohne Krach zu machen.)

Guillemets et tiret

Anführungszeichen und Gedankenstrich

Anwendung

▶ Im Deutschen verwendet man die Anführungszeichen zum Kennzeichnen der direkten Rede. Im Französischen steht am Anfang der direkten Rede meist ein Gedankenstrich.

Beispiel: Sylvie raconte:
– J'ai été en Espagne avec mes parents ...
(Sylvia erzählt:
„Ich war mit meinen Eltern in Spanien ...")

▶ Es gibt auch im Französischen Anführungszeichen: Man gebraucht sie bei Titeln und Zitaten.

Beispiel: «La France unie» était la devise du président Mitterrand.
(„Das einige Frankreich" war die Devise des Präsidenten Mitterrand.)
J'ai lu cet article dans «France-Soir»
(Ich habe diesen Artikel in „France-Soir" gelesen.)

Le point d'exclamation

Das Ausrufezeichen

Anwendung

Das Ausrufezeichen wird im Französischen viel *seltener verwendet* als im Deutschen und *nie* nach dem Imperativ.

Beispiel: Viens ici.   Bravo.
(Komm her!)   (Bravo!)

Clef des exercices

Lösungen zu den Übungen

Seite 22 f. **I.** 1. la France, l'Allemagne, la Grande-Bretagne, les Etats-Unis, les Pays-Bas. 2. la mer Rouge, l'océan Atlantique, la mer Méditerranée, la mer du Nord, le lac Léman. 3. la Seine, le Rhône, le Rhin, la Loire, le Nil.

II. 1. La France, 2. Les Français. 3. Le drapeau français. 4. La langue française. 5. Parler le français. 6. La littérature française. 7. Avoir des amis français. 8. Peter s'est marié avec une Française. 9. Il aime la cuisine française. 10. Le vin français.

Seite 24 f. **I.** 1. [k]: cabine, cadeau, café, camion, camping, capable, combien, commander, compliment, comprendre, content, cuire, culotte.
[s]: célèbre, cent, centre, cérémonie, certain, ciel, cigare.

II. cacao (k-k), calcul (k-k), celui-ci (s-s), commencer (k-s), complice (k-s), concert (k-s), concierge (k-s), concurrance (k-k-s), François (-s-), garçon (-s-), leçon (-s-).

III. [g]: gai, galant, galerie, gamin, garçon, gouvernement, guerre, guichet, guitare. [ʒ]: génération, génie, gentil, géométrie, geste, girafe.

Seite 35 f. **I.** la promenade, le tourisme, le château, la curiosité, la beauté, le garage, la voiture, la bicyclette, le cheval, le crayon, le nouvelle, le journal, la nourriture, la cuisine, la salade, le cadeau, la couverture, la maladie, le devoir, le courage, la surprise, la méprise, le socialisme, la propriété.

II: la mode, la manche, le tour, la voile, la vase, la critique, la mort, la mémoire, la livre.

III. ... au Canada.... en Allemagne.... en Belgique.... au Japon.... au Portugal.... en Suisse.

IV. ... une Peugeot.... un garage.... un cigare.... une bière.... un melon. ... un reportage.... une photo.

Seite 40 f. **I.** les pays, les nations, les châteaux, les musées, les voitures, les journaux, les livres, les exemples, les règles, les repas, les déjeuners, les gâteaux, les tartes, les œufs, les travaux, les prix, les cadeaux, les yeux. deux heures, deux jours, deux semaines, deux mois, deux fois, deux francs, deux messieurs, deux enfants, deux filles, deux fils.

II. ... où se trouvent les mers, les fleuves, les villes, les montagnes et les déserts.... quelques vieux messieurs qui fouillaient dans les boîtes poussiéreuses des bouquinistes.

III. ... à quatre heures, ... dès trois heures.... Plus l'heure.... À quatre heures....

Seite 45 f.	**I.**	le père: *masculin, singulier;* la mère: *féminin, singulier;* les enfants: *masculin, pluriel;* le matin: *masculin, singulier;* les soirs: *masculin, pluriel;* le jour: *masculin, singulier;* la semaine: *féminin, singulier;* les années: *féminin, pluriel.*

II. ... aux arbres, aux pierres, aux nuages, ... aux chèvres.

III. parler de la mode, des enfants, du voyage, du roman, du travail, de l'appartement, des voisins.

IV. **1.** Le matin, je me lève à 6 heures. **2.** Le matin je suis au bureau. **3.** A midi, je mange à la cantine. **4.** L'après-midi, je tape les lettres. **5.** Le soir, je regarde la télévision. – **6.** Le matin, je me lève tard. **7.** Le matin, je vais à la plage. **8.** A midi, je mange au restaurant. **9.** L'après-midi je me repose. **10.** Le soir, je vais danser.

Seite 47

I. des touristes, des amis, des messieurs, des maisons, des voitures, des histores, des livres, des romans.

II. ... C'est un beau pull. ... C'est une belle robe. ... C'est une belle cravate. ... C'est une belle chemise. ... C'est un beau pantalon. ... Ce sont des chaussures qui me plaisent. ... Ce sont des chaussettes qui me plaisent. ... Ce sont des gants qui me plaisent. ... C'est une belle écharpe.

Seite 51

I. ... beaucoup de farine; du lait: beaucoup de lait; du sucre: beaucoup de sucre; du beurre: beaucoup de beurre; du sel: un peu de sel. Vous voulez du fromage? Combien de fromage? Un morceau de fromage. Un kilo de fromage. La moitié du fromage ...

II. ... elle ne mange pas de sucre. ... pas de beurre. ... pas de confiture. ... pas de crème. ... pas de chocolat. Il n'a pas de courage. ... pas d'énergie. ... pas de patience. ... pas d'application. ... pas d'ambition.

III. ... il n'a pas de soupçons. Ne fais pas de bruit. ... il n'y a pas d'arbres, pas de jardin ...

Seite 55 ff.

I. Nous allons à la plage. Moi, j'ai envie d'aller à la plage. Et toi? Moi aussi j'ai envie. – Tu as vu le film? Alain, lui, l'a vu. Moi pas. Moi qui aime les comédies, l'ai trouvé ennuyeux. – Avez-vous vu Mme Dubois? Moi, je ne l'ai pas vue. Mais lui, quand il l'a vue, l'a reconnue tout de suite. – Tu viens à la fête? Moi, je viens avec plaisir. Et Marcel, il vient aussi? Non, lui seul ne vient pas, parce qu'il est malade.

II. – Je n'ai pas fait attention, dit-il.
– Moi, répondit le petit prince, je n'aime pas condamner à mort, et je crois bien que je m'en vais.
... Moi, je possède un foulard, je puis le mettre. ... Moi, si je possède une fleur, je puis ... Mais tu ne peux pas cueillir les étoiles!
(Zur Erklärung siehe Seite 54.)

250

III. **1.** Cela me plaît beaucoup. **2.** Cela me ferait plaisir. **3.** Cela m'étonnerait. **4.** C'est une grande surprise. **5.** Maintenant, c'est l'heure du départ. **6.** Tu ne vois pas qu'il pleut? **7.** Il faut partir quand même. **8.** Il faut se dépêcher. **9.** Ce n'est pas ma faute. **10.** Il vaut mieux se dépêcher. **11.** C'est vrai. **12.** Il semble qu'il pleut moins.

IV. ... ce n'est pas une surprise! ... C'est vrai qu'ils en avaient parlé ... (Zur Erklärung siehe Seite 55.)

Seite 60 ff. **I.** **1.** Pierre le rencontre. **2.** Pierre le voit dans le métro, **3.** Pierre le salue. **4.** Il lui dit bonjour. **5.** Il lui raconte que c'est aujourd'hui sa fête. **6.** Il l'invite pour ce soir. **7.** Il lui dit: Donc, à ce soir!

II. **1.** Lui as-tu envoyé une carte postale? **2.** Lui as-tu envoyé une carte postale? **3.** Leur as-tu envoyé une carte postale? **4.** Lui as-tu prêté le dictionnaire? **5.** Non, je ne lui ai pas prêté. **6.** Lui as-tu prêté le dictionnaire? **7.** A qui l'as-tu prêté? **8.** Dis-lui de venir. **9.** Dis-lui de venir. **10.** Dis-leur de venir.

III. Je courus vers <u>lui</u>, il courut vers <u>moi</u>. ... Il s'arrêta, <u>lui</u> aussi, et comme un homme, <u>me</u> tendit la main. Je <u>la</u> serrai. ... Je devais l'être plus que <u>lui</u>. – Tu <u>nous</u> attendais?
... le remords <u>me</u> suivait ... mais je le plaignais ... je décidai un jour de l'emmener avec <u>nous</u>.
... si vous <u>le</u> permettez ... où on <u>vous</u> a repêché ... Pouvez-vous, par exemple, <u>me</u> raconter ...
(Zum Gebrauch siehe Seite 58.)

Seite 64 **I.** **1.** Sylvie se lève. **2.** Elle se lave. **3.** Elle se peigne. **4.** Elle se regarde dans la glace. **5.** Elle s'habille. **6.** Elle se fait un café au lait. **7.** Elle se dépêche pour ne pas être trop tard à l'école. **8.** Je me suis levée trop tard. **9.** Je me suis vite lavée. **10.** Je me suis vite habillée. **11.** Je me suis dépêchée pour ne pas être trop tard à l'école.

II. Il s'était fait un hamac ...
Il s'élança ... il s'arrêta brusquement, et se tourna vers moi.
Tu te jugeras donc toi-même ... Il est bien plus difficile de se juger soi-mêmer que de juger autrui. Si tu réussis à bien te juger ... je puis me juger même n'importe où ...

Seite 67 ff. **I.** Qui est ce monsieur? cette dame? ce garçon? cette fille? Qui sont ces gens? ces dames? ces enfants? ces messieurs?

II. À qui est cette voiture? cette bicyclette? cette moto? À qui est cette valise? ce sac? ce portefeuille? ce manteau? À qui sont ces gants? ces chaussures? ces skis?

III. Cette gammaire ... Cette règle ... Cet exemple ... Cette phrase ... Ce style ... Ce mot ...

IV. Ce pull ... Cette culotte ... Cette chemise ... Ces chaussures ... cet anorak. ... cet anorak?

251

V. 1. Celle que j'ai envoyée ... Ce sont celles que j'ai reçues pour ma fête. 2. Je te donne celles-ci. Et encore celles de ma sœur. 3. Alors, lis encore celui-ci, il est encore plus amusant que celui que tu as lu. 4. Celle-ci est très jolie, mais celle-là est encore plus belle. 5. C'est celui que nous avons vu ... Celui qui a voulu acheter la chemise. 6. Celui-ci n'est pas assez confortable. Ceux-ci ne sont plus modernes. J'aime ceux de Sandrine. 7. Celui de sept heures arrivera trop tard.

VI. <u>Celui qui</u> se leva ...

... comme <u>celle</u> d'une lampe qui meurt.

... à <u>ceux qui</u> ne la connaissent pas.

(Zur Erklärung siehe Seite 67.)

Seite 72 f. **I.** ... sa nouvelle voiture? ... avec son chien. Regarde son anorak ... avec leur guide.... avec son amie. Qui est son amie? Tu ne connais pas son amie?

II. 1.... mes vacances. 2.... ses vacances.... 3.... ses vacances 4.... nos vacances. 5.... leurs vacances.

III. 1.... sa famille. 2. son patron. 3.... sa femme, son fils et ses deux filles. 4. à son patron. 5.... votre chien, monsieur? ... 6.... mon chien. 7. Son nom ...

IV. 1. C'est la mienne. 2. Oui, ce sont les miens. 3. Oui, c'est le mien. 4. Je crois que c'est le sien. 5. Non, ce n'est pas le mien. 6. Oui, c'est le sien. 7. Oui, ce sont les miennes. 8.... que le nôtre.

V. Pourtant, je relus <u>sa</u> lettre, puis <u>la mienne.</u>

<u>La mienne</u> vous reconduira.

(Zur Erklärung siehe Seite 72.)

Seite 78 ff. **I.** 1. Voici le pull qui m'a plu. qui n'a pas coûté trop cher. que j'ai acheté. qui a plu à ma mère. que je mets ce soir pour aller au cinéma. 2. Voici la lettre que j'ai écrite. qui est adressée à ma tante. que je lui envoie pour sa fête. que je vais mettre à la poste. 3. Les Dubois ont acheté un appartement qui a coûté 300.000 francs. qui a deux pièces. qui a une très belle cuisine, qui est au troisième étage. que leurs amis admirent beaucoup. Dont ils sont très contents.

II. ... je possède une fleur que j'arrose tous les jours. Je possède trois volcans que je ramone toutes les semaines. Car je ramone aussi celui qui est éteint.

... une phrase toute simple, à laquelle je n'accordais d'abord aucune attention.

Grandes et belles journées, qui me semblaient immenses le matin, mais qui me parurent si courtes ...

Heureusement, «La Virginie» sur laquelle voyageait Robinson ...

Les chèvres que Robinson avait domestiquées ... Mais comme presque toutes les bêtes qui vivent en liberté, elles s'étaient organisées en groupes que commandaient les boucs les plus forts ... à un roi-bouc d'une taille et d'une force terribles qui s'appelait Andoar.

252

III: 1. Je ne comprends pas ce qu'il dit. 2. J'ai oublié ce qu'elle m'a dit. 3. Je ne sais pas ce qu'il fait. 4. Je ne sais pas ce qui se passe ici. 5. Dis qui te dérange. 6. Fais ce que tu veux.

IV. Vous avez réfléchi à ce que je vous ai proposé ce matin? Pouvez-vous, par exemple, me raconter ce que vous avez fait ...

... et ils n'y trouvent pas ce qu'ils cherchent. Et cependant ce qu'ils cherchent pourrait être trouvé dans une seule rose.

Seite 84 f.   I.   1. Tout le temps. 2. Tous les jours. 3. Tous les soirs. 4. Tout le matin. 5. Toute la maison. 6. Tout le garage. 7. Toutes les voitures. 8. Toute la circulation. 9. Tous les agents de police. 10. Tous les accidents. 11. Toute l'année. 12. Ils sont tout seuls. 13. Toute la planète et tous les hommes.

II. 1. J'ai tout vu. 2. Nous avons tout compris. 3. Je les connais tous. 4. Sandrine a invité ses amies; elles sont toutes venues. 5. Toutes se sont bien amusées. 6. Alain, Marcel ..., tous sont venus en voiture. 7. Vers minuit, tous sont partis. 8. Tous étaient très contents.

III. Tout allait bien ... ils s'ennuyaient tous les trois. Elles ressemblaient toutes à sa fleur.

IV. 1. Tous ceux que je connais ... 2. Tout ce que tu as raconté ... 3. Toutes celles qui sont venues ... 4. Tous ceux que j'ai invités ... 5. C'est tout ce qu'il m'a dit ... 6. Son père lui permet tout ce qu'il veut faire. 7. Vendredi savait maintenant que tout ce que son maître lui ordonnait était bien, que tout ce qu'il lui défendait était mal.

Seite 87 f.   I.   1. Oui, j'y suis resté. 2. Oui, je lui en ai parlé. 3. Oui, j'ai réussi et j'en suis fier. 4. J'en suis très content. 5. ... et je m'en souviendrai. 6. Oui, j'en suis capable. 7. Oui, j'y suis allé plusieurs fois.

II. Tu <u>en</u> prends beaucoup? ... il <u>y</u> avait une trentaine d'oiseaux. «En» remplace: (beaucoup) d'oiseaux.
Je refusai d'<u>y</u> penser.
«Y» remplace: à la rentrée des classes.
Un de ses inspecteurs <u>en</u> sortit et le chercha.
«En» remplace: du taxi.
Vous <u>en</u> voulez un?
«en» remplace: (un) des cigares.

Seite 93   I.   quatre, huit, treize, quinze, trente et un, trente-deux, soixante-dix, quatre-vingts.

II. 1. Habiter au troisième étage. 2 C'est leur premier enfant. 3. Le premier empire. 4. La deuxième guerre mondiale. 5. Le quatorze juillet. 6. Louis XIV.

III. ... je vous offre cent mille francs.
cent onze rois ... sept mille géographes, neuf cent mille businessmen, sept millions et demi d'ivrognes, trois cent onze millions de vaniteux ... deux milliards de grandes personnes.

Seite 100 ff.

I. la grande ville, les grands immeubles, les grands boulevards, le grand fleuve – les grandes personnes, les grands enfants, le grand fils, la grande fille. Elle est grande pour son âge.

II. ces tulipes sont rouges, ces œillets sont roses, ces marguerites sont blanches, ces pensées sont bleues, ces roses sont jaunes, ces iris sont violets, les feuilles sont vertes.

III. Un repas délicieux: le vin a été délicieux. La viande a été délicieuse. Les haricots verts ont été délicieux. Les légumes ont été délicieux. La sauce a été délicieuse. Le fromage a été délicieux.

IV. une vieille église, une vieux château, une vieille pendule, un vieil immeuble, la vieille ville, un vieil homme, une vieille photo, mon vieil oncle, les vieilles chansons, les vieilles choses.

V. Il avait de jolies mains, blanches et longues ...

En somme sa situation était loin d'être désespérée. Certes, cette île était apparemment déserte ... si elle avait été peuplée de cannibales? En outre elle paraissait assez accueillante avec sa belle plage au nord, des prairies très humides à l'est, sa grande forêt ... ce massif rocheux que perçait une grotte mystérieuse et qui offrait un point de vue magnifique ...

Dans le ciel de velours violet, les étoiles brillaient, innombrables. Ce n'étaient plus les douces étoiles de l'été. Elles scintillaient durement, claires et froides, cristallisées par le gel de la nuit ... dans le silence glacé ... sur les dures pierres. Les perdrix étaient devenues méfiantes, et la sensibilité nouvelle ... et un bon nombre de lapins.

Mon père regarda ensuite mon nouvel ami ...

Il inventerait de nouveaux jeux, de nouvelles aventures, de nouvelles victoires. Une vie toute neuve allait commencer, aussi belle que l'île ...

Seite 104 f.

I. ... l'homme le plus beaux, le plus riche et le plus intelligent ...

II. ... je suis encore plus sportive ... je suis encore plus intelligente ... je suis encore plus aimable ... je suis encore plus forte ... tu es encore plus paresseuse ... tu es encore plus négligente.

III. ... Alain est le plus sympathique de mes amis. ... Alain est le plus gentil de mes amis. ... Alain est le plus compréhensif de mes amis. ... Alain est le plus amusant des mes amis. ... Alain est mon meilleur ami.

Seite 107 f.

I. 1. Tu connais ce vieux monsieur? 2. Mes chers parents. 3. Mon père aime le bon vin. 4. ... une petite maison. 5. Regarde les belles fleurs. 6. Ecrire une lettre amicale. 7. C'est une mauvaise plaisanterie. 8. Acheter un journal étranger. 9. Voici ma voiture neuve ... 10. C'est la voiture blanche.

II. ... une grande gorgée de bière fraîche ... une pipe nouvelle.
... un petit vautour. C'était une petite bête, avec sa grosse tête aux yeux exorbités, ses pattes maladroites, et ce corps tout nu. Il ouvrait largement son bec énorme ... des morceaux de viande fraîche ...

III. **1.** Mes chers parents. **2.** Une famille noble. **3.** Un restaurant cher. **4.** Le pauvre garçon pleurait. **5.** Une femme curieuse. **6.** Raconter une histoire drôle. **7.** Les mains sales. **8.** C'est quelque chose de surprenant. **9.** C'est quelque chose d'extraordinaire. **10.** Rien de nouveau.

Seite 113 f.

I. seulement, vraiment, précisément, énormément, clairement, poliment, profondément, facilement, rapidement/vite, bien, mal

II. **1.** Alain est gentil. Il parle gentiment avec Brigitte, qui le trouve gentil. **2.** J'ai compris facilement la règle, quoiqu'elle ne soit pas facile. J'ai trouvé facilement des exemples. **3.** C'est une histoire vraie. Vous la croyez vraiment? **4.** M. Dubois est un homme poli. Il parle poliment à son patron. Quand celui-ci lui pose une question, il lui donne une réponse polie. **5.** Cette phrase n'est pas claire. Exprime-toi plus clairement. Dis clairement ce que tu veux exprimer.

III. … était <u>naturellement</u> … marchait <u>majestueusement</u>. – Bonjour, répondit, <u>poliment</u> le petit prince. Tu es <u>bien</u> joli. Je suis <u>tellement</u> triste. Les grandes personnes sont <u>décidément</u> tout à fait extraordinaires, se disait-il <u>simplement</u> en lui-même durant le voyage.

Seite 126 f.

I. **1.** J'aide mon ami. – aider qn; **2.** J'ai besoin de la permission. – avoir besoin de qc; **3.** Je demande à M. Dubois. – demander à qn; **4.** Nous discutons de la pollution. – discuter de qc; **5.** J'étais étonné de son succès. – être étonné de qc; **6.** Je m'informe du chemin. – s'informer de qc; **7.** Nous jouons aux cartes. – jouer à qc; **8.** Je manque de temps. – manquer de qc; **9.** Elle s'est mariée avec Xavier. – se marier avec qn; **10.** J'ai menti à mon ami. – mentir à qn; **11.** Il s'est moqué de moi. – se moquer de qn; **12.** Je m'occupe du jardin. – s'occuper de qc; **13.** Nous parlons des vacances. – parler de qc; **14.** Je me plains de l'injustice. – se plaindre de qc; **15.** Je te raconte l'accident. – raconter qc; **16.** Je dois rire de la plaisanterie. – rire de qc; **17.** Je me souviens de mon premier voyage à Paris. – se souvenir de qc; **18.** Je téléphone à Sandrine. – téléphoner à qn.

II. … cinq hommes jouaient aux cartes, lentement, sans parler. Vous vous souvenez de ce qui s'est passé?
J'avais menti à mes parents, j'avais menti à mon ami, je m'étais menti à moi-même.

Seite 129 f.

I. **1.** Elle a appris à parler français. – apprendre à faire qc; **2.** Arrête de bavarder. – arrêter de faire qc; **3.** Je cherche à comprendre le texte. – chercher à faire qc; **4.** Je crois avoir trouvé une solution. – croire faire qc; **5.** J'ai décidé de faire un essai. – décider de faire qc; **6.** Nous devons nous dépêcher. – devoir faire qc; **7.** J'espère venir à l'heure. – espérer faire qc; **8.** Je suis prêt à t'accompagner. – être prêt à faire qc; **9.** Finis de te plaindre. – finir de faire qc; **10.** Elle hésite à dire toute la vérité. – hésiter à faire qc; **11.** Je l'ai invitée à danser. – inviter qn à faire qc; **12.** J'ai oublié d'aller chez le boulanger. – oublier de faire qc; **13.** Je pense pouvoir faire ce travail tout seul. – penser faire qc; **14.** Je préfère aller au théâtre que d'aller au cinéma. – préférer faire qc que de faire qc; **15.** Permettez-moi de vous présenter mon ami. – permettre de faire qc; **16.** Il refuse de payer. – refuser de faire qc; **17.** Il réussit à passer l'examen. – réussir à faire qc.

II. Il décida alors d'écrire chaque jour ... il était décidé à ne plus jamais se laisser aller au désespoir.

Seite 132 f. **I.** avoir: ayant, être: étant, savoir: sachant, faire: faisant, aller: allant, vouloir: voulant, croire: croyant, trouver: trouvant, venir: venant.

II. **1.** C'était une promenade fatigante. **2.** Cherchant sa clé, Mme Dubois fouille dans son sac. **3.** Ayant oublié sa clé, elle ne peut pas entrer chez elle. **4.** Ne sachant pas que faire, elle appelle le concierge.

Seite 137 ff. **I.** **1.** fait, **2.** dit, **3.** allé, **4.** vu, **5.** su. **6.** voulu, **7.** venu, **8.** pris, **9.** arrivé, **10.** cru, **11.** mis, **12.** passé, **13.** dû/due, **14.** parlé, **15.** trouvé, **16.** donné, **17.** compris, **18.** connu, **19.** parti, **20.** demandé, **21.** tenu, **22.** aimé, **23.** pensé, **24.** resté, **25.** mangé, **26.** appelé.

II. **1.** Qui est venu? **2.** C'est Alain qui est venu? **3.** C'est Mme Duval qui est venue? **4.** C'est Brigitte et Sandrine qui sont venues? **5.** C'est Paul et Patrick qui sont venus? **6.** C'est Sylvie qui est venue?

III. **1.** Brigitte est allée en ville. **2.** Alain est allé chez son ami. **3.** Mme Dubois est allée chez le boulanger. **4.** Brigitte et Sandrine sont allées à la piscine. **5.** Patrick et Paul sont allés au stade. **6.** Et Sylvie? Où est-elle allée?

IV. **1.** Voici la viande qu'elle a achetée. **2.** Voici le beurre qu'elle a acheté. **3.** Voici les tomates qu'elle a achetées. **4.** Voici les carottes qu'elle a achetées. **5.** Voici les poissons qu'elle a achetés. **6.** Voici deux bouteilles de vin qu'elle a achetées.

V. **1.** Je l'ai bien reçue. **2.** Je les ai bien reçues. **3.** Je les ai bien reçus. **4.** Je les ai bien reçus.

VI. **1.** Elle s'est lavée. **2.** Elle s'est regardée dans la glace. **3.** Elle s'est peignée. **4.** Elle s'est maquillée. **5.** Elle s'est lavé les mains.

VII. Ils sont trempés! Trempés comme s'ils étaient tombés à la mer!
... il ne pouvait pas avoir lu ma lettre, puisque je l'avais retrouvée à sa place. Et d'autre part, s'il l'avait lue ...
Mon père s'était réservé la surveillance ... La soirée que vous avez passée avec nous. Nous avons passé une bonne soirée. – Les gendarmes que nous avons vus, et les soldats que nous avons vu passer ...

Seite 141 **I.** ... et changent d'amis <u>en changeant</u> d'école ... (quand ils changent d'école)
... et Vendredi chantait de bonheur <u>en courant</u> sur le sable blanc et pur de la plage. (en même temps il courut sur le sable) ... qui courait après <u>en aboyant</u> et les lui rapportait. (pendant qu'il aboyait)

Seite 146 **I.** 1. il est, 2. elle a, 3. vous faites, 4. vous dites, 5. tu vas, 6. nous voyons, 7. ils savent, 8. tu peux, 9. je veux, 10. il vient, 11. elle prend, 12. ils arrivent, 13. je crois, 14. je mets, 15. vous devez, 16. je comprends, 17. elle connaît, 18. je pars, 19. ils tiennent, 20. nous mangeons, 21. tu sors, 22. elle appelle, 23. nous commençons, 24. il jette.

II. 1. Gewohnheit, 2. zeitlose Zustände. 3. zeitlose Zustände. 4. zeitlose Zustände. 5. etwas Zukünftiges. 6. Gegenwart. 7. Gewohnheit. 8. Gegenwart. 9. Gegenwart. 10. etwas Zukünftiges.

Seite 147 f. **I.** 1. Oui, il vient d'arriver. 2. Ou, je viens de lire la lettre. 3. Oui, elle vient de préparer le déjeuner. 4. Oui, elle vient de téléphoner. 5. Oui, je viens de faire mes devoirs.

II. On vient de le trouver mort.

Seite 151 ff. **I.** 1. il commençait, 2. il menaçait, 3. il changeait, 4. il nageait, 5. il se vengeait, 6. elle voyageait, 7. elle forçait, 8. elle remplaçait, 9. elle interrogeait, 10. elle partageait.

II. 1. il fit, 2. il dit, 3. il alla, 4. il vit, 5. il sut, 6. il voulut, 7. il vint, 8. il dut, 9. il comprit, 10. il connut, 11. elle tint, 12. elle reçut, 13. elle se tut, 14. elle but, 15. elle mangea, 16. elle sortit, 17. elle commença, 18. elle se vengea, 19. elle interrogea, 20. elle força.

III. Les verbes à l'imparfait: coulaient, coulaient, venait.
Les verbes au passé simple: allai, collai, eut, dit, répondis, insista, répondis, dit, restai.

IV. il faisait encore nuit. Je me levais en grelottant, et je descendais allumer le grand feu de bois; puis, je préparais le café . . . mon père se rasait. Au bout d'un moment, on entendait . . . son nez était rouge comme une fraise, et il frottait . . . Nous déjeunions devant le feu . . . (Zur Erklärung siehe Seite 149.)

V. Maigret descendit et, quand il était sur la dernière marche, il vit en face de lui la jeune fille blonde, qui, assise sur une chaise, donnait le sein à un bébé. C'était si inattendu et si simple à la fois que le commissaire retira maladroitement son chapeau, poussa sa pipe toute chaude dans sa poche, fit un pas arrière . . .

Seite 154 f. **I.** 1. J'ai été, 2. j'ai fait, 3. j'ai dit, 4. je suis allé, 5. j'ai vu, 6. j'ai voulu, 7. je suis venu, 8. je suis arrivé, 9. je suis parti, 10. j'ai demandé, 11. je suis resté, 12. j'ai mangé, 13. je suis sorti, 14. j'ai travaillé, 15. j'ai parlé, 16. j'ai répondu, 17. j'ai compris, 18. je suis tombé, 19. je me suis peigné, 20. je me suis dépêché.

II. 1. j'ai été, 2. je me suis réjoui, 3. je me suis trompé, 4. j'ai couru, 5. j'ai voyagé, 6. j'ai volé, 7. j'ai nagé, 8. je suis parti, 9. je me suis souvenu, 10. je me suis lavé.

III. 1. Oui, elle est arrivée. 2. Oui, elle est venue. 3. Oui, elle est sortie. 4. Oui, elle est partie. 5. Oui, elle a fait le petit déjeuner. 6. Oui, nous avons compris. 7. Oui, nous avons travaillé. 8. Oui, nous nous sommes souvenus. 9. Oui, nous avons trouvé la faute. 10. Oui, nous nous sommes dépêchés.

IV. Quand vous êtes sorti de cette maison, vous n'avez pas remarqué qu'on vous suivait?
– Je n'ai rien remarqué du tout.
– De quel côté vous êtes-vous dirigé?

Seite 158 **I.** Il avait dormi deux heures de plus parce que son maître ne l'avait pas réveillé . . .

II. 1. Quand je suis arrivé, ma mère m'avait attendu, ma mère avait préparé le repas, ma mère avait mis la table. 2. Ma mère m'a raconté ce qu'elle avait fait pendant toute la journée, qu'elle avait été au marché, qu'elle avait été invitée par la voisine, qu'elle avait passé deux heures chez elle. 3. Ensuite j'ai lu la lettre qui était arrivée, que mon ami avait écrite, que j'avais attendue depuis longtemps.

Seite 160 **I.** On n'a pas dit de nom, mais on va rappeler.

II. 1. tu vas voir, 2. il va venir, 3. on va prendre. 4. ils vont arriver, 5. nous allons parler. 6. vous allez comprendre, 7. je vais partir, 8. Oui, je vais téléphoner. 9. Oui, je vais demander la permission. 10. Oui, je vais t'accompagner.

Seite 162 f. **I.** Les verbes au futur composé: tu vas te présenter, ça va te passionner, tu ne vas pas pleurer.
Les verbes au futur simple: qui comptera, tu ne le seras jamais, tu apprendras.

II. 1. je ferai, 2. tu diras, 3. il ira, 4. elle verra, 5. nous saurons, 6. vous voudrez, 7. ils viendront, 8. elles achèteront, 9. je courrai, 10. tu seras, 11. il pourra, 12. elle recevra.

III. 1. Je partirai. 2. tu resteras. 3. Elle téléphonera. 4. Nous nous dépêcherons. 5. Quand reviendra-t-il?

IV. Nous partirons, même s'il pleut? . . . Et même s'il pleut, nous partirons. . . . nous attendrons le lendemain matin. . . . on se fera minces, on marchera vite, en fermant les yeux, et nous passerons entre les gouttes.

Seite 166 f. **I.** 1. je resterai, je resterais. 2. tu viendras, tu viendrais, 3. il sortira, il sortirait. 4. elle travaillera, elle travaillerait. 5. nous donnerons, nous donnerions. 6. vous parlerez, vous parleriez. 7. ils iront, ils iraient. 8. elles passeront, elles passeraient. 9. on croira, on croirait.

II. <u>Je voudrais</u> vous poser une question. (Wunsch)
Est-ce que <u>vous accepteriez</u> de venir me voir tout de suite? (höfliche Frage). <u>Je me dérangerais</u> bien (Möglichkeit), mais <u>ce ne serait pas</u> la même chose. (Möglichkeit)
... le temps qu'<u>il ferait</u> (Futur der Vergangenheit).
(Zur Erklärung siehe Seite 165.)

III. ... comment il appellerait l'Indien.... aussi longtemps qu'il ne serait pas baptisé.
... le soleil se lèverait et rendrait la vie et la joie à toute l'île.
... Il ne le réveillerait pas, mais sa présence le réconforterait.

Seite 179ff. **I.** **1.** il faut que j'aille, **2.** il faut que tu boives ton lait. **3.** il faut qu'elle soit sage, **4.** il faut que Pierre fasse ses devoirs, **5.** il faut que vous sachiez la vérité, **6.** il faut que tu tiennes tes promesses, **7.** il faut que nous venions tous à la réunion, **8.** il faut que vous voyiez les dégâts, **9.** il faut que vous finissiez la discussion, **10.** il faut que tu lui dises tout, **11.** il faut que vous ayez patience.

II. **1.** que je finisse, **2.** que vous pensiez, **3.** que je dise, **4.** qu'elle prenne. **5.** que tu arrives, **6.** qu'il croie, **7.** qu'elle mette, **8.** que je parte, **9.** qu'elle sorte. **10.** que nous travaillions.

III. **1.** Mon père ne veut pas qu' Alain vienne tous les jours chez nous. (Wunsch) **2.** Mais ma mère est d'accord qu'il vienne aujourd'hui. (Wunsch) **3.** Ma sœur est surprise qu'il vienne aujourd'hui. (Gefühl) **4.** J'attends jusqu'à ce qu'il vienne. (nach «jusqu'à ce que») **5.** Je lui ai téléphoné afin qu'il vienne plus tôt. (nach «afin que») **6.** Je regrette qu'il ne vienne pas plus tôt. (Gefühl) **7.** Sylvie a préparé un bon repas avant qu'il vienne. (nach «avant que») **8.** Elle est heureuse qu'Alain vienne enfin. (Gefühl)

IV. **1.** parce qu'il sait la vérité. **2.** <u>pour qu'il</u> sache la vérité. **3.** <u>à condition qu'</u>il sache la vérité. **4.** <u>pourvu qu'</u>il sache la vérité. **5.** <u>avant qu'</u>il sache la vérité. **6.** depuis qu'il sait la vérité. **7.** <u>sans qu'</u>il sache la vérité. **8.** <u>jusqu'à ce qu'</u>il sache la vérité.

V. ... qu'il faut que <u>j'aille</u> en classe (nach «il faut»).
... pourvu qu'<u>il parvienne</u> à les domestiquer. (nach «pourvu que»).

VI. ... Parce qu'il faut que je sois à l'école à huit heures précises, tu le sais bien.
... mais cinq minutes s'écoulèrent avant que la porte s'ouvre.
... Mme Berthe fait répondre qu'elle ne pouvait pas descendre.... Va lui répéter, toi, que je veux qu'elle descende, malade ou non.

Seite 185 **I.** **1.** Ecoute. **2.** Regarde. **3.** Entends. **4.** Donne-moi le livre. **5.** Reste encore ici. **6.** Mange la banane. **7.** Bois le café. **8.** Dis-lui bonjour.

II. **1.** Mais donne-moi le journal. **2.** Mais reste ici. **3.** Mais mange les carottes. **4.** Sois gentil. **5.** Eh bien, sache la vérité.

III. Buvez votre verre. Prenez un cigare. Mettez-en quelques-uns en poche. Mais si! Faites votre métier ...

259

I. **1.** avant une heure. **2.** avant le départ. **3.** devant le musée. **4.** devant la porte. **5.** avant le petit déjeuner. **6.** devant la table. **7.** avant neuf heures. **8.** devant l'éventaire de la fleuriste.

II. **1.** Je demande à Sandrine et à Brigitte. **2.** Je m'intéresse au sport et à la pêche. **3.** J'ai besoin d'un dictionnaire et d'une grammaire. **4.** Alain a menti à son père et à sa mère. **5.** Nous avons parlé de la politique et de la situation actuelle. **6.** Je me souviens de Mme Dupont et de sa fille. **7.** Je dois téléphoner à l'oncle Marcel et à tante Jacqueline. **8.** J'ai fait un voyage à Arles et à Marseille.

III. **1.** Brigitte a posé la question à Mme Dubois. **2.** Mais elle n'a pas répondu à la question. **3.** Sylvie a dit à sa mère qu'elle a mal à la tête. **4.** Cette voiture fait à peu près 200 à l'heure. **5.** Brigitte: Alain m'a attendue à la gare, à Marseille.

IV. **1.** Bien sûr, je viendrai ce soir! **2.** Prenez votre parapluie, c'est plus sûr. **3.** J'en suis sûr, il ne pleuvra pas. **4.** Monter sur un bateau. **5.** S'asseoir sur une chaise. **6.** Réfléchir sur un problème. **7.** Avoir le goût sûr.

I. **1.** Quand j'aurai fini mes devoirs, je sortirai avec toi. **2.** Ecoutez avant que je réponde. **3.** Je te dirai au revoir avant que tu partes. **4.** Je tremble parce que j'ai froid. **5.** J'aime Alain parce qu'il est gentil. **6.** Il s'en alla discrètement sans qu'on s'en aperçût. **7.** Je t'écris afin que tu viennes à ma fête. **8.** Nous sortons quoiqu'il pleuve. **9.** Il est mon ami depuis que je le connais. **10.** Elle a parlé distinctement de sorte qu'on l'a bien entendue. **11.** Alain regardait la télévision pendant que sa mère était absente, ... quand le téléphone sonna ... parce qu'il y avait une émission intéressante. ... quoiqu'il fût déjà tard.

II. **1.** Jusqu'à aujourd'hui. **2.** Jusqu'à ce qu'elle vienne. **3.** Jusqu'à treize heures. **4.** Jusqu'à ce que le film commence. **5.** Jusqu'à ce que tout fût prêt. **6.** Jusqu'au week-end. **7.** Du début jusqu'à la fin.

III. **1.** Pendant l'émission. **2.** Pendant que j'attendais. **3.** Pendant que le repas fut servi. **4.** Pendant une heure. **5.** Pendant que je me promenais. **6.** Pendant les vacances. **7.** Pendant que j'étais à Bordeaux. **8.** Pendant tout ce temps.

1. C'est vous qui avez vu l'accident? **2.** Oui, c'est moi qui ai tout vu. **3.** Moi qui ai attendu longtemps j'ai perdu patience. **4.** Je t'ai vu enfin, toi qui as été si longtemps en retard. **5.** C'est vous qui êtes chargé de l'enquête ...

Seite 209 f.   **I.**   Inversion nach »aussi«.

II.   Dans cette histoire, <u>c'est moi qui paie</u>! <u>C'est moi que ai été attaqué</u>! <u>C'est moi que vous ai fait venir</u>! Bien sûr, ma rose à moi, un passant ordinaire croirait qu'elle vous ressemble. Mais <u>à elle seule elle</u> est plus importante que vous toutes, puisque c'est elle que j'ai arrosée. Puisque <u>c'est elle que</u> j'ai mise sons globe. Puisque <u>c'est elle que</u> j'ai abritée par le paravent. Puisque <u>c'est elle dont</u> j'ai tué les chenilles (sauf les deux ou trois pour les papillons). Puisque <u>c'est elle que</u> j'ai écouté se plaindre, ou se vanter, ou même quelquefois se taire. Puisque c'est ma rose.

III.   **1.** C'est lui qui veut le savoir. **2.** C'est Brigitte qui a téléphoné. **3.** C'est moi qui viens plus tard. **4.** C'est nous qui apportons les boissons. **5.** C'est ma mère qui a écrit la lettre. **6.** C'est mon père qui n'est pas d'accord.

IV.   **1.** Ce qui me plaît beaucoup c'est le salon. **2.** Ce qui est précieux c'est le tapis. **3.** Ce qui va bien avec le tapis ce sont les rideaux. **4.** Ce qui est magnifique ce sont les fauteuils. **5.** Ce qui date du XIXe siècle, c'est la pendule.

Seite 216 ff.   **I.**   <u>Quel âge tu as?</u> (Intonationsfrage) <u>Tu mets des pièges?</u> (Intonationsfrage) <u>Qu'est-ce qu'elle dit?</u> (Frage mit «est-ce que») <u>C'est fini quand?</u> (Intonationsfrage) <u>Et qu'est-ce qu'il raconte?</u> (Frage mit «est-ce que») <u>Il a bien mangé?</u> (Intonationsfrage) <u>Qu'est-ce qu'il a pris pour commencer?</u> (Frage mit «est-ce que») <u>... on a un gros chagrin?</u> (Intonationsfrage). <u>C'est si grave que ça?</u> (Intonationsfrage) <u>... qu'est-ce qu'il y a?</u> (Frage mit «est-ce que») <u>Tes parents te battent?</u> (Intonationsfrage). <u>Tu as perdu quelque chose et tu as peur qu'ils te grondent?</u> (Intonationsfrage) <u>Qui es-tu?</u> (Inversionsfrage) <u>Qu'est-ce que tu fais là?</u> (Frage mit «est-ce que») <u>As-tu vu Vendredi?</u> (Inversionsfrage)

II.   **1.** a) Sandrine fait un voyage en Espagne?
        b) Sandrine, fait-elle un voyage en Espagne?
        c) Est-ce que Sandrine fait un voyage en Espagne?
    2. a) Elle partira quand?
        b) Quand partira-t-elle?
        c) Quand est-ce qu'elle partira?
    3. a) Le voyage coûte combien?
        b) Combien le voyage coûte-t-il?
        c) Combien est-ce que le voyage coûte?
    4. a) Elle a réservé une chambre d'hôtel?
        b) A-t-elle réservé une chambre d'hôtel?
        c) Est-ce qu'elle a réservé une chambre d'hôtel?

261

5. a) Elle restera en Espagne pendant toutes les vacances?

b) Restera-t-elle en Espagne pendant toutes les vacances?

c) Est-ce qu'elle restera en Espagne pendant toutes les vacances?

III. ... dites-moi d'abord <u>qui vous soupçonnez d'être coupable.</u>

... Je voudrais savoir <u>si, pendant la soirée, personne n'est venu à bord</u>

... il se demanda <u>si elle avait bien compris sa question.</u>

... je ne sais pas <u>si ce geste ne paraître pas</u> ... trop familier.

... Mais je me demande <u>comment elle va pendre la chose</u> ...

IV. **1.** Il lui a demandé si elle a été en Espagne. **2.** ... dans quelle ville elle a été. **3.** ... si le temps a été beau. **4.** ... ce qu'elle a fait. **5.** ... si elle a fait des excursions. **6.** ... si elle a fait le voyage avec ses parents ou seule. **7.** ... si elle a fait du camping.

V. Inès a demandé à Sandrine si elle aime le sport. ... si elle fait la cuisine. ... où elle habite. ... si elle lui donne son adresse. ... si elle a été plusieurs fois en Espagne. ... si elle a des frères et des sœurs. ... combien de frères elle a.

VI. **1.** Je me demande qui a téléphoné. **2.** Je me demande si c'est Sandrine. **3.** Je me demande ce qu'elle veut. **4.** Je me demande si c'est Patrick. **5.** Je me demande ce qu'il a voulu me dire. **6.** Je me demande si je vais lui téléphoner.

Seite 222 f. **I.** ... Non! non! je <u>ne</u> partirai <u>pas</u>! Non! Je <u>ne</u> veux <u>pas</u> y aller! Je <u>n</u>'irai <u>pas</u>! Non! Je <u>n</u>'irai <u>pas</u>! ... je <u>n</u>'ai <u>rien</u> mangé ce matin. ... <u>Rien du tout</u>? Rien. ... Non. Je <u>n</u>'en veux <u>pas</u>. Je <u>ne</u> veux <u>rien</u>. Ce refus était si farouche qu'il <u>n</u>'insista <u>pas</u>.

... mais je m'étais toujours efforcé de <u>ne pas</u> imaginer ce départ. («ne pas» vor Infinitiv)

... Mais <u>rien ne</u> fut pareil aux grandes vacances ... («Rien ne» ist Subjekt.)

... et le regard qu'il laissait peser sur Maigret semblait <u>ne pas</u> le voir. («ne pas» vor Infinitiv)

II. **1.** Non, je n'ai pas bien dormi. **2.** Non, je n'ai pas faim. **3.** Non, je ne veux rien manger. **4.** Non, je ne vais pas à la plage. **5.** Non, je n'ai pas soif. **6.** Non, je ne veux rien boire. **7.** Non, je ne veux pas lire le journal.

III. **1.** Non, il n'y a rien à faire. **2.** Non, personne n'est venu. **3.** Non, aucun visiteur n'est venu. **4.** Non, personne ne vous a demandé. **5.** Non, je n'attends rien. **6.** Non, je ne mange rien. **7.** Non, il n'y a rien à craindre. **8.** Non, je n'ai pas de difficultés.

Seite 226 **I.** 1. Lui seul est venu. 2. Brigitte seule a été malade. 3. Seul le hasard m'a aidé. 4. Dieu seul est grand. 5. Seul le résultat compte. 6. Moi seul le connaissais très bien.

II. Tu n̲'es encore pour moi q̲u̲'un petit garçon tout semblable à cent mille petits garçons.
... Je n̲e̲ suis pour toi q̲u̲'un renard semblable à cent mille renards.
... on n̲e̲ voit bien q̲u̲'avec le cœur.
... il n̲e̲ faisait q̲u̲e̲ des bêtises.

III. 1. Je n'ai fait qu'une faute. 2. Je ne pense qu'à Sylvie. 3. Ce n'est qu'une possibilité, il y en a d'autres. 4. Je ne l'ai vu qu'une fois. 5. Malheureusement, je n'ai que peu de temps. 6. Seulement aujourd'hui je suis ici. 7. On n'était que trois personnes. 8. Sylvie n'est restée qu'un quart d'heure.

Seite 228 f. **I.** 1. Ce roman est p̲l̲u̲s̲ intéressant q̲u̲e̲ l'autre. 2. Brigitte a lu un a̲u̲t̲r̲e̲ roman q̲u̲e̲ Sandrine. 3. Alain a parlé comme un idiot. 4. Il est rusé comme un renard. 5. Cette voiture roule a̲u̲s̲s̲i̲ vite q̲u̲e̲ l'autre. 6. Rapide comme l'éclair. 7. Brigitte travaille a̲u̲t̲a̲n̲t̲ ̲q̲u̲e̲ son amie. 8. Tout s'est passé comme je l'avais prédit. 9. Ils me regardaient comme on regarde un sauvage. 10. J'ai fait m̲o̲i̲n̲s̲ de fautes q̲u̲e̲ les autres.

II. ... tu ne vas pas pleurer comme un bébé devant tous ces gens qui vous regardent! ... Il est sourd comme un pot, mais il est bien gentil.

Seite 232 f. ... une enveloppe jaune portaient mon nom, t̲r̲a̲c̲é̲ ̲e̲n̲ ̲l̲e̲t̲t̲r̲e̲s̲ ̲i̲n̲é̲g̲a̲l̲e̲s̲ s̲u̲r̲ ̲u̲n̲e̲ ̲l̲i̲g̲n̲e̲ ̲r̲e̲t̲o̲m̲b̲a̲n̲t̲e̲.
Un clochard dormait, é̲t̲e̲n̲d̲u̲ ̲d̲e̲ ̲t̲o̲u̲t̲ ̲s̲o̲n̲ ̲l̲o̲n̲g̲ ̲s̲u̲r̲ ̲l̲e̲s̲ ̲p̲i̲e̲r̲r̲e̲s̲ ̲d̲u̲ q̲u̲a̲i̲ ...
Robinson Crusoé, n̲é̲ ̲à̲ ̲Y̲o̲r̲k̲,̲ ̲l̲e̲ ̲1̲9̲ ̲d̲é̲c̲e̲m̲b̲r̲e̲ ̲1̲7̲3̲7̲, est nommé gouverneur de l'île de Speranza, s̲i̲t̲u̲é̲e̲ ̲d̲a̲n̲s̲ ̲l̲'̲o̲c̲é̲a̲n̲ ̲P̲a̲c̲i̲f̲i̲q̲u̲e̲ ...
Enfin l'Indien eut l'idée de fabriquer pour Robinson et lui une pirogue, s̲e̲m̲b̲l̲a̲b̲l̲e̲ ̲à̲ ̲c̲e̲l̲l̲e̲s̲ ̲d̲e̲ ̲s̲o̲n̲ ̲p̲a̲y̲s̲.
Puis ils firent pour la première fois le tour de l'île par mer, a̲c̲c̲o̲m̲p̲a̲g̲n̲é̲s̲ ̲d̲e̲ ̲l̲o̲i̲n̲ ̲p̲a̲r̲ ̲T̲e̲n̲n̲ ...
... où l'on devinait, n̲o̲y̲é̲e̲ ̲d̲e̲ ̲b̲l̲e̲u̲ ̲e̲t̲ ̲d̲e̲ ̲r̲o̲s̲e̲, l'architecture de Notre-Dame.

Seite 241 ff. **I.** 1. Mon père lit le journal en mangeant. 2. Il est parti en saluant ma mère. 3. Elle fait ses devoirs en chantant. 4. M. Dubois entre en retirant son chapeau. 5. Maman rêve en se promenant.

II. Sylvie est heureuse ...
1. parce qu'elle est en vacances. 2. parce que le temps est beau. 3. parce qu'elle a bien dormi. 4. parce qu'elle fera une excursion. 5. parce que son ami a écrit une lettre.

III. S̲i̲ ̲t̲u̲ ̲m̲e̲ ̲j̲u̲r̲e̲s̲ ̲d̲e̲ ̲n̲e̲ ̲j̲a̲m̲a̲i̲s̲ ̲e̲n̲ ̲p̲a̲r̲l̲e̲r̲ ̲à̲ ̲p̲e̲r̲s̲o̲n̲n̲e̲ (condition réelle). S̲i̲ j̲e̲ ̲m̲e̲n̲s̲ (condition réelle).
S̲'̲i̲l̲ ̲f̲a̲l̲l̲a̲i̲t̲ ... (condition irréelle).
Si tu étais président de la République (condition irréelle).

IV. S'il pleut demain ... **1.** je resterai à l'hôtel. **2.** je lirai un roman. **3.** je n'irai pas sur la plage. **4.** j'irai au musée. Si j'avais plus d'argent ... **5.** je m'achèterais un sac à main. **6.** j'irais manger au restaurant. **7.** je louerais une voiture. **8.** je ferais beaucoup d'excursions.

V. **1.** Si vous êtes d'accord, signez ici. **2.** Si tu continues à bien travailler, tu as des chances de réussir. **3.** Si vous allez voir Sylvie, elle sera heureuse. **4.** Si elle n'est pas là, revenez plus tard. **5.** Si j'avais vu Brigitte, je lui aurais dit bonjour. **6.** Si nous avions loué cette belle maison, nous aurions été contents.

VI. Nous nous promenons ...
1. bien qu'il pleuve. **2.** bien qu'il soit déjà tard. **3.** bien que je sois fatigué. **4.** bien que je n'en aie pas envie. **5.** bien que les pieds me fassent mal.

Seite 246 **I.** **1.** Sylvie raconte qu'elle a été sur la Côte d'Azur. **2.** Sylvie dit qu'elle a voyagé avec ses parents. **3.** Sylvie dit que l'hôtel était confortable. **4.** Sylvie raconte qu'elle a été tous les jours sur la plage. **5.** Sylvie dit qu'elle a fait la connaissance de beaucoup de jeunes. **6.** Sylvie dit qu'elle s'est bien amusée.

II. Ses parents disent, **1.** que le séjour sur la Côte d'Azur a été agréable. **2.** qu'ils se sont bien reposés. **3.** qu'ils ont fait des excursions. **4.** qu'ils ont pris de belles photos. **5.** qu'ils reviendront l'année prochaine.

Registre
Register

Das Register verzeichnet die wichtigsten Fundstellen behandelter Themen (Normalschrift) und Vokabeln *(Kursivschrift)*.

Registre
Register

Registre
Register

Lernen mit FALKEN

Englische Grammatik
Von E. Henrichs-Kleinen, 288 S., gebunden
ISBN: 3-8068-7341-0
DM 39,90

- Grammatikalisches Nachschlagewerk
- Lern- und Übungsbuch
- Mit übersichtlichen Tabellen

Der Spezialist für nützliche Bücher

Stand der Preise 1.11.1997 · Änderungen vorbehalten